P9-AFR-338

JULIEN GREEN

SUD

Présentation, notes, chronologie et bibliographie
par
Pascal AQUIEN

GF Flammarion

PRÉSENTATION

> Nous transportions d'appartement en apparte-
> ment une Amérique de plus en plus surannée et
> dont l'existence n'était plus vérifiable que dans
> les manuels d'histoire. Cette petite patrie à
> laquelle nous étions fidèles ne bougeait pas,
> alors que la grande dont elle était la minuscule
> image évoluait d'une façon prodigieuse[1].

Pour fêter une enfance

Sud ? Oui, *Sud* comme un absolu, un rai de lumière
sombre, ou un clair coup de canon. *Sud*, et non pas, surtout
pas, *Le Sud*. L'article défini aurait platement renvoyé le lieu
solaire des origines familiales à la contingence de la désignation triviale, celle des géologues et des cartographes. Or,
le Sud majuscule de Julien Green est lié à l'éclat de l'enfance et à ses mythes. Ceux-ci furent portés, choyés et inlas-
sablement narrés par la mère de l'écrivain, l'élégante Mary
Adelaide Hartridge, fille distinguée des terres rouges suave-
ment ombragées de sycomores, en deuil éternel de cette
Géorgie qu'elle avait quittée en 1893. En compagnie de ses
quatre enfants, Eleanor, Mary, Charles et Anne (un petit
garçon, Edward, était mort en 1890, avant son deuxième
anniversaire) et de son époux distingué, Edward M. Green,
avec qui elle vivait à Savannah « où à Noël fleurissent les

---

1. Julien Green, « Une langue est aussi une patrie », *Œuvres complètes*,
Gallimard, « Bibliothèque de la Pléiade », 1961, vol. 3, p. 1397. Cette
édition en 8 volumes (1961-1998) des *Œuvres complètes* de Green est
désignée ci-après par l'abréviation *OC*.

roses[1] », elle vint s'installer en France, la mort dans l'âme,
suite à des déboires financiers. Elle vécut d'abord au Havre,
où naquirent deux autres filles, Retta et Lucy, puis à Paris,
où Edward s'était vu confier le bureau d'importation de
compagnies cotonnières des États du Sud (la Southern Cotton Oil Company) – ce Sud que, décidément, il ne quittait
qu'à demi. Et c'est à Paris, quelques semaines avant qu'y
mourût, le 30 novembre 1900, un autre illustre expatrié,
Oscar Wilde, que naquit, le 6 septembre, Julian Hartridge
Green, futur Julien Green. Écrivain français de nationalité
américaine, il fut pour toujours et à jamais partagé entre le
monde de la langue maternelle et de son histoire familiale,
et le pays où il naquit, vécut et mourut, la terre de France
qu'il honora de son inventivité, de son talent aux multiples
visages et de sa différence.

Mais le Sud, c'était aussi le pays de nulle part, une
contrée imaginaire, un décor de cinéma, ou de théâtre, avec
ses grandes demeures à colonnes blanches où virevoltaient
des jeunes filles en fleurs, prisonnières d'encombrantes cri-
nolines, et où paradaient des *gentlemen* sanglés, bottés et
fringants, cousins d'Ashley Wilkes, poursuivi de ses ardeurs
par Scarlett O'Hara, pimbêche devenue l'héroïne d'un
roman à succès, *Autant en emporte le vent* (1936), trans-
formé trois ans plus tard par Hollywood en flamboyant
triomphe planétaire. Le Sud était enfin, et peut-être surtout,
cette confédération d'États humiliés par une longue guerre
fratricide : le Sud massacré, le Sud aux plantations incen-
diées et aux certitudes ravagées, le Sud qui avait bâti sa
fortune faussement aristocratique sur l'atrocité de l'esclavage, le Sud que mirent à genoux les Yankees honnis des
planteurs arrogants : « Une des choses qui m'ont le plus
profondément marqué dans mon enfance, c'est la décou-
verte que j'appartenais à un peuple battu, le Sud », nota
Green, alors qu'il se consacrait à la rédaction de sa pièce[2].

1. *Album Green*, éd. Jean-Éric Green, Gallimard, « Bibliothèque de la
Pléiade », 1998, p. 115.
2. *Journal*, 1er juillet 1951 ; *Sud* commence quelques heures avant le
début de la guerre de Sécession, qui éclata en 1861 et ne prit fin qu'en

L'écrivain revint avec obsession sur cette douleur héritée de sa mère, dans le *Journal* qu'il tint – fait unique et précieux – quatre-vingts années durant : « La guerre de Sécession, source inépuisable de mélancolie à laquelle s'abreuvait mon enfance » (3 juillet 1951)[1]. Et d'ajouter ce même jour, conscient de devoir toujours rendre compte de ce lieu premier, intarissable source de rêveries parsemées de pierres tombales :

> Ma douzième, ma treizième année ont été comme endeuillées par les récits que me faisait ma mère de l'écrasante défaite du Sud. Ma patrie n'existait plus comme nation, l'histoire l'avait supprimée. De là cette première et puissante impression d'isolement, de cercle tracé autour de moi. [...] Il m'en est resté quelque chose. Presque tous mes personnages sont des solitaires et ne peuvent franchir la muraille qui les sépare du prochain. *Der Menschen Worte verstand ich nie* [« Je n'ai jamais compris les mots des hommes »]. Ce vers de Hölderlin a trouvé en moi une résonance extraordinaire quand je l'ai lu pour la première fois.

1865. La cause première en fut le conflit d'intérêts entre le nord et le sud des États-Unis, les planteurs de la partie méridionale du pays, dominée par la monoculture du coton, voulant conserver la main-d'œuvre fournie par l'esclavage, contre l'avis du Nord. De plus, le Nord, que son industrialisation alors en crise poussait au protectionnisme, n'avait pas les mêmes intérêts économiques que le Sud, favorable au libre-échange. Les différences culturelles contribuèrent à creuser l'écart et à attiser les ressentiments. En 1860, onze États du Sud firent sécession et leur Confédération s'opposa à l'Union des États du Nord. Les forces antagonistes étaient inégales ; les armées sudistes, deux fois moins nombreuses mais au moins aussi vaillantes, croyaient en une victoire rapide. Le Nord remporta la guerre, ce qui renforça son hégémonie à la tête de la fédération, de même que dans les affaires économiques du pays tout entier. Plus de 600 000 hommes périrent dans ces combats. Voir l'interview donnée à Gabrielle Rolin, « Julien Green entre journal et roman » (*Le Monde*, 29 novembre 1967, in *OC*, vol. 3, p. 1523) : « Ma fidélité au Sud remonte à mon enfance. C'est un amour qu'on m'a légué, qui vit en moi, et se révolte contre la version imposée à l'histoire par les vainqueurs. À présent encore, qui parle pour les vaincus ? Parfois je suis tenté d'écrire un livre qui rétablirait la vérité. »

1. Les dates données entre parenthèses à la suite des citations de Green renvoient toutes à son *Journal* (voir Bibliographie).

Ce Sud des États-Unis, Julien Green, citoyen américain jusqu'à son dernier souffle, ne le découvrit pourtant qu'à l'âge de dix-neuf ans. À l'issue d'un périple sur le *De Grasse* qui, de Marseille, le mena, après quelques escales idéales à Naples et Palerme, jusqu'à New York – mégapole déconcertante pour le jeune homme qui ne rêvait que de portiques ombragés –, il arriva en Virginie : bientôt installé à Charlottesville pour y faire ses études, but de ce voyage, il reconnut ce qu'il n'avait jamais vu. Le Sud correspondait bien à l'image façonnée par les mots de Mary Adelaide, morte le 27 décembre 1914, abandonnant le jeune Julien à une inimaginable douleur qu'il dut pourtant bien surmonter. Après avoir foulé le sol béni de Virginie, Green connut un éblouissement total :

> Le lendemain matin [de son arrivée], je m'éveillai de bonne heure et courus à la fenêtre. Ce moment, je ne l'oublierai jamais. De l'autre côté d'une petite place déserte se dressait un bâtiment de style néo-classique, avec un fronton triangulaire et une grande porte flanquée de deux colonnes doriques. Elles paraissaient d'autant plus blanches que les murs de cet édifice étaient en briques d'un rouge sombre. C'était le Palais de justice. Un canon de bronze en gardait l'entrée, rêvant à Manassas sous de magnifiques sycomores dont les feuilles dorées faisaient l'effet d'un coup de soleil. J'avais tout à coup devant les yeux la patrie de ma mère, le Sud, et ce qu'elle m'en avait dit me revint à la mémoire après de longues années. Il me sembla que tout un monde qu'elle avait aimé se proposait à moi dans une image simplifiée, et d'une manière indéfinissable, je reconnus cette image, parce que je la regardais par les yeux de ma mère. [...] L'émotion que j'éprouvai ne dura qu'un instant. Ce fut comme une intuition qui ne fit que me traverser l'esprit, mais il n'en fallait pas plus pour que tout un monde s'installât en moi que je retrouvai, beaucoup plus tard, dans le magique éclairage du souvenir [1].

---

1. *Terre lointaine*, *Autobiographie*, t. III, cité par Robert de Saint Jean et Luc Estang, *Julien Green*, Seuil, 1990, p. 116-117.

Le Sud recelait un autre trésor encore, celui-là insoup-
çonné, que Julien Green, depuis toujours attiré par les garçons, allait découvrir un matin d'hiver, glacé comme une
apocalypse heureuse : un jeune homme, Benton Owen, que
plus tard il appela Mark dans son *Autobiographie* (1963-
1974), et dont il tomba éperdument amoureux. « Un ange,
pensai-je, le cœur ravagé, j'ai vu un ange », se dit-il après
avoir aperçu ce garçon aux « yeux d'un noir d'encre » et
« fait comme un athlète [1] ». Follement mais aussi désespérément amoureux, puisque Benton Owen – « le premier amour
qui marqua toute ma vie », écrit Green dans *Terre lointaine*
(1966) – et lui se contentèrent d'une profonde et durable
amitié à laquelle seule la mort mit fin. Tâchant comme il
pouvait de lutter contre son désir charnel, Green décida, du
moins pour un temps, que l'esprit devait vaincre le corps,
puis il rentra à Paris au bout de trois ans : si le Sud avait
d'abord été le pays des origines familiales et de la cruelle
douleur de la défaite militaire, il était désormais le lieu de
l'amour fou et impossible. Aussi n'est-il guère étonnant
que, trente plus tard, *Sud* associât la guerre de Sécession à
l'homosexualité, coups de canon et coup de foudre finissant
par se confondre dans ce beau drame de passion et de mort.
Il n'y a pas d'amour heureux...

Julien Green, homme de théâtre

En 1950, lorsqu'il commença à rédiger sa première pièce,
qui ne s'appelait pas encore *Sud*, Green était depuis longtemps déjà un écrivain célèbre, l'auteur reconnu de nombreux romans salués et admirés par la critique, *Mont-Cinère*
(1926), *Adrienne Mesurat* (1927), *Léviathan* (1929),
L'Autre Sommeil (1931), *Épaves* (1932), *Minuit* (1936),
Varouna (1940), *Si j'étais vous* (1947), *Moïra* (1950), et de
bien d'autres œuvres, dont une biographie de l'auteur de *La*

---

1. Cité par Robert de Saint Jean et Luc Estang, *Julien Green, op. cit.*,
p. 118-119.

Lettre écarlate, Nathaniel Hawthorne (1928), et les quatre premiers tomes de son *Journal*. Alors, pourquoi le théâtre ?

Plusieurs raisons peuvent expliquer ce choix. La première est liée à l'évolution littéraire de Green, dont il fit lui-même état dans une interview donnée à Gabriel d'Aubarède, « Rencontre avec Julien Green », publiée dans *Les Nouvelles littéraires* le 4 mars 1954 : « Le passage d'un genre [le roman] à l'autre [le théâtre] s'est opéré tout naturellement après *Moïra* où il y a beaucoup plus d'action et de dialogue et point d'analyse[1]. » Une deuxième raison tient au genre théâtral lui-même, qui fait parler des personnages, porte-parole de l'auteur, y compris *a contrario*. Selon Green, en effet, de l'être « unique et multiple », le sien propre, surgissent autant de personnages, ou de facettes de soi, que le créateur peut ensuite « regarder agir » : « Étrange plaisir de se raconter soi-même à soi-même. Comme si je ne savais pas... Mais ne suis-je pas moi-même unique et multiple et n'est-ce pas dans la mesure où je suis tout le monde que cela m'intéresse de me regarder agir ? » écrit-il dans son *Journal*, le 28 mars 1952. Et ce qui est vrai pour l'écriture autobiographique l'est tout autant pour le genre dramatique. Certains critiques ne s'y trompèrent pas, qui perçurent dans son théâtre le désir de se dire, voire de se confesser. Il en est ainsi de Henri Hell, pour qui la pièce est, comme l'annonce la citation d'Aristote placée en exergue, une purgation ou une « purification » : « Ce qui est certain, c'est que Julien Green se délivre sur la scène d'une hantise, d'une vision, d'une espèce de cauchemar et qu'il lui donne une forme adéquate au génie qui est le sien[2]. » Et Henri Hell de noter plus loin que Green romancier et Green dramaturge sont bien une seule et même personne : « Dans

---

1. *OC*, vol. 3, p. 1511. Voir aussi le *Journal* de Green (6 janvier 1950) : « Il me semble que ce livre [*Moïra*] penche beaucoup vers le théâtre », ce qui est vrai puisque l'auteur y donne une place prépondérante aux dialogues.

2. « Julien Green, *Sud* et la critique », *La Parisienne*, avril 1953. Je remercie Jean-Éric Green de m'avoir communiqué cet article.

ses romans, M. Green n'a jamais expliqué davantage ce qu'il racontait que dans sa pièce [1]. » La troisième raison justifiant le choix du genre théâtral, enfin, est conjoncturelle. Pourquoi écrit-on ? Parce qu'on vous demande de le faire. L'explication peut paraître simple, voire simpliste ; c'est pourtant celle que donne l'auteur dans une interview accordée à Renée Willey, « Avec Julien Green, ou le royaume intérieur », publiée dans *La Revue française* en décembre 1955 :

> Comment je suis venu au théâtre ? C'est Louis Jouvet qui m'a demandé d'écrire une pièce, j'ai commencé. L'action que j'avais choisie se passait en Italie mais je ne parvenais pas à maîtriser cette forme, nouvelle pour moi, et renonçai à continuer. Je commençais à écrire un roman, qui était *Sud*. Louis Jouvet revint alors à la charge et je cédai à ses instances. J'ai écrit la pièce *Sud* parce que c'était le sujet que je portais alors en moi. Les premières scènes de la pièce correspondent exactement aux premières scènes du roman que j'avais commencé [2].

Julien Green se mit donc à imaginer un drame qui, toutefois, n'était pas au départ la pièce que nous connaissons : « Depuis plusieurs jours, je travaille à ma pièce. Titre : *Demain n'existe pas*. L'idée m'en a été suggérée par le tremblement de terre de Messine [en 1908] » (25 octobre 1950). Cette rédaction se fit non sans mal, comme l'atteste le *Journal* qui détaille ses difficultés, ses hésitations, ses espoirs aussi : « le dialogue me paraît sec, mais déjà quelque

---

1. *Ibid.*
2. *OC*, vol. 3, p. 1512. Dès le 28 décembre 1928, Louis Jouvet, qui dirigeait alors la Comédie des Champs-Élysées, écrivit à Green pour lui demander une pièce de théâtre : « Je serais désireux de savoir, en tant que directeur de théâtre, si vous n'avez jamais songé à écrire une pièce. On me dit que non [...] et qu'au surplus vos éclatantes qualités de romancier vous excluent du Théâtre. Ce n'est pas mon avis » (*Album Green, op. cit.*, p. 154). Voir aussi le *Journal*, à la date du 11 octobre 1950 : « Une lettre de Louis Jouvet qui veut que je lui écrive une pièce. A-t-il su que Jean-Louis Barrault m'avait conseillé, lui aussi, d'en écrire une ? Sa lettre est chaleureuse, pressante. Elle fait suite à nos conversations d'avant-guerre sur ce sujet. »

chose habite les personnages, quelque chose de plus grand qu'eux » (26 octobre 1950). À tout instant, le mystère de l'écriture le surprend, comme si l'œuvre avait pris forme à son insu et malgré lui, comme si tout préexistait et que le dramaturge n'avait plus qu'à déposer de l'encre sur la page blanche :

> Ainsi, en se laissant aller, on fait malgré soi la pièce qu'on ne voulait pas faire, mais c'est aussi, peut-être, celle qu'on devait faire. Il faut aller très lentement, entendre distinctement tout ce que disent les personnages. Malheureusement, je ne puis découvrir mes personnages qu'à mesure que je les suis. Pas de plan fait à l'avance. J'écris ma pièce pour savoir ce qu'il y a dedans (*Journal*, 11 novembre 1950).

Green, cependant, n'était pas satisfait de son travail : « Ma pièce me donne de graves ennuis », nota-t-il le 17 novembre 1950. Aussi mit-il un terme à la rédaction de ce drame, dont il avait tout de même écrit un acte, en partie parce qu'il manquait de documents sur le séisme, mais aussi parce qu'un autre sujet et un autre cadre, plus personnels, étaient en train de s'imposer à lui. Les circonstances vinrent en outre à sa rescousse : il fut de nouveau sollicité par celui qui croyait en lui, l'acteur et metteur en scène Louis Jouvet : « Jouvet veut me voir. Beaucoup pensé à ma pièce que je compte récrire cet été », écrivit-il, rasséréné, le 9 janvier 1951. Le 28 mai 1951, alors qu'il avait rendez-vous avec l'illustre comédien au Théâtre-Antoine, il y assista à la répétition d'une pièce de Sartre, *Le Diable et le Bon Dieu*, dont Jouvet assurait la mise en scène. Et voilà la machine de l'écriture relancée par le désir mimétique : « Tout en écoutant le début de la pièce de Sartre, j'ai entendu le début de la mienne que j'ai mentalement refaite, et sur-le-champ. Elle ne se passera pas à Messine, elle se passera dans le Sud, au XIXᵉ siècle. Dit à Jouvet que lorsque j'aurai écrit quelque chose, je le lui apporterai » (29 mai 1951). Plus précisément, comme il l'indique encore dans son *Journal* le 6 juin 1951, elle se passera « en 1861, à la veille de la guerre de Sécession ». Et de préciser : « Il y a en moi des

répliques toutes prêtes à jaillir, des choses accumulées depuis l'enfance. Pensé à la peur de 1938 que je retrouve en 1861, à la veille de la guerre de Sécession. »

L'enfance, encore et toujours : Green croyait profondément en son importance formatrice, génétique même, lui qui aimait à citer le poète William Wordsworth pour qui – la citation est célèbre – « l'enfant est le père de l'homme[1] ». C'est ce que, toujours convaincu et convaincant, il redit bien plus tard, en 1971, sous une forme légèrement différente mais plus belle encore : « L'enfant dicte et l'homme écrit[2]. »

« Beaucoup travaillé à ma pièce »

Le *Journal* de Green, de 1950 à 1952, atteste l'attention permanente qu'il accordait à la rédaction de sa pièce, et ses commentaires, passionnants, apportent un précieux témoignage sur l'écriture en tant que *work in progress* : « Je disais à Robert [Robert de Saint Jean, l'un de ses grands amis] que je rêvais d'écrire une pièce faite de telle sorte qu'à chaque instant on se demanderait : Que va-t-il se passer ? » (4 juin 1951). Puis il paraît changer d'avis et semble vouloir faire de *Sud* un roman[3], avant de se raviser ; non, décidément, ce sera une pièce de théâtre, advienne que pourra : « Beaucoup travaillé à ma pièce », note-t-il le 14 septembre 1951. Il y travaille effectivement, mais ne s'interroge pas moins sur la plausibilité de son intrigue : « Ma pièce change. Elle se situe maintenant près de Charleston, ce qui me permet un bon effet dramatique (proximité

---

1. « The Child is father of the Man », écrit William Wordsworth dans « My Heart Leaps Up », 1807 (éd. Harold Bloom et Lionel Trilling, *Romantic Poetry and Prose*, New York, Oxford University Press, p. 168).
2. Voir « Une langue est aussi une patrie », *OC*, vol. 3, p. 1396 : « Choisit-on la langue dans laquelle on écrit ? Je pense qu'en général on écrit dans la langue du pays qu'on habite, surtout si l'on y est né, car la petite enfance a son mot à dire. »
3. « Continué mon roman. Le lieutenant polonais. Regina. Sur un autre plan, je retrouve un peu *Le Malfaiteur* » (*Journal*, 23 juillet 1951).

de Fort Sumter) mais je ne sais comment je vais expliquer
la présence d'un officier des États-Unis chez les sudistes. Il
faudra que cela se passe juste avant la guerre de Sécession »
(24 décembre 1951).

Peu après Noël 1951, Green donna à lire le premier acte
à Robert de Saint Jean, qui l'encouragea. Il redoubla d'éner-
gie et se dit même que son drame était en fin de compte
« peut-être plus intéressant » qu'il ne le croyait. Il s'interro-
gea aussi sur son personnage principal, Ian Wiczewski, le
bel officier homosexuel, américain d'origine polonaise,
amoureux du jeune et vierge Erik Mac Clure, et surtout sur
l'aveu que Ian ne parvient pas à faire à ce garçon dont il
est épris et qui, en fin de compte, provoqué par lui en duel,
le tuera impitoyablement :

> Il faut des motifs raisonnables à toutes les actions secrètes du
> lieutenant Wiczewski. Il ne peut pas dire *sa* vérité. D'où la
> violence de son attitude. Il étouffe. Il est amoureux fou et d'un
> amour qui paraîtrait incompréhensible s'il le laissait seulement
> deviner. En 1861, dans le Sud et dans une société aussi fermée,
> on ne pouvait que se taire. Il essaie de se frayer un chemin à
> travers cet épouvantable silence, il essaie à coups de sabre
> (*Journal*, 15 janvier 1952).

Remuer cet amour fou n'était pas sans danger, et Green,
qui songeait sans doute à Benton Owen, était taraudé par
l'angoisse au point, parfois, d'en perdre le sommeil. Pour
quelle raison, alors, continuer ? De plus, se demandait-il, le
langage peut-il tout dire ? Non, bien sûr : « Travaillé à ma
pièce où passera toute cette angoisse, mais il reste ce qui
n'est pas exprimable » (15 février 1952). Ce n'était pas tout,
s'inquiétait-il : à quoi bon écrire un drame que personne
ne voudrait interpréter (1er mars 1952) ? Pourquoi cette
crainte ? Parce que mettre en scène l'amour d'un homme
pour un autre n'allait pas de soi au début des années 1950 :
Green en avait conscience. Il y tenait pourtant : « Comment
ne pas comprendre que le sujet de ma pièce est l'amour
de Ian Wiczewski pour Erik Mac Clure ? La scène de la
déclaration camouflée devrait être la meilleure. Je voudrais

obtenir que le public accepte cette scène vers quoi monte le
drame tout entier » (24 février 1952). Mais il ne se faisait
guère d'illusions : le public, la critique aussi, seraient sans
doute hostiles, et il lui arriva de se demander s'il ne valait
pas mieux renoncer. Heureusement, ses amis le rassurèrent
et Green mit un point final à son manuscrit le 4 mars 1952.
Alea jacta est.

La pièce était écrite, bien que le titre ne fût pas définitivement arrêté. Encore fallait-il qu'elle fût jouée. Louis Jouvet
était mort le 16 août 1951, et Green devait trouver un metteur en scène qui, espérait-il, parviendrait à convaincre un
directeur de théâtre. Il ne s'en disait pas moins « incertain
du sort de [s]a pièce », allant jusqu'à dramatiser à l'excès
ses inquiétudes : « Oh, que tout cela est vain et que je
souffre quelquefois d'être au monde » (28 mai 1952). Ses
proches, pourtant, le réconfortaient. D'autres aussi : en juin
1952, Hervé Mille, alors directeur du magazine *Elle*, lui
parla de son travail en termes élogieux et, à sa grande surprise, Green se rendit compte que rien des aveux à demi
voilés du protagoniste de son drame n'avait dérangé le journaliste. Mais Hervé Mille n'était pas un homme de théâtre.
Qu'allait être l'avis des spécialistes ?

En juin de la même année, Green, voulant en avoir le
cœur net, lut sa pièce à Jean-Louis Barrault et Madeleine
Renaud, venus lui rendre visite. Tous deux firent les compliments d'usage mais estimèrent, non sans frilosité, que
l'œuvre était difficile à interpréter. Sans que cela fût dit,
l'homosexualité posait problème et les deux comédiens, tout
à leur embarras, soulignèrent la nécessité de trouver, pour
jouer le rôle du lieutenant polonais, « un acteur très intelligent » (12 juin 1952), c'est-à-dire, peut-on supposer, aux
idées suffisamment larges pour se glisser sans gêne dans le
costume d'un soldat amoureux d'un jeune homme... Un
nom fut même avancé, celui de Serge Reggiani – c'était
inattendu, compte tenu de son physique à tout le moins peu
slave ; alors âgé de trente ans, il venait de briller dans
Casque d'or, de Jacques Becker, au côté de Simone Signoret.
Mais les choses n'allèrent pas plus loin.

Deux semaines plus tard, Julien Green reçut une lettre de Pierre-Aimé Touchard, alors à la tête du Théâtre-Français (il en fut l'administrateur de 1947 à 1953), qui lui dit vouloir lire son manuscrit. Green ne se fit pas prier et le lui fit parvenir au plus vite. Quelques jours passèrent et, le 11 juillet 1952, les deux hommes se rencontrèrent dans le bureau de Touchard. Celui-ci livra à Green sa pensée sans circonlocutions : il avait lu et relu le texte, qui ne l'avait que partiellement convaincu. Il jugeait les personnages trop secrets et expliqua à Green, interloqué : « le public veut tout comprendre, autrement il s'estime volé » (12 juillet 1952). Étrange remarque... Sans doute Touchard ne connaissait-il pas, du moins pas encore, certaines œuvres majeures de son temps qui résistaient à l'interprétation bien plus que le drame de Green – *La Cantatrice chauve* d'Eugène Ionesco, par exemple, qui avait été créée le 11 mai 1950 au théâtre des Noctambules. Il suggéra également des modifications significatives, en recommandant à Green de mettre l'accent sur la dimension historique de la pièce, en particulier sur la question de l'esclavage. Après tout, les plus grands dramaturges n'avaient pas hésité à laisser à l'Histoire toute sa place dans la tragédie, à commencer par Racine dans *Bérénice*, dont il suggéra à Green, de plus en plus perplexe, de l'imiter, du moins en partie. Green prit congé de son interlocuteur, persuadé de ne rien avoir appris d'utile, et bien décidé en tout cas à n'en faire qu'à sa tête : « Je ne vois pas du tout comment je puis modifier cette pièce. Je n'ai jamais rien pu changer à aucun de mes livres », nota-t-il dès le lendemain. Mais au moins, Green tenait maintenant un titre : ce serait *Sud*, comme il le précisa à Robert de Saint Jean quelques semaines plus tard, avant de se raviser momentanément : « Je crois que j'appellerai cette pièce *Le Lieutenant Ian* au lieu de *Sud* qui peut prêter à confusion. En effet, ce n'est pas une pièce historique que j'ai voulu faire, et puis il faut désigner au spectateur le personnage principal » (9 septembre 1952). Bien sûr, il ne s'en tint pas là ; il songea même à *Regina*, d'après le nom du personnage

féminin central, mais cela revenait à modifier la perspec-
tive : dans la pièce, Regina, nièce du planteur Édouard
Broderick, aime en secret Ian Wiczewski – « ce serait l'histoire d'une femme éprise d'un homme qui se trouve dans
l'impossibilité de lui rendre son amour » (11 septembre
1952). Aussi cette idée fut-elle vite oubliée et Green se
décida-t-il définitivement pour *Sud*.

C'est alors que les propositions s'enchaînèrent. De façon
inattendue, en septembre 1952, Pierre-Aimé Touchard
annonça dans *Le Monde* que la pièce serait « très probablement » à l'affiche de la saison théâtrale du Théâtre-Français
l'année suivante. Pourquoi cette nuance ? Parce qu'il se
demandait qui, de la troupe de la Comédie-Française, pourrait jouer le rôle du lieutenant... Par ailleurs, Jean Mercure,
homme de théâtre et de cinéma, qui allait devenir, en 1968,
cofondateur et directeur du Théâtre de la Ville à Paris, s'in-
téressa à son tour à ce texte. Certes, il n'en aimait pas le
titre [1] et il trouvait l'intrigue bien sombre, mais elle lui plaisait
pourtant, ce qui était rassurant pour Green. Comme on le lui
avait conseillé, celui-ci déposa son manuscrit en octobre à la
Société des auteurs, rue Ballu, avant d'aller, quelques
semaines plus tard, rendre de nouveau visite à Touchard :
non sans satisfaction, il lui annonça qu'il avait accepté... une
offre venant d'ailleurs. Tant pis pour le Théâtre-Français, se
dit-il : la pièce serait donnée à l'Athénée, le théâtre de Louis
Jouvet, ce qui était un juste retour aux sources. Jean Mercure se mit tout de suite au travail et confia les décors – qui
plurent beaucoup à l'écrivain – à Georges Wakhévitch qui

---

1. Green lui-même continuait à avoir des doutes : « Je ne suis plus sûr
du tout que *Sud* soit un bon titre, Mercure non plus. Il craint que le public
ne soit lancé, à cause de cela, sur une fausse piste et qu'on attende une
pièce sur la guerre de Sécession. Baudelaire disait qu'il y a deux sortes de
titres : les titres mystérieux et les titres-pétards. J'aime mieux les premiers. [...] Un des rôles les plus difficiles est celui de Mac Clure. En
France, le puceau est un personnage invariablement comique. Il n'en va
pas de même dans les pays anglo-saxons, surtout dans l'Amérique de 1860.
Le Forclos, titre possible. Un autre : *L'Interdit* » (*Journal*, 27 décembre
1952).

avait travaillé, en collaboration avec Alexandre Trauner, pour les cinéastes Jean Renoir, Abel Gance et Marcel Carné. Courant décembre eurent lieu, non pas à l'Athénée mais au théâtre de la Renaissance, les auditions pour le rôle de Ian, qui n'était toujours pas distribué. Celui-ci fut confié à un jeune comédien d'origine flamande au talent éclatant, Pierre Vaneck, pourtant venu auditionner pour un autre rôle, celui d'Erik Mac Clure[1]. Quant au rôle de Regina, il fut attribué à Anouk Aimée – « Elle est belle et elle a de la poésie », jugea Green (13 janvier 1953). Les répétitions s'enchaînèrent, épuisantes pour l'auteur, mais bouleversantes. Tout prenait vie et le Sud renaissait de ses cendres, du moins pour quelques heures : « La pièce elle-même m'a remué, si étrange que cela paraisse. Tant de souvenirs d'enfance remontant tout à coup à la surface, comme du fond de la mer, et le Sud devant mes yeux, sur cette scène » (23 mars 1953).

De Sud à South, ou de l'autotraduction

La rédaction de *Sud* eut cela d'original que Green écrivit tout d'abord sa pièce en anglais, du moins les deux premières scènes. Puis il continua en français et, une fois la

---

1. L'audition, pourtant, commença mal : « Nous avions entendu six ou huit acteurs quand a paru sur la scène un garçon maigre et chétif, tenant d'une main tremblante son rôle [celui de Mac Clure] dont il n'avait pas lu un mot. Il me semble que je verrai toujours cette face hâve, ces yeux enfoncés, ces joues blanches. À quoi bon l'entendre ? Mais Mercure vient près de moi dans la salle et me dit que le jeune homme a de grandes difficultés, qu'il a perdu son enfant la nuit dernière. Il n'a que vingt et un ans. Mercure nous demande d'être indulgents. Le garçon se met à lire, assez mal, je dois le dire. Il bafouille d'une façon consternante, et tout à coup, il y a une sorte de miracle : sa voix, admirablement timbrée, commence à donner aux phrases un sens et une profondeur qui nous font dresser l'oreille à tous. [...] Au bout d'un moment, j'ai été vivement ému. [...] Cinq minutes ne se sont pas écoulées qu'il est parfaitement maître de lui. Il dit et fait ce qu'il veut avec une souveraine assurance. Mercure lui demande alors de lire un passage du rôle de Ian, ce qu'il fait aussitôt avec une aisance et une autorité admirables » (*Journal*, 23 décembre 1952).

version française terminée, il entreprit de tout traduire en anglais (avec la collaboration ponctuelle de sa sœur, Anne Green), à l'exception des deux premières scènes et d'une scène du troisième acte, déjà rédigées en anglais, qu'il ne retoucha pas [1]. Pourquoi cette traduction anglaise ? En partie parce que Robert Spraight, alors directeur de la BBC, voulait faire diffuser la pièce sur les ondes, comme cela est courant en Angleterre où le théâtre radiophonique est très apprécié. Mais il est sans doute des raisons plus profondes liées aux origines de l'écrivain, américain de naissance – il ne parla jamais d'autre langue que l'anglais avec sa mère – et français d'adoption, bien qu'il ne changeât jamais de nationalité. Pour autant, la relation de Julien Green à ces deux langues n'en fut pas moins complexe, comme il l'a reconnu en maintes occasions. Dans une conférence donnée en 1943, « Mon premier livre en anglais », il souligne, paradoxalement, l'étrangeté de la langue maternelle [2] et le caractère « naturel » de l'usage du français : « Le mot français était pour moi la seule désignation possible de ce que nous voyons autour de nous comme de tout ce qui se passe à l'intérieur de notre cerveau [3]. » Et de poser la question essentielle qui, au-delà de l'emploi véhiculaire de la langue, engage l'être : « Est-on le même en français et en anglais ? Dit-on les mêmes choses ? Pense-t-on de la même manière dans les deux langues et avec des mots pour ainsi dire interchangeables [4] ? »

---

1. Ce va-et-vient entre les deux langues explique sans doute la présence d'anglicismes (certes rares) dans le texte français. Par exemple, à l'acte I, scène 2 : « MRS. STRONG : Je crois que vous pêchez des compliments » (« I believe you're fishing for compliments » ; on dirait plutôt en français « chercher », ou « rechercher », les compliments). Ou encore à l'acte III, scène 1 : « MRS. RIOLLEAU : [...] Je n'ai jamais vu d'aussi longues figures » (« I've never seen such long faces » ; « to have a long face » se dirait en français « faire triste mine »).

2. « Ma mère m'apprit l'anglais par la douceur, mais il fallut des années et beaucoup d'étude pour pénétrer à la fin dans ce que je pourrais appeler l'univers de la langue anglaise et pour en goûter la poésie » (« Mon premier livre en anglais », *OC*, vol. 3, p. 1432).

3. *Ibid.*, p. 1431.

4. *Ibid.*, p. 1433.

Cette intimité complexe avec deux langues est à la source
de la réflexion menée par Green sur le bilinguisme et la
traduction, dans deux ouvrages tardifs, *Le Langage et son
double* (1985) et *L'Homme et son ombre* (1991). Elle
explique également qu'il ait toujours désiré écrire dans sa
langue maternelle, ce qu'il fit dans sa première nouvelle,
« The Apprentice Psychiatrist », publiée en mai 1920 dans
The University of Virginia Magazine et traduite par son fils
adoptif, Jean-Éric, cinquante-sept ans plus tard. De façon
concomitante, lors de son séjour à Charlottesville, il écrivit
des récits brefs en français, par exemple « La Grille » et
« L'Enfer ». Des années plus tard, pendant la Seconde
Guerre mondiale, alors qu'il était de retour aux États-Unis,
il rédigea en anglais un livre de souvenirs, *Memories of
Happy Days*[1], et traduisit Charles Péguy. Toute sa vie
durant, enfin, il se plut à traduire les grands auteurs de la
littérature de langue anglaise, par exemple les poètes William Blake ou John Keats. La traduction de Christopher
Marlowe, dramaturge de l'époque élisabéthaine, donna lieu
quant à elle dans le *Journal* à une réflexion sur la
complexité du rapport de Green aux deux langues : « En
traduisant des vers de Marlowe avec un ami, j'ai senti à

---

1. Voir à ce sujet son « Discours à l'Académie de Belgique », prononcé
le 8 septembre 1951 (*OC*, vol. 3, p. 1480). Il y fait un commentaire sur
Memories of Happy Days, rédigé en anglais et publié en 1942, puis traduit
par lui-même sous le titre *Souvenirs des jours heureux* ; il explique qu'il
avait commencé à l'écrire en français mais, comme il voulait que les Américains le lisent, il se ravisa et se décida à le rédiger en anglais. Il se rendit
alors compte des différences considérables entre la première version (en
français) et la seconde (en anglais) qu'il fit paraître ; le commentaire est
éloquent : « Je compris alors, non sans une certaine émotion, que ce qui
me tenait le plus à cœur, je l'avais écrit en français, alors que presque rien
d'intime n'était passé en anglais. » Green est revenu sur ce point dans une
interview donnée à Gabriel d'Aubarède, « Rencontre avec Julien Green »
(*OC*, vol. 3, p. 1510-1511) : « La version primitive [en français] avait un
caractère beaucoup plus intime, plus confidentiel. – Cette différence de
ton, à quoi l'attribuez-vous ? – Simplement au fait que le français est plus
près de moi. Un écrivain est-il jamais bilingue ? Je ne le pense pas. Au
fond, il n'a qu'une langue, celle de ses propres souvenirs, celle des premiers mots entendus. »

quel point le français et l'anglais sont séparés dans mon esprit. Pas de communication entre ces deux langues. C'est ce qui fait que j'ai tant de mal à traduire même les phrases les plus simples » (7 février 1952). Traduire, Green l'avait compris, ne suppose pas une tentative de fusion mais plutôt la juxtaposition de deux mondes mis en regard l'un de l'autre.

Dans le cas de *Sud/South*, une autre particularité apparaît : la traduction anglaise est beaucoup plus courte que l'original français, en raison de nombreuses coupes opérées par Green lui-même. Lorsque la pièce était en répétition à l'Athénée, le metteur en scène, Jean Mercure, fit observer à Green qu'elle pâtissait de quelques longueurs et lui demanda de supprimer certains passages qui, selon lui, ralentissaient l'action. Sans hésiter, l'auteur accepta de modifier son texte et, lorsqu'il traduisit sa pièce, il fit les mêmes coupes. Cela explique que la version anglaise publiée, et ici présentée, soit plus brève que la version française qui, pour sa part, donne le texte intégral en rétablissant les passages supprimés lors de la représentation.

Ces suppressions ne sont pas sans incidence sur la traduction : le texte anglais a parfois été légèrement modifié pour assurer des transitions plus naturelles entre deux passages et, dans quelques cas, les indications scéniques ont été réécrites, comme à la fin de la scène 2 de l'acte II. Ces coupes ont d'autres conséquences. Tout d'abord, le texte anglais est souvent moins explicite que la version française ; pour s'en tenir à deux exemples, à l'acte II, scène 4, l'homosexualité du père de famille, Édouard Broderick, inavouée mais évidente, est moins patente dans la version anglaise, expurgée ; de même, à l'acte III, scène 1, lors de la rencontre entre Ian Wiczewski et Erik Mac Clure, les passages omis en anglais, très nombreux, rendaient plus manifeste l'attrait amoureux du lieutenant pour le jeune homme : « Quelle libération, pourtant, si vous aviez pu lui dire que vous l'aimiez ! » ; ou encore : « Concevez-vous qu'un homme [...] se tienne devant la personne dont il est épris et ne puisse lui dire : "Je vous aime..." ? » Ultime conséquence des coupes : si la

traduction est, *ipso facto*, un *autre* texte, elle est ici, plus
encore, l'autre d'un autre, c'est-à-dire l'autre de ce qu'aurait
été la version traduite dans son intégralité. Julien Green, par
ce procédé, complexifie encore son œuvre, qui se fonde
ainsi structurellement sur la question de l'altérité et du
double, par ailleurs manifeste sur le plan thématique.

Représentations et réception critique

> Je sais que je ne suis pas compris par tous les
> spectateurs. C'est tant pis et c'est tant mieux[1].

C'est le 6 mars 1953 que *Sud* fut représenté pour la première fois au théâtre de l'Athénée-Louis-Jouvet. Après une
générale « fort indécise[2] », la pièce fut donnée plus de cent
fois jusqu'au 25 juin, devant une salle à peu près pleine et,
après la relâche de l'été, elle fut de nouveau à l'affiche à
l'automne. Green, conscient des défauts comme de la force
de son texte, assista à la première soirée de la reprise :
« Hier à l'Athénée pour revoir *Sud* qu'on a repris. La pièce
m'a paru maladroite, mais vivante, et il y a derrière tout
cela quelque chose de vrai », écrivit-il dans son *Journal*
(8 octobre 1953). La dernière eut lieu fin octobre devant
une salle comble. Dans l'ensemble, le public réagit plutôt
favorablement, bien que les enjeux de la pièce ne lui parus-
sent pas toujours immédiatement intelligibles, en particulier
l'attirance de Ian pour Erik, pourtant centrale. C'est du
moins ce que confia à Green, non sans excès, l'une des
interprètes : « Mme Provost qui joue le rôle de Mrs. Strong

---

1. Julien Green, interview donnée à Renée Willey, « Avec Julien
Green, ou le royaume intérieur », *La Revue française*, décembre 1955, in
OC, vol. 3, p. 1512.
2. « Je sais maintenant qui s'est déclaré contre *Sud* et qui l'a défendu.
On ne me l'avait pas dit tout d'abord. La générale a été fort indécise. Je
ne me rendais compte de rien de tout cela. Je ne voyais que les amis qui
venaient me féliciter. L'auteur n'apprend la vérité que beaucoup plus tard.
On me révèle à présent qu'on a eu les plus grandes inquiétudes au début »
(*Journal*, 19 juin 1953).

me disait à mi-voix [à propos du public] : Ils ne comprennent rien et ils adorent ça » (17 mai 1953).

Des représentations eurent également lieu en province et dans bon nombre de pays européens – en Allemagne (à Munich, en février 1954, elle fut fort bien accueillie), en Autriche, en Belgique, en Espagne, en Italie, aux Pays-Bas, dans les pays scandinaves, en Pologne et en Suisse –, parfois dans des versions expurgées : en Espagne, par exemple, l'homosexualité fut escamotée, la fin fut modifiée, et le duel opposant Ian à Erik fut compris par les spectateurs comme l'expression brutale de la rivalité de deux hommes tous deux amoureux d'une même femme, Regina. La pièce, enfin, fut interdite au Luxembourg, alors confit en pruderie, et à Londres. Parce que le personnage principal était homosexuel, les autorités britanniques avaient refusé de donner l'autorisation officielle, plus de cinquante ans après le procès d'Oscar Wilde et au moment même où le grand mathématicien Alan Turing, héros national qui avait décrypté les messages secrets des nazis, était condamné, pour la même raison, à la castration chimique[1]. Green dut se contenter d'une représentation dans un club privé, l'Arts Theatre Club de Londres, devant un nombre de spectateurs évidemment restreint. La mise en scène avait toutefois été confiée à un jeune homme au talent prometteur, Peter Hall, qui fut par la suite le fondateur de la Royal Shakespeare Company.

Les années passant, la pièce fut donnée et reçue dans toute sa vérité, aussi bien en Allemagne, à Bochum, le 20 février 1987, dans une splendide production d'Andrea Breth, qui fut récompensée par un prix, qu'aux Pays-Bas, à Utrecht, en octobre 1990, dans une mise en scène, « fascinante », « drôle, vivante et actuelle », dont Green fit état dans son *Journal* : « Cette version remarquable n'a aucun rapport avec le *Sud* joué à l'Athénée de Paris, qui n'était

---

1. Alan Turing, désespéré par ce que les « médecins » lui faisaient subir et par les épouvantables transformations de son corps, se suicida en 1954, à l'âge de quarante-deux ans, en croquant une pomme empoisonnée au cyanure.

qu'une tentative de reconstitution française et en même temps, disait Morand, une pièce grecque » (14 octobre 1990). Mais surtout, l'écrivain eut le bonheur d'assister en mars 1993 à une représentation de *Sud* à Londres – juste revanche –, qu'il commenta avec émotion :

> Le soir, dans Londres, au Centre d'art dramatique, chez les jeunes acteurs qui, en fin d'études, montent une pièce. Cette fois, ils ont choisi *Sud*. Dans un décor agréable quoique très schématique, ils ont joué en costumes heureusement simples. J'ai été bouleversé : ma pièce est vraiment une pièce anglaise. Ils ont étudié la prononciation de chaque personnage scrupuleusement, cette prononciation du Sud si différente d'une région à l'autre. Il y avait surtout le talent, la foi dans les différents rôles, avec l'élan et la sincérité de la jeunesse. L'accueil du public, jeune, sans réserve, ému lui aussi. Tout cela dans une église transformée en théâtre. Après la pièce, j'ai félicité chacun avec chaleur et embrassé une toute petite négresse de cinq ans. Le garçon de treize ans qui jouait Jimmy avait demandé qu'on lui expliquât son rôle, on l'a fait avec des circonlocutions et il a fini par dire : « Eh bien quoi, alors, je suis amoureux du lieutenant ! » On sentait dans leur façon de jouer qu'ils avaient chacun donné le meilleur d'eux-mêmes (*Journal*, 28 mars 1993).

Et la critique ? Si des écrivains reconnus comme Jean Cocteau, François Mauriac ou Henry de Montherlant apprécièrent la pièce, la presse fut peu enthousiaste, pour ne pas dire hostile dans certains cas. Les attaques furent diverses. Certaines, violentes, seraient aujourd'hui à juste titre qualifiées d'homophobes ; il en va ainsi de celle de Robert Kemp qui, dans *Le Monde* du 10 mars 1953, se déchaîna haineusement : « Si c'est pour en venir à ce secret plein d'horreur, [...] si c'est pour me retrouver encore devant des problèmes de Corydon, je me sauve... Voilà longtemps que j'en ai par-dessus la tête [1]. » D'autres avouèrent qu'ils s'étaient ennuyés, parce qu'ils n'avaient pas compris grand-chose à

---

1. Sauf indication contraire, les citations de la presse de l'époque données dans cette Présentation sont extraites des *OC*, vol. 3, p. 1729-1733. Les « problèmes de Corydon » ici évoqués par Robert Kemp sont une allusion à *Corydon* (1911), essai d'André Gide consacré à l'homosexualité.

l'intrigue. Mais peut-être ne voulaient-ils rien y entendre...
Dans le meilleur des cas, ils avaient le sentiment que la
pièce, du fait de sa thématique « embarrassante », ne
s'adressait pas à eux. D'aucuns reprochèrent à *Sud* sa lenteur, son caractère énigmatique, et, bien sûr, la place donnée
à l'homosexualité, parfois pour déplorer, non sans paradoxe,
que les choses, si dérangeantes fussent-elles pour l'époque,
ne fussent pas exprimées plus clairement : Thierry Maulnier, dans *La Revue de Paris* d'avril 1953, déclara ainsi
qu'il aurait préféré que la déclaration amoureuse de Ian à
Erik fût plus explicite. D'autres encore, à l'instar de Henri
Hell, reprochèrent à l'auteur une tendance à l'artifice : « On
voit aisément quelles critiques on pourrait adresser à Julien
Green sur un plan strictement dramatique. D'avoir parfois
usé d'effets qui font justement trop "théâtre". La scène de
l'oncle John par exemple : c'est Tirésias, un faux Tirésias,
trop attendu. Et le coup de foudre de Ian pour Erik est peut-
être trop un coup de foudre de théâtre[1]. » Cela n'empêcha
pas le critique de percevoir une « épaisseur psychologique »
à laquelle il se dit très sensible, une « richesse » dont il
estima qu'elle « n'aurait pas été possible si l'auteur avait
choisi une voie plus dépouillée, plus linéaire, plus directe ».
    La pièce fit aussi l'objet d'éloges. Par exemple, pour le
journaliste Morvan Lebesque dans la revue *Carrefour* du
11 mars 1953, « *Sud* est une pièce mieux qu'honorable,
extrêmement distinguée et même, par endroits, fort émou-
vante ». Selon Jacques Lemarchand, dans *Le Figaro littéraire* du 14 mars 1953, *Sud* est « une pièce extrêmement
méditée, écrite dans une langue classique un peu monotone
mais d'une élégance solide et construite avec une intelli-
gence vraie de la construction dramatique ». Plusieurs écrivains comprirent bien la pièce, notamment le romancier
François-Régis Bastide[2], le philosophe et dramaturge

---

1. « Julien Green, *Sud* et la critique », art. cité.
2. « Sans l'arrivée de Mac Clure, Ian restait incertain de lui-même et
ignorait peut-être cette incertitude » ; *La Table ronde*, avril 1953.

Gabriel Marcel[1], et François Mauriac qui, dans *La Table ronde* d'avril 1953, loua « la densité psychologique, cette épaisseur que seul un romancier comme Green est capable d'introduire à la scène, cette durée que les hommes de métier appellent lenteur ». Mais c'est d'Albert Camus que vinrent les plus beaux éloges. Il avoua à Green avoir lu « tant de sottises sur [sa] belle pièce » qu'il se décida à lui faire part de son avis :

> Votre pièce [...] retrouve la grandeur tragique. [...] Votre len-
> teur est nécessaire, vos réticences sont celles du sujet, et l'ambi-
> guïté du dialogue que j'ai goûtée par-dessus tout est celle même
> de la fatalité que vous dépeignez. Si vos critiques [...] avaient
> le moindre sens de la création artistique, ils eussent exalté cela
> même devant quoi ils ont rechigné. Et ils se seraient avisés, par
> exemple, que presque toutes les tragédies grecques, *Œdipe roi*
> en étant l'admirable exemple, reposent sur une équivoque fatale,
> répercutée par le dialogue[2].

Si la comparaison avec Sophocle peut ne pas convaincre, Albert Camus n'en a pas moins perçu, outre le classicisme formel de *Sud*, sa dimension tragique : Green, qui fut pro-fondément marqué par le tremblement de terre de Messine en 1908 et par le naufrage du *Titanic* en 1912[3], n'était pas loin de penser que la vie était une catastrophe, voire une apocalypse. Il évoque ainsi, dans son *Journal*, ce « vague sentiment de danger [qu'il a] toujours éprouvé simplement

---

1. Voir l'interview donnée à Gabriel d'Aubarède, « Rencontre avec Julien Green » (*OC*, vol. 3, p. 1511). Green y explique que *Sud* est un drame « d'essence religieuse » et il ajoute : « Gabriel Marcel fut l'un des rares critiques qui surent discerner cet aspect capital de ma première pièce. [...] Cela dit, je n'ai pas voulu le moins du monde faire une pièce édifiante [...]. »

2. Cité par Robert de Saint Jean et Luc Estang, *Julien Green, op. cit.*, p. 97.

3. « Cette catastrophe a toujours exercé sur moi un pouvoir de fascina-tion extraordinaire. Pourquoi ? Je n'en sais rien. Peut-être sommes-nous tous à bord du *Titanic* à partir du jour où nous venons au monde. Le monde est ce vaisseau qui coule » (*Journal*, 7 août 1956).

à vivre dans le monde. Est-ce donc le monde qui est dange-
reux ? » (2 octobre 1950). Cette conscience du péril imminent est omniprésente dans *Sud*, non seulement en raison
de la guerre qui menace, mais, au-delà de la conjoncture
historique, parce que chacun est exposé à tout instant à la
possibilité d'une rencontre, voire d'une collision, détermi-
nante : « On est toujours menacé par quelque chose », dit la
jeune Angelina, fille d'Édouard Broderick et éprise, comme
Ian, d'Erik Mac Clure (II, 4) [1]. On retrouve cette idée dans
les romans *Moïra*, *Le Malfaiteur* et *Si j'étais vous*, où est
décrite l'intolérable fulgurance d'une révélation catastro-
phique, celle du coup de foudre, toujours destructeur [2]. C'est
ce que résume Regina en des termes tirant toute leur force
de leur apparente banalité : « Je ne sais pas comment vous
faites pour surgir tout à coup là où l'on ne s'attend pas à
vous voir », dit-elle à Ian au début de la première scène de
Sud.

C'est aussi cette conscience du danger existentiel qui permet de comprendre ce que veut dire Julien Green lorsqu'il
parle de la « dimension religieuse » de *Sud* [3], bien perçue
par Albert Béguin dans un article paru dans *Esprit* en juillet
1953 : « J'y vois pour ma part une dimension métaphysique
et religieuse, qui fait l'essentiel de l'œuvre et qui m'a tenu
haletant tout au long de ce spectacle à peu près *insupportable*. » Il est vrai que l'existence, telle que la décrit Green,
est abandonnée au *hic et nunc* des passions et qu'elle est

---

1. Voir ce commentaire de Julien Green sur ses personnages : « Ces
êtres lancés les uns contre les autres par de terribles passions, tout cela
dans l'ombre d'une catastrophe » (*Journal*, 18 juillet 1951).

2. « Un instant plus tôt, il était calme, et brusquement un visage apparu
dans une boutique le jetait au fond d'un enfer intérieur » (cité par Robert
de Saint Jean et Luc Estang, *Julien Green, op. cit.*, p. 167).

3. « Tout à l'heure, je parlais de cette pièce avec Robert [de Saint Jean].
Je lui disais : On se trompera sûrement sur le sens que je voulais qu'elle
eût. On y verra une pièce charnelle, un drame du désir. L'aspect religieux
ne frappera pas. On simplifiera. Ce sera exactement comme pour *Moïra*.
Et puis il ne faut pas confondre l'amour avec le désir. En France, on
confond les amours avec l'amour » (*Journal*, 1er septembre 1952).

pétrie de violence. Le père de Ian a été pendu et l'un de ses ancêtres a tué la femme dont il était éperdument amoureux. Le jeune fils d'Édouard Broderick et frère d'Angelina, Jimmy, qui gifle un esclave, est lui-même fouetté par Ian, pour qui il éprouve des sentiments. Celui-ci exerce par ailleurs sa brutalité sur Regina, qu'il méprise parce qu'il la sait vainement amoureuse de lui – il la saisit par le poignet, la tutoie, lui tient des propos offensants (« Humilie-toi, petite orgueilleuse », II, 2) –, et sur Erik lors de la scène finale lorsque, désespéré de ne pouvoir se faire aimer de lui, il le provoque en duel : « Je ne te cherche pas querelle, imbécile ! Je veux ta mort » (III, 1). Il est vrai que l'homme est placé sous l'œil d'une divinité absente. La « misère de l'homme sans Dieu », pour reprendre une célèbre formule de Pascal, est l'une des idées qui sous-tendent la pièce, d'autant plus puissamment que l'auteur était croyant : « Mon Dieu, si tu pouvais exister pendant une minute... Comme j'irais vers toi ! » s'exclame Édouard Broderick (I, 3) ; « Oh ! si seulement il y avait quelqu'un ! » s'écrie Mrs. Strong (III, 2). Julien Green était un fervent admirateur de Pascal – « à mes yeux le plus grand des Français », écrivit-il dans son *Journal* (30 janvier 1950) –, qu'il cite en exergue de *L'Autre Sommeil* (1931), roman dont le titre même est une citation du philosophe janséniste. C'est le sens du religieux et, dans un registre plus littéraire, du tragique, qui, joint à la réflexion sur la fatalité, le désir, l'amour et la mort, donne à la pièce son caractère d'universalité. Comment se protéger de la misère de l'existence et des exigences du désir charnel ? Green a une réponse : en écrivant. La phrase est belle : « Je trompe la violence qui forme le fond de ma vie en écrivant mes livres [1]. »

---

1. Cité par Robert de Saint Jean et Luc Estang, *Julien Green, op. cit.*, p. 48.

Beau comme l'antique

Il n'est guère étonnant que Julien Green, amoureux de la Grèce, ait composé *stricto sensu* une pièce classique, du moins par sa forme. Dès la « Note » précédant la liste des personnages, le ton est donné : le dramaturge souligne le classicisme antique du décor, caractérisé par la symétrie, avec ses deux colonnes placées « à droite et à gauche d'une grande fenêtre à la française », et dont il expliqua à Robert Cantagrel, dans une interview parue le 3 mars 1953 dans *Le Figaro*, qu'elles indiquaient « sur la scène la présence de la tragédie ». Le dramaturge est par ailleurs respectueux des unités de temps (« quelques heures avant la guerre de Sécession », p. 55), de lieu (« dans le salon d'une grande plantation », p. 55) et d'action, conformément aux principes énoncés, du moins pour les deux premiers, par Aristote dans sa *Poétique*, dont l'auteur de *Sud* cite en outre, à l'ouverture de sa pièce, un extrait célèbre portant sur la définition de la tragédie comme *catharsis*, ou « purification d'une passion dangereuse par une libération véhémente » (p. 51) [1].

Sud se compose de trois actes, l'acte I comprenant cinq scènes, l'acte II quatre scènes et l'acte III deux scènes seulement : si Green ne se conforme pas à la division en cinq actes adoptée par les classiques français au xviie siècle, il ne s'en inscrit pas moins respectueusement dans une autre tradition. Cette division ternaire est en effet celle du découpage logique de l'intrigue dans le théâtre antique et dans celui de la Renaissance – protase (*expectatio*), épitase (*gesta*), catastrophe (*exitus*) –, et c'est en trois « journées » que les dramaturges du Siècle d'or espagnol, à la suite des Anciens, divisèrent leurs propres pièces. Enfin, cette répartition efficace en trois actes, comme autant d'étapes d'une

---

1. Aux yeux de Green, la Grèce antique présente l'avantage supplémentaire d'être traditionnellement associée à l'homosexualité. Voir, par exemple, *Le Malfaiteur* [1956], LGF, Le Livre de Poche, 1997, p. 142. Jean, le narrateur, observe de beaux jeunes gens qui lui plaisent : « Une Grèce idéale revivait sous mes yeux. »

démonstration qui s'intensifie d'autant plus que les actes
sont de plus en plus courts, rappelle la structure de la pièce
dite « bien faite » – très en vogue au XIXᵉ siècle et illustrée
en France par Victorien Sardou et Alexandre Dumas fils –,
composée de trois mouvements : exposition, complication
et dénouement.

On notera également l'importance, dans *Sud*, des indications scéniques, ou didascalies, très abondantes dans le
théâtre du XIXᵉ siècle [1], et, sur un plan rhétorique, les
marques d'un goût tout cornélien pour les antithèses, par
exemple entre amour et raison, à l'acte I, scène 1, dans ces
propos tenus par Regina à Ian : « Je n'aime rien de ce que
vous êtes et je vous écoute malgré moi. » Green rend d'ailleurs hommage au théâtre français du XVIIᵉ siècle dans différents passages de la pièce. En témoignent ces mots de
Regina adressés à Ian, « Je ne vous aime pas, lieutenant
Wiczewski » (I, 1), qui font écho à l'aveu de Chimène à
Rodrigue dans *Le Cid* de Corneille (1636) : « Va, je ne te
hais point [2] » ; le récit de M. White (III, 2) s'inspire de celui
de Théramène décrivant, dans *Phèdre* de Racine (1677), la
mort d'Hippolyte ; et la douleur d'Édouard Broderick face
au cadavre de Ian, pour qui il nourrissait une vive affection,
renvoie à celle de Thésée devant le corps ensanglanté de
son fils. Surtout, la question de l'aveu, qui occupe une place
prédominante dans *Sud* (Regina va-t-elle avouer son amour
pour Ian Wiczewski ? Ian sa passion pour Erik Mac Clure ?
Édouard Broderick son attirance pour Ian ?) est par essence
racinienne. Pourquoi cette référence insistante au théâtre
classique ? Parce que Green souscrit à une esthétique de
l'épure, dont l'un des meilleurs modèles réside dans l'œuvre
des tragiques français. Mais aussi parce qu'une grande

---

1. Voir Anne Ubersfeld, « Didascalies », *Dictionnaire encyclopédique
du théâtre*, dirigé par Michel Corvin, vol. 1, Larousse, 2001, p. 507 (au
XIXᵉ siècle, « l'espace devenant la reproduction, souvent décorative, d'un
lieu dans le monde et, le personnage étant beaucoup plus individualisé,
elles [les didascalies] apportent les précisions nécessaires »).
2. Corneille, *Le Cid*, III, 4.

rigueur formelle lui était nécessaire pour mettre en scène un désir alors jugé déstabilisant, voire dangereusement transgressif.

Étrange étranger

> On ne peut demander à un homme de jouer un personnage durant toute une partie de sa vie, si l'on veut qu'il reste sincère. C'est là le plus dur châtiment de l'individu qu'un penchant sexuel met au ban de la société ; il en est réduit à feindre ou à faire un éclat, et si le cœur lui manque de se déclarer, il est injustement contraint à vivre en hypocrite[1].

La transgression se présente sous deux formes au moins dans *Sud* : tout d'abord, elle constitue l'un des thèmes mêmes de cette œuvre qui fait la part belle à l'homosexualité ; ensuite, elle se traduit, d'un point de vue plus littéraire, par l'emploi d'un langage qui privilégie le doute, l'incertitude et le non-dit.

Pour Julien Green, les choses étaient bien claires ; l'Histoire, dans *Sud*, n'était qu'un prétexte : « *Sud* n'est pas une pièce sur la guerre. C'est un drame personnel[2] », en l'occurrence celui de Ian amoureux d'Erik sous le toit d'Édouard Broderick, torturé par sa propre attirance pour les hommes. Cela ne signifie pas que l'homosexualité soit ici seule en cause, mais que la pièce s'interroge sur le désir et l'amour (en l'occurrence, le coup de foudre), dont la composante homosexuelle n'est qu'un aspect, retenu par l'auteur en fonction de sa propre identité. C'est là un point sur lequel l'écrivain est revenu à maintes reprises, non par déni – l'homosexualité est évoquée dans *L'Autre Sommeil* (1931), *Moïra* (1950) et, plus encore, dans *Le Malfaiteur* (1956) –, mais par souci d'universaliser son propos :

---

1. *Le Malfaiteur, op. cit.*, p. 141.
2. Interview donnée à Jean-François Devey, « Julien Green : Ce n'est pas moi qui ai écrit *Sud* », *Paris-Presse*, 6 mars 1953, *OC*, vol. 3, p. 1507.

L'homosexualité n'est pour le chrétien qu'un aspect du problème, beaucoup plus vaste, de la sexualité... C'est la société
qui dresse des barrières et instaure des catégories. [...] Si l'on
compare *Sud* et *Moïra*, il y a chez les deux hommes, Joseph
Day et Wiczewski, une sensualité impérative qui dans les deux
cas, pour l'amant de *Moïra* comme pour l'amoureux d'Éric
[*sic*], s'accompagne de la haine de l'instinct sexuel. Dans ce
combat entre l'homme charnel et l'homme spirituel qui est entre
eux, il n'y a pas d'issue[1].

Il n'en demeure pas moins que *Sud* propose, à travers
le personnage de « l'étranger » Ian Wiczewski, une typo-
logie de l'homosexuel, du moins tel qu'il fut ou tel qu'il
est encore aujourd'hui décrit dans le discours commun.
Ian se définit soit par l'excès soit par le manque : selon
Angelina, « il est trop aimable » (I, 5) ; pour Erik Mac
Clure, « il s'est montré courtois... presque trop » (II, 1) ;
et Ian lui-même décrit son amour pour Erik en termes
hyperboliques : « Je suis amoureux, Jimmy, amoureux
comme jamais un être humain ne l'a été avant moi »
(II, 2). À l'inverse, Angelina souligne un manque :
« J'aime les hommes qui sont plus... » (I, 5), avance-t-elle
à son sujet avant de s'interrompre sans préciser sa pensée.
Au mieux, Ian est différent – « il n'est pas comme les
autres hommes » (I, 5), dit encore Angelina, ce qui est
une façon de le mettre à part ; au pire, il est dangereusement déviant et faux : Regina affirme qu'il est un menteur
(« ce que je déteste en vous, c'est le mensonge » ; « il y
a des jours où je vous vois mentir de la tête aux pieds »,
I, 1), « un fourbe », « un monstre », « un bourreau » (I, 5),
et Erik voit en lui « un déserteur » (II, 1), soit un traître,
idée déjà présente dans les propos de Regina : « À qui
seriez-vous fidèle, puisque vous n'avez pas de racines
dans le pays, ni dans le Nord, ni même dans le Sud ? »
(I, 1)[2]. Plus inquiétant encore, l'« homosexuel » peut être

---

1. Cité par Robert de Saint Jean et Luc Estang, *Julien Green*, *op. cit.*,
p. 95-96.
2. L'idée que « l'homosexuel » est potentiellement un traître, en particulier en temps de guerre, est un thème récurrent du discours homophobe.

n'importe qui, y compris un bon père de famille comme
Édouard Broderick qui fait presque l'aveu de son secret
à Ian : « J'ai vécu et j'ai souffert. Il n'est pas impossible
que je puisse vous comprendre » (III, 4). Ce que suggère
ici Julien Green, à la suite d'Oscar Wilde, c'est que les
hommes sont scindés : ils portent un masque et arborent
une façade sociale, qui dissimule une vérité intérieure
dont ils pensent ne pas pouvoir faire l'aveu.

On ne s'étonnera donc pas de constater que le double
est l'un des thèmes majeurs de la pièce. Et ce, dès la
« Note » liminaire qui met l'accent sur la séparation entre
« le Nord et le Sud » et sur la présence, dans le décor,
de « deux [...] colonnes [...] visibles » (p. 55). Le double,
lié chez Green à la conscience d'une tension interne entre
le désir homosexuel et l'espoir de le dominer[1], apparaît
en de multiples occasions dans la pièce. Le monde de
Sud est marqué par les séparations, entre les planteurs et
les Yankees, entre les Blancs et les Noirs, et le Sud lui-
même n'est pas monolithique : Édouard Broderick est
aussi progressiste que Mrs. Strong, sa sœur, est réaction-
naire ; quant à Regina, leur nièce, elle introduit une caté-
gorie supplémentaire : celle des pauvres blancs (« Tu ne
sais pas ce que c'est d'être pauvre parmi les riches », dit-
elle à Angelina, I, 5). Personne n'échappe à ces coupures
et à ces frontières. En témoigne Jimmy, le petit maître
blanc qui gifle un esclave, alors même que son prénom

Voir à ce sujet l'article « Trahison » dans le *Dictionnaire de l'homophobie*,
sous la direction de Louis-Georges Tin, PUF, 2003, p. 404-405.
1. Robert de Saint Jean et Luc Estang, *Julien Green, op. cit.*, p. 28,
citent Green, qui se dit troublé par le désir homosexuel : « J'étais double
comme la plupart des hommes, mais le pécheur en moi me faisait honte,
j'aimais mieux l'autre personnage qui se voulait pur. Cela me scandalisait
de n'être pas tout entier celui-là. » Cette question apparaît dans le *Journal*
à la date du 4 août 1953 : « Le problème des hommes de plaisir est simple,
car ils ont accepté le plaisir comme la solution de beaucoup de difficultés,
mais il y a dans le plaisir quelque chose qui me fait horreur. [...] Pourquoi
en est-il ainsi ? Je n'en sais rien, mais dès l'âge de vingt ans, j'éprouvais
cela à tel point que ma vie en était comme déchirée en deux. J'étais sans
cesse en révolte contre moi-même. »

rappelle la sinistre caricature de l'esclave noir, Jim Crow, et les lois infâmes qui, jusqu'en 1964, ont institutionnalisé la ségrégation[1]. Ce que suggère Green en attribuant ce nom à l'adolescent bientôt amoureux de Ian, c'est que tout tourne très vite et que le persécuteur peut se retrouver dans le costume de la victime, de même que l'hétéro-sexualité peut se révéler être une construction fragile. Autre exemple : celui d'Erik, qui fait à Ian un aveu surprenant, et éloquent, sur ses insoupçonnées incertitudes affectives et sans doute sexuelles : « quelque chose m'at-tire vers vous que je ne saurais bien m'expliquer moi-même » ; et d'ajouter, « mon cœur est parfois semblable à ce royaume divisé contre lui-même dont parle l'Évangile » (III, 1). Ian, enfin, tout à ses scissions – comment concilier son statut d'officier fringant admiré des femmes et son homosexualité ? –, voit un spectre, c'est-à-dire un double, thème romantique par excellence, là où il n'y a que ses propres projections imaginaires : « Étiez-vous seul quand vous êtes entré ? » demande-t-il à Erik lors de leur première rencontre (II, 1). Le double est enfin un principe structurel : le rêve d'amour narré par Erik (III, 1), par exemple, fait écho à la rêverie amoureuse racontée par Angelina (I, 5), et parallélismes et répétitions s'imposent souvent en tant que procédés d'écriture. Le meilleur exemple est le double texte (français/anglais), mis par la traduction au miroir de lui-même : « En anglais, j'étais devenu *quelqu'un* d'autre », écrit Green dans *Le Langage et son double*[2].

---

1. Le nom de Jim Crow vient de la chanson « Jump, Jim Crow », composée en 1828 par Thomas Dartmouth « Daddy » Rice, émigrant anglais installé aux États-Unis. Les lois Jim Crow furent promulguées dans le but de restreindre les droits des personnes noires. Elles introduisirent la ségrégation dans les écoles, les hôpitaux, les transports publics, etc.

2. « Une expérience en anglais », *Le Langage et son double*, Seuil, « Points », 1985, p. 175.

Julien Green et le langage

> Le mystère des mots est l'un des plus
> passionnants qui soient[1].

La relation de Julien Green au langage se fonde sur deux principes : l'amour du verbe, et la méfiance vis-à-vis de sa nature imparfaite. Parce qu'il aime les mots et la littérature, il en souligne la densité en jouant notamment sur la polysémie et sur les allusions intertextuelles. Comme l'a souligné Robert de Saint Jean, Green « se passionne pour les mots, leur origine, leur évolution, tous les problèmes du langage depuis la naissance. Dictionnaires, grammaires, ouvrages sur l'histoire, la syntaxe, l'esthétique de la langue courent sur des rangées entières dans sa bibliothèque [...]. Sans cesse le *Journal* revient sur des questions de langage. *"Il y a deux choses que les Français discutent avec passion : la politique et la grammaire"* (novembre 1962)[2]. » Mais Green est également convaincu de la fragilité du langage, voire de son imperfection, et de l'incommunicabilité partielle qui en résulte. Pour cette raison, ses dialogues sont souvent allusifs, voire ambigus, la vérité ne pouvant se dire tout entière : « Quels mots employer pour décrire ce qui échappe au langage[3] ? »

La densité et le mystère des noms propres intéressaient tout particulièrement Julien Green qui, lors d'une conférence donnée en 1943, fit à ce sujet le commentaire suivant : « Mon propre nom me jetait aussi dans des rêveries sans fin. Je trouvais curieux qu'un certain assemblage de sons me désignât de telle sorte qu'en proférant de tels sons, on pouvait raisonnablement s'attendre à me voir accourir[4]. » Il se passionnait pour « l'appellation des êtres et des choses »,

---

1. « Mon premier livre en anglais », *OC*, vol. 3, p. 1432.
2. Robert de Saint Jean et Luc Estang, *Julien Green, op. cit.*, p. 132.
3. Cité par Robert de Saint Jean et Luc Estang, *Julien Green, ibid.*, p. 109.
4. « Mon premier livre en anglais », *OC*, vol. 3, p. 1433.

ce qui explique le soin porté dans *Sud* à la valeur séman-
tique et programmatique des noms. À commencer par celui
du lieutenant polonais : en dépit des apparences, « Wiczewski » n'est pas un patronyme rare ; de nombreuses familles
le portent, au contraire, y compris aux États-Unis ; en
d'autres termes, l'« étranger » et la différence qu'il incarne
sont proches de nous, voire en nous. Au fait, pourquoi un
nom polonais ? Parce que l'écrivain aimait le pays de Chopin, du reste mentionné dans *Sud*, et qu'il avait des amis
– homosexuels – qui en étaient originaires. Une note de
l'auteur précise en outre que le nom se dit « Vichefski » :
cette précision, certes, aide à la prononciation, mais permet
surtout d'entendre dans ce nom le mot « chef », soit l'affirma-
tion d'une autorité, celle du désir, ce que corrobore en partie
le prénom « Ian », proche graphiquement de « I am » : « Je
suis ». « Broderick » est un nom irlandais répandu, forme
anglicisée d'un mot gaélique signifiant « rêve » – l'homme
qui le porte est torturé par d'impossibles désirs –, et
« Édouard », prénom de ce personnage, *pater familias* et
homosexuel refoulé, est celui du propre père de Green.

   Quant à « Mac Clure », nom d'un des amis de Green à
l'université de Virginie, il a sans doute été retenu pour deux
autres raisons au moins. D'une part, « lure », en anglais,
veut dire « attirer en trompant ». D'autre part, « Mac
Clure » est un nom célèbre, celui de l'auteur du *Voyage de
Mac Clure aux mers arctiques* (Londres, 1856), qui contient
le récit détaillé du voyage mémorable au cours duquel le
capitaine Mac Clure, qui commandait l'*Investigator*, découvrit, entre 1850 et 1854, le fameux passage du Nord-Ouest
au nord de l'Amérique (un détroit de la région a pris son
nom) ; ce navigateur irlandais est par ailleurs cité par Jules
Verne dans *Les Aventures du capitaine Hatteras* (1867). En
un mot, Mac Clure est le nom d'un « héros viril » : Green
aime jouer avec les mythes, son Mac Clure à lui étant, dans
un premier temps, un personnage naïf et vierge, qui finira
par se transmuer, dans la scène finale où il déploie une violence meurtrière stupéfiante, en « ange exterminateur »
(p. 251).

Les noms des autres personnages de *Sud* ne sont pas moins significatifs : « Regina », ou la reine (déchue) ; « Angelina », le petit ange (pathétique) ; « Riolleau », proche de « Priolleau » – le nom est de fait rétabli sous cette graphie dans la version anglaise de la pièce –, patronyme authentique d'une famille du Sud que connaissait Green. Dans son *Autobiographie*, l'écrivain évoque l'un des garçons de cette famille, amoureux de lui lors de son séjour en Virginie, au début des années 1920, et dont l'histoire se retrouve dans *Moïra*, à travers celle du personnage de Praileau, lui aussi attiré par un homme. Le nom transparent de Mrs. Strong, enfin – personnage buté (« strong » signifie « fort » en anglais) –, rappelle la désignation ludique des personnages dans la plus pure tradition du théâtre anglais de la Restauration, reprise en partie par Oscar Wilde dans *L'Importance d'être constant* (1895).

Une autre façon d'exploiter la richesse du langage est de multiplier les allusions intertextuelles. On en trouve divers exemples dans *Sud*, où d'innombrables œuvres sont évoquées, de *La Case de l'oncle Tom* de l'Américaine Harriet Elizabeth Beecher-Stowe (1852) – Green, qui n'aimait pas ce roman, s'y réfère néanmoins à l'acte I, scène 2 (p. 71) – à *La guerre de Troie n'aura pas lieu* de Jean Giraudoux (1935) – « Il n'y aura pas de guerre », affirme Mrs. Strong (I, 2)[1] –, en passant par le *Faust* de Gounod – la réplique « Si Erik Mac Clure me voyait dans ces moments-là » (I, 5) rappelle « L'air des bijoux » de Marguerite (« S'il était ici/S'il me voyait ainsi... ») –, ou encore par *Huis clos* de Sartre (1945) : comment ne pas entendre dans la phrase d'Angelina, « La mort, c'est pour les autres » (II, 4), un écho à « L'enfer, c'est les autres » ?

D'autres réminiscences littéraires se laissent deviner. À l'acte I, scène 4, le dialogue suivant entre « le négrillon » et Uncle John

> LE NÉGRILLON : Pourquoi ne m'a-t-il pas donné une peau blanche, à moi aussi, le Seigneur, dis, grand-père ?

---

1. La même phrase est reprise par Eliza Fermor à l'acte II, scène 4.

UNCLE JOHN : Le Seigneur te donnera bien plus que cela au Paradis, mon petit agneau.

semble faire écho à la conversation entre l'enfant et sa mère dans « Le Petit garçon noir » de William Blake (*Les Chants d'Innocence*, 1789)[1] :

> Ma mère m'enfanta dans les déserts du Sud ;
> Et je suis noir, mais oh ! mon âme est blanche ;
> Blancs comme les anges sont les enfants anglais,
> Moi, je suis noir et comme privé de lumière.

Oscar Wilde, quant à lui, a pu inspirer à l'auteur de *Sud*, outre le personnage de l'oncle prophète, Uncle John, qui rappelle celui de Iokanaan (Jean-Baptiste) dans *Salomé* (1893), son goût pour les images mystérieuses, et en particulier pour le motif de la lune[2]. Ce motif se retrouve en effet dans le récit que fait Angelina de son escapade nocturne : « Je suis montée dans ma chambre. [...] La lune éclairait toute la pièce. Je souffrais sans savoir pourquoi. J'aurais voulu être morte » (I, 5). Ou encore, dans la même scène : « C'était exactement comme dans un rêve, quand on marche sans remuer les pieds et qu'on a l'impression de flotter au ras du sol. Il faisait très sombre mais entre les branches des arbres, la lune jetait des taches d'argent sur la terre. » La présence de Wilde va au-delà de cette allusion ponctuelle, puisque tout *Sud* peut se lire comme un commentaire du vers le plus célèbre de *La Ballade de la geôle de Reading* (1898) : « Tout homme tue ce qu'il aime[3]. » Ian, certes, ne tue pas Erik Mac Clure dont il est amoureux – c'est même l'inverse qui se produit –, mais en le provoquant, il contraint l'être aimé à anéantir l'amour dont il est l'objet.

---

1. William Blake, *Poèmes*, trad. M.-L. Cazamian, Flammarion/Aubier, 1968.
2. Voir Oscar Wilde, *Salomé*, GF-Flammarion, 1993, réed. 2006, *passim*.
3. *De profundis. La Ballade de la geôle de Reading*, trad. P. Aquien, GF-Flammarion, 2008, p. 193.

La passion des mots, cependant, ne s'accompagne pas chez Green d'une foi absolue en leur pouvoir. Pour l'auteur de *Sud*, tout ne peut pas se dire, parce que le langage fait défaut : « Les mots manquent, n'existent pas. On a beau multiplier les paroles, il y a toujours quelque chose qui reste de non dit et que Dieu seul connaît » (15 février 1952). L'écrivain est souvent revenu sur ce constat, par exemple dans le premier volume de son autobiographie, *Partir avant le jour* (1961), où il insiste sur « ce quelque chose d'inexprimable. Les mots ne peuvent le décrire. Il se cache sous le seuil du langage, et sur cette terre il reste muet [1] ». Lui qui avait lu et qui appréciait *De l'origine du langage* (1859) d'Ernest Renan souscrivait à l'idée que le langage est un moyen de préhension nécessaire mais insuffisant dans la mesure où les locuteurs ne s'entendent pas sur le sens des termes qu'ils emploient. En outre, il répartissait les êtres humains en deux catégories, ceux qui désirent s'exprimer et ceux qui retiennent leurs mots, ces deux attitudes pouvant cohabiter en un seul individu. Enfin, il considérait que, pour les hommes et les femmes, les mots n'avaient pas le même sens, ce qui contribuait à brouiller les relations interindividuelles.

Or toutes ces convictions se retrouvent dans *Sud*, de diverses manières. D'abord au niveau de l'intrigue même, qui met l'accent sur les thèmes du secret (presque tous les personnages ont quelque chose à dissimuler) et de l'aveu que les uns et les autres (Regina amoureuse de Ian, Ian amoureux d'Erik, Édouard Broderick amoureux de Ian) ne parviennent pas à formuler. L'alternative est la suivante : au mieux, la pensée et les affects ne se transmettent que par bribes plus ou moins intelligibles ; au pire, le silence et l'intériorisation douloureuse sont les seules voies possibles – à vrai dire, des impasses.

Le fait que les mots sont inaptes à tout dire se traduit, dans le style même de la pièce, par « l'ambiguïté du dialogue » dont parle Albert Camus. Pour créer cet effet, Julien

---

1. *OC*, vol. 5, p. 674.

Green joue sur le double sens, qui est l'un de ses procédés favoris. C'est le cas, par exemple, lors de la première rencontre de Ian et Erik : « Excusez-moi. Je ne m'attendais pas... » (I, 5), dit Ian sans terminer sa phrase, la suite non prononcée étant, peut-on supposer, pour Erik, « à vous voir entrer », et, pour le spectateur, « à tomber amoureux de vous ». De même, lorsque Erik fait le commentaire suivant sur Ian, « Il fait ce que font beaucoup de jeunes Américains à l'heure actuelle : il s'interroge » (II, 4), le spectateur et Édouard Broderick, à qui le jeune homme s'adresse, entendent autre chose (Ian s'interroge sur son désir) qu'un simple commentaire sur les incertitudes politiques du lieutenant. Dernier exemple, enfin : celui de la tentative de déclaration de Ian à Erik ; cette scène, comme l'a fait observer Henri Hell, puise toute sa force « dans les ombres des dialogues qui précèdent, dans leurs méandres, dans leurs hésitations qui placent dans sa pleine lumière l'aveu que Ian fait, sans le faire explicitement [1] ».

Un second procédé à l'origine de l'ambiguïté du dialogue est l'absence de lien logique entre les questions et les réponses, comme à l'acte I, scène 2, dans le bref échange entre Ian et Mrs. Strong au sujet d'Erik. La question de Ian, « Est-il bon cavalier ? », tranche avec le portrait que Mrs. Strong vient de faire du jeune homme (« un vrai presbytérien d'Écosse, de la graine de Calvin »), ce qui suscite de la part de Mrs. Strong un commentaire portant autant sur la forme que sur le fond : « Vous avez d'étranges questions » (I, 2). Plus loin, à l'acte II, scène 1, la dernière réplique d'Erik Mac Clure (« J'ai grand-pitié de lui »), qui vient d'avoir avec Édouard Broderick une longue conversation sur Ian (les deux hommes se demandent si l'officier va ou non s'engager dans les troupes du Sud), est sans grand rapport logique avec ce qui précède. À d'autres moments, c'est l'inanité même du discours qui est soulignée : « Ian, ce que vous racontez n'a pas de sens », affirme Broderick (II, 4).

---

1. « Julien Green, *Sud* et la critique », art. cité.

Ce n'est pas que les mots ne signifient rien en soi, c'est plutôt qu'ils sont, la plupart du temps, employés comme des
masques, les personnages se mentant à eux-mêmes : la ser-
vante métisse, Eliza Fermor, tente ainsi de se persuader
qu'elle est blanche, ce qui entraîne une réplique cinglante de
Jeremy, qui est noir, « Vous avez beau parler comme les
Blancs [...], vous êtes de notre race » (II, 4), ce *parler comme*
étant à la source de toutes les illusions : parler comme
un Blanc, comme un soldat, comme un ou une amant(e),
comme un père de famille... Aussi les personnages ne se
comprennent-ils pas les uns les autres : à l'acte II, scène 3,
Broderick croit par exemple que Regina dit vouloir mourir à
cause de la guerre qui menace, alors qu'elle est torturée par
l'amour qu'elle éprouve pour Ian, évidemment insensible à
elle. Tous se leurrent sur leur propre compte, le monde de
Sud étant un univers où les individus sont emmurés dans
leur forteresse intérieure et où rien ne se transmet d'un être
à l'autre – en témoigne la lettre d'amour qu'Angelina pré-
tend avoir reçue d'Erik Mac Clure (acte I, scène 5), et dont
on apprend plus tard de sa bouche qu'elle l'a inventée.

Si les mots sont insuffisants, que reste-t-il alors ? La
musique. Julien Green était convaincu que le langage des
sons l'emportait sur celui des mots, et que seule la musique
pouvait suggérer l'inexprimable. En 1965, le compositeur
américain Kenton Coe fit de *Sud* un opéra, peut-être pour
faire dire à la voix chantée ce que le langage ordinaire ne
pouvait transmettre. Or qu'est le chant pour des croyants
tels que Green et Coe, si ce n'est la capacité donnée au
souffle de la créature de répondre à celui du créateur ? Mais
le dramaturge sait que les harmonies sont fragiles, et *Sud*
se termine sur un bruit discordant : « on entend au loin le
grondement du canon », précise l'ultime didascalie. Ce à
quoi Green ajoute néanmoins : « le vent souffle et la fenêtre
bat », derniers mots de la pièce, qui supposent sans doute,
avec l'image du vent, associée par les chrétiens, au-delà du
désastre et de la nuit, au souffle créateur, la possibilité d'une
vie nouvelle. Et si le pire n'était pas sûr ?

Pascal AQUIEN.

NOTE SUR L'ÉDITION

Il existe deux versions françaises de *Sud* : une version abrégée en vue de la représentation (*La Table ronde*, janvier-mars 1953), et la version donnée dans l'édition originale (Plon, 1953), plus longue, que nous reprenons ici. Nous reproduisons également, en regard du texte français, la version anglaise du texte, traduit par Julien Green lui-même. Cette version anglaise, beaucoup plus courte, présente de nombreuses variantes par rapport à l'édition originale française : le lecteur se reportera à notre Présentation (p. 23) pour plus de précisions à ce sujet.

SUD

AVANT-PROPOS
de Julien Green
(1953) [1]

J'ai écrit cette pièce en réaction contre une littérature de qualité inégale dont les origines remontent aux environs de 1925 et qui gâtait à mes yeux un grave et noble sujet en le situant presque tout entier sur le plan charnel. Résumé en peu de mots, voici le thème principal de *Sud* :

À la veille de la guerre de Sécession, un lieutenant américain a la révélation de sa nature profonde et de l'amour le plus impérieux en voyant paraître un jeune homme qu'il ne connaissait que de nom. Il est pris alors d'une peur en quelque sorte panique, mais qu'il réussit à dominer. Cherchant à fuir son destin, il demande la main d'une jeune fille, Angelina, à qui il n'avait prêté jusqu'alors que fort peu d'attention ; cependant, il apparaît trop clairement qu'il n'est pas amoureux d'elle, et trois personnes le lui disent, chacune à sa manière : Angelina d'abord, puis le père de celle-ci et enfin Jimmy, un garçon de quatorze ans dont la candeur parle sans détour. Le lieutenant Wiczewski essaiera d'avouer sa passion à celui qui en est l'objet, mais il n'y parviendra pas tout à fait et, renouvelant le geste d'un de ses ancêtres dans une circonstance analogue, il tentera de tuer Erik Mac Clure. Pour le provoquer en duel, il l'insulte et il le gifle ; toutefois, au moment du combat singulier, il

---

1. Avant-propos publié dans l'édition française originale (Plon, 1953). Cet avant-propos, de même que la Préface qui suit, n'a pas été traduit en anglais par l'auteur.

s'offre en victime à l'homme dont il a fait son ennemi et meurt de sa main.

Il va de soi que ce drame serait impossible en 1953, mais nous sommes en 1861, au milieu d'un siècle où pesait sur des passions de ce genre un silence écrasant. Le péché de Ian Wiczewski n'est pas d'avoir aimé Erik Mac Clure, mais bien d'avoir cruellement fait souffrir une femme à qui il demandera pardon. Il n'a en aucune manière le sentiment d'être un paria ou un lépreux. Comme il le dira lui-même une heure avant de se faire tuer : « Je n'ai pas honte, mais je me sens seul. »

Afin de conserver à cette pièce toute la gravité inhérente aux problèmes qu'elle soulève, j'ai voulu lui donner la ligne générale d'une tragédie. On m'a fait remarquer que, sur la scène, mes personnages échangeaient des confidences à cinq mètres l'un de l'autre. C'est là, très exactement, le ton que je cherchais.

PRÉFACE
de Julien Green
(1972)[1]

Cette pièce est une exploration dans une Amérique qui n'existe plus. Le plus court chemin pour l'atteindre était l'enfance de l'auteur et ce qu'il avait retenu des souvenirs familiaux.

Quand nous habitions tous ensemble, rue de Passy, et qu'il n'y avait pas encore de manquants, nous écoutions ma mère nous parler du Sud. Cela se passait le soir, au salon éclairé seulement par les flammes d'un feu de bois, mise en scène inconsciente qui provoquait la mémoire, l'émotion, la mélancolie nécessaire. Assis en rond aux pieds de la narratrice livrée à ses rêves, nous prêtions une oreille avide à la description toujours plus belle des pays lointains.

Le nom magique de Savannah nous transportait dans une ville ombragée de sycomores et de magnolias, animée dès les premières fraîcheurs du crépuscule par le bruit des calèches aux roues éblouissantes, le long des trottoirs de brique rose et des maisons d'une élégance un peu sévère. Les roses cueillies à Noël, le papotage des dames en crinoline, les Noirs en livrée à boutons de cuivre, et, la nuit, les colonnes veillant toutes blanches sur la ville maintenant silencieuse, nous recevions ces images qui se transformaient dans nos cerveaux de petits Parisiens et que l'exilée nous

---

1. Préface publiée lors de la réédition de la version française en 1972 chez Plon.

prodiguait d'une voix douce coupée de grands soupirs consternants. Les temps heureux, la vie large et libérale, pourquoi fallait-il qu'en plein cœur de cet Eldorado, il y eût le cauchemar de l'esclavage ? Un peu partout, des planteurs avaient affranchi leurs Noirs. Le mot mystérieux de *manu-mission*, hérité du droit romain, passait au-dessus de nos têtes attentives. Enfin la guerre, l'interminable tuerie. Quatre ans... Silence.

Pourquoi ma mère se taisait-elle ? Nous la voyions ramener son long châle gris sur le bas de son visage. L'ombre de son grand fauteuil à bascule montait et descendait dans le carré blanc du plafond, au gré des flammes qui palpitaient dans l'âtre, et l'aigle impériale ornant la plaque de cheminée semblait vivre et battre des ailes.

Je crois que le souvenir de ces récits nous marqua tous. Étant le plus jeune, je ne comprenais pas bien, mais il y avait une sorte de fascination terrible dans cette inconsolable peine. Ce qui m'horrifiait toujours était l'irruption du malheur dans la magnificence, le tremblement de terre faisant sauter le fragile paradis. Venaient ensuite l'occupation, la pauvreté, la faim, la ruine. Restait la Bible, qui empêchait l'espérance de mourir, la forteresse de la foi, dernier refuge.

Sans doute y a-t-il une projection de tout cela dans ma pièce. Le décor attendait depuis un demi-siècle. J'y ai mis les effrois de l'enfance et les éternels problèmes de la jeunesse, et aussi un peu de ce grand débat que la vie ne semble jamais résoudre, parce qu'il est celui de l'homme avec lui-même.

SOUTH

A play

_____

> *"The purification of a dangerous passion by a violent liberation."*
> Such is Aristotle's definition of tragedy, and I don't think I can give a better resumé of the following play.

J. G.

SUD

Pièce en trois actes[1]

> « *La purification d'une passion dange-reuse par une libération véhémente.* »
> C'est ainsi qu'Aristote définit la tragédie et je ne pense pas pouvoir donner de meil-leur résumé de la pièce qu'on va lire.

J. G.

CHARACTERS

JAN WICZIEWSKY, aged 24 or 25, an officer.
EDWARD BRODERICK, aged 40, a widower.
JIMMY, aged 14, son of Edward Broderick.
MR. WHITE, aged 60, Jimmy's tutor.
ERIC MACCLURE, aged 20.
UNCLE JOHN, aged 70 or more, a colored man.
A COLORED CHILD.
JEREMY.
REGINA, aged 22, Edward Broderick's niece.
MRS. STRONG, a widow, Edward Broderick's sister.
ANGELINA, aged 16, Edward Broderick's daughter.
ELIZA.
MRS. PRIOLLEAU.
MISS PRIOLLEAU, her daughter.

At the beginning of the first act, the two first verses of Abide
with me *can be heard.*
(Jan Wicziewsky is pronounced Yan Veechefsky.)

PERSONNAGES

IAN WICZEWSKI *, vingt-quatre ou vingt-cinq ans, officier.

ÉDOUARD BRODERICK, quarante ans, veuf.

JIMMY, quatorze ans, fils d'Édouard Broderick.

M. WHITE, précepteur de Jimmy, soixante ans.

ERIK MAC CLURE, vingt ans.

UNCLE JOHN, Noir, soixante-dix ans ou plus[3].

UN NÉGRILLON et une NÉGRILLONNE.

JEREMY, un Noir.

REGINA, vingt-deux ans, nièce d'Édouard Broderick.

MRS. STRONG, sœur d'Édouard Broderick, veuve.

ANGELINA, seize ans, fille d'Édouard Broderick.

ELIZA[4].

MRS. RIOLLEAU.

MISS RIOLLEAU, sa fille.

Au début du premier acte, on pourra entendre les deux premières strophes du cantique Abide with me[5].

---

* Wiczewski se prononce Vichefski[2].

NOTE

The action takes place a few hours before the War between the States. The cannon-shot heard at the end of the last act announces the opening of hostilities between the North and South, at dawn, April 12, 1861.

The scene is laid in the drawing-room of a large plantation near Charleston, in South Carolina.

To have a correct idea of the setting, one must imagine a great mansion built on the lines of the Greek temple at Paestum, with a pediment and very heavy columns standing flush with the ground, without bases. Two of these columns can be seen from the drawing-room, to the right and left of a large French window. Between the columns stretches a long avenue of live-oaks hung with curtains of gray Spanish moss (more exactly verdigris), which stir at the least breath of wind.

The drawing-room is furnished in the somewhat heavy style of the eighteen-fifties.

NOTE

La pièce se passe quelques heures avant la guerre de Sécession. Le coup de canon de la fin annonce l'ouverture des hostilités entre le Nord et le Sud, à l'aube du 12 avril 1861 [6].

L'action se déroule dans le salon d'une grande plantation aux environs de Charleston, dans la Caroline du Sud [7].

Pour bien comprendre le décor, il faut se figurer une vaste maison bâtie sur le modèle du temple grec de Paestum, avec un fronton et de très grosses colonnes qui posent directement sur le sol, sans bases. Deux de ces colonnes sont visibles de l'intérieur du salon : on les voit à droite et à gauche d'une grande fenêtre à la française. Entre les deux, le regard plonge dans une longue avenue de chênes tendus de rideaux de mousse grise (exactement vert-de-gris) qui s'agitent au moindre souffle.

Le salon est meublé dans le style un peu lourd de 1850 [8].

ACT ONE

Scene 1

A large drawing-room furnished in the style of the 1850s. At the back of the stage, a large French window through which is visible a long avenue of live-oaks.

As the curtain rises, Lieutenant Jan Wicziewsky stands at the right : perfectly still, a light cane in his hand, his back turned to the audience. Church singing is heard in the distance, a hymn, the words of which cannot be distinguished. A few minutes go by, then Regina runs into the room from the left and goes to the window without seeing Lieutenant Wicziewsky. She glances down the avenue as if she were looking for someone, then stands motionless and listens to the hymn, one verse of which is ending.

After a moment, she turns around as though she had sensed someone's presence and starts.

REGINA : Oh, you startled me, Lieutenant Veechefsky. I really don't know how you manage to appear so suddenly in places where no one expects to find you.

JAN : Did you expect to see me in the avenue ?

REGINA : No. What makes you say that ?

JAN : I might have been in the avenue.

REGINA : Allow me to tell you that it wouldn't matter to me whether you were in the avenue, or anywhere else. *(Pause.)* I wanted to see if Angelina was returning from church.

ACTE PREMIER

SCÈNE PREMIÈRE

Au lever du rideau, le lieutenant Ian Wiczewski est debout et parfaitement immobile, le dos tourné aux spectateurs, à droite. Il tient une badine à la main. On entend au loin un chant d'église dont on ne peut distinguer les paroles. Quelques secondes se passent, puis Regina entre en courant par la gauche et va vers la fenêtre sans voir le lieutenant Wiczewski. Elle regarde dans l'avenue et semble chercher quelqu'un, puis se tient immobile et écoute le chant dont une strophe vient de s'achever.

Au bout d'un moment, elle se retourne comme si elle devinait la présence de quelqu'un et tressaille.

REGINA : Vous m'avez fait peur, lieutenant Wiczewski. Je ne sais comment vous faites pour surgir tout à coup là où l'on ne s'attend pas à vous voir.

IAN : Vous attendiez-vous à me voir dans l'avenue ?

REGINA : Mais non. Pourquoi dites-vous cela ?

IAN : J'aurais pu être dans l'avenue.

REGINA : Permettez-moi de vous dire que cela m'est égal que vous soyez dans l'avenue ou ailleurs. *(Silence.)* Je voulais voir si Angelina ne revenait pas de l'église.

JAN : You know her very badly if you think her capable of leaving before the end of the service. She fears God and dreads her father, like a true daughter of the South. *(Pause.)* Apart from you and me, everyone is shut up this afternoon in that plank shanty which they call a church. We are completely alone in the house.

REGINA : Do you miss not going to church on Sunday ?

JAN : My sentiments on that point are of no interest. The fact remains that there's no Catholic church in the neighborhood.

REGINA : What effect do these hymns have on you ?

JAN : None.

REGINA : Try as you may, you'll never be one of us. Even I, who come from the North and who no longer believe in churches, have a weakness for those old hymns. But you, you come from somewhere else.

JAN : America is peopled by men and women who come from somewhere else.

REGINA : Yet, just the same, they end by having a family likeness. But in your case, it's not so. You remain a stranger, in spite of your uniform. *(She turns her head away as she says this sentence.)* Angelina told me that you came here when you were twelve years old, with your grandfather. Is it true ?

JAN : Yes, we left Poland after the uprising of '48.

REGINA : The uprising against the Russians ?

JAN : Against the Prussians. They hanged my father in the Public Square at Posen, with six other conspirators. That same night, my grandfather woke me and we ran away.

REGINA : Didn't the Prussians do anything to you ?

JAN : No, nothing. They gave me a whipping after the execution, as an example, they said. That's all.

REGINA : You were whipped and you call that nothing ?

IAN : Vous la connaissez bien mal si vous la croyez capable de partir avant la fin du service. Elle craint Dieu et redoute son père, comme une vraie fille du Sud. *(Silence.)* Sauf vous et moi, tout le monde se trouve enfermé, cet après-midi, dans cette baraque de planches qu'ils appellent une église. Nous sommes absolument seuls dans la maison.

REGINA : Cela vous ennuie-t-il de ne pas aller à l'église le dimanche ?

IAN : Mes sentiments sur ce point n'ont pas d'intérêt. Le fait demeure qu'il n'y a pas d'église catholique dans la région.

REGINA : Quel effet vous font ces chants ?

IAN : Aucun.

REGINA : Vous aurez beau faire, vous ne serez jamais de chez nous. Même moi qui suis du Nord et qui ne crois plus aux églises, je demeure sensible à ces vieux cantiques. Vous, vous êtes d'ailleurs.

IAN : L'Amérique est peuplée de gens qui viennent d'ailleurs.

REGINA : Tout de même... Il finit par y avoir un air de famille. Chez vous, non. Vous restez étranger, malgré cet uniforme. *(Elle détourne la tête en disant cette phrase.)* Angelina m'a dit que vous étiez venu ici à l'âge de douze ans avec votre grand-père. Est-ce vrai ?

IAN : Oui. Nous avons quitté la Pologne après le soulèvement de 48[9].

REGINA : Le soulèvement contre les Russes ?

IAN : Contre les Prussiens. Ils ont pendu mon père sur une place de Posen avec six autres conspirateurs. Cette nuit-là, mon grand-père m'a réveillé et nous avons fui.

REGINA : Les Prussiens ne vous ont rien fait ?

IAN : Non. Rien. Ils m'ont fouetté après l'exécution, pour l'exemple, disaient-ils. C'est tout.

REGINA : On vous a fouetté et vous trouvez que ça n'est rien ?

JAN *(laughing softly)* : That was twelve years ago. The pain has lessened considerably.

REGINA : Why did you say, a short while ago, that we were alone in the house ?

JAN : Isn't it so ?

REGINA : No, there are the colored people.

JAN : Colored people don't count. Colored people are like so much furniture.

REGINA *(dryly)* : I don't agree with you. *(Pause.)* Will you answer my question ?

JAN : Why I said we were alone ?

REGINA : Yes.

JAN *(turning toward her)* : To give you the opportunity of talking to me.

REGINA *(with sudden irritation)* : And what the dickens would I talk to you about ?

JAN : You know that as well as I do.

The singing ceases.

REGINA : Is that why you were waiting here when I came in ?

JAN : I wasn't waiting. I was here.

REGINA : I don't like what you say. The truth is, I never like anything you say and, in spite of myself, I listen to you. But you're mistaken if you think that I have something confidential to tell you.

JAN : I can wait.

REGINA : Upon my word, you're impertinent.

JAN : Yes, Miss Regina.

REGINA : Do you know that for the last few moments, I've been thinking with the greatest satisfaction of what you've just been telling me. Indeed, I'm delighted to know that you had a thrashing.

IAN, *riant doucement* : Il y a douze ans de cela. La douleur est très atténuée.

REGINA : Pourquoi avez-vous dit tout à l'heure que nous étions seuls dans la maison ?

IAN : N'est-ce pas vrai ?

REGINA : Non. Il y a les Noirs.

IAN : Les Noirs ne comptent pas. Les Noirs, c'est comme des meubles.

REGINA, *sèchement* : Je ne suis pas de votre avis. *(Silence.)* Voulez-vous répondre à ma question ?

IAN : Pourquoi j'ai dit que nous étions seuls ?

REGINA : Mais oui.

IAN, *se retournant vers elle* : Pour vous fournir l'occasion de me parler.

REGINA, *avec une irritation subite* : Et de quoi diable vous parlerais-je ?

IAN : Vous le savez aussi bien que moi.

Le chant s'arrête.

REGINA : Est-ce pour me dire cela que vous attendiez ici quand je suis entrée ?

IAN : Je n'attendais pas. J'étais là.

REGINA : Je n'aime pas ce que vous dites. Au fond, je n'aime rien de ce que vous dites et je vous écoute malgré moi, mais vous vous trompez si vous croyez que j'ai des confidences à vous faire.

IAN : J'attendrai.

REGINA : Vous êtes impertinent, ma parole !

IAN : Oui, mademoiselle.

REGINA : Savez-vous que depuis un instant, je pense avec une satisfaction extrême à ce que vous m'avez raconté tout à l'heure. Oui, cela m'est agréable de savoir qu'on vous a fouetté.

JAN : That's a kindly thought. Develop it.

REGINA : Very well. I see that thrashing in a new light, as a kind of part payment. You already deserved it in view of your future insolence, of your smiles, your silences, your European... irony. For the last three days I've been watching for this opportunity to speak my mind to you. I don't like you, Lieutenant Veechefsky.

JAN : So you see that you did have something to say to me.

REGINA : There's something about you that I dislike, although I'm at a loss to understand what it is. Oh, I know that I'm speaking too straightforwardly and that I'm laying myself open to your scoffing, to the silent derision that I can read in your eyes.

JAN : Why do you turn yours away, as you say that ?

REGINA *(looking straight at him)* : I'm not turning them away. I'm speaking to you as we do in my part of the world. I have none of the wiles of Southern women, to whom you pay hypocritical compliments. *(She slowly draws nearer to him.)* I was brought up very simply by people who never lied, and what I hate in you is falsehood.

JAN : Falsehood ? But why should I take the trouble to lie to you ?

REGINA : To me, no, certainly not. I'm the poor relation, a little Northern chit that no one notices and who isn't even very pretty. You believe yourself to be intuitive, Lieutenant Veechefsky, but I'm as intuitive as you are and there are days when I can see you lying, from head to foot.

JAN : May I remind you that you're related to Mr. Broderick and that, in consequence, I am under your roof.

REGINA : Are you mad ? This is not my home. My home is up North. I was sent here because the uncle who brought me up failed. Mr. Broderick offered me the hospitality of his plantation, but I would never have come here had my

IAN : Voilà une aimable pensée. Développez-la.

REGINA : Eh bien, cette correction m'apparaît comme une sorte d'acompte. Vous la méritiez déjà en vue de vos insolences futures, de vos sourires, de vos silences, de votre ironie... européenne. Depuis trois jours, j'attendais cette occasion de vous parler en face. Je ne vous aime pas, lieutenant Wiczewski.

IAN : Vous voyez bien que vous aviez quelque chose à me dire.

REGINA : Il y a en vous je ne sais quoi qui me déplaît et que je comprends mal, du reste. Oh ! je sais que je vous parle d'une façon trop directe et que je m'expose une fois de plus à vos moqueries dont rien ne paraît que dans vos yeux...

IAN : Pourquoi détournez-vous les vôtres, en me disant cela ?

REGINA, *elle le regarde en face* : Je ne les détourne pas. Je vous parle comme on parle chez nous. Je n'ai pas les roueries des femmes du Sud à qui vous faites des compliments hypocrites. *(Elle se rapproche insensiblement de lui.)* J'ai été élevée simplement par des gens qui ne mentaient pas, et ce que je déteste en vous, c'est le mensonge.

IAN : Le mensonge ? Mais pourquoi voudriez-vous que je me donne la peine de vous mentir ?

REGINA : À moi, non, bien sûr. Je suis la parente pauvre, la petite bonne femme du Nord à qui l'on ne fait pas attention, et qui n'est même pas très jolie. Vous vous croyez intuitif, lieutenant Wiczewski, mais je le suis autant que vous et il y a des jours où je vous vois mentir de la tête aux pieds.

IAN : Puis-je vous rappeler que vous êtes la parente de M. Broderick et que je suis par conséquent sous votre toit ?

REGINA : Êtes-vous fou ? Je ne suis pas chez moi ici. Chez moi, c'est là-haut, dans le Nord. On m'a fait venir ici parce que mon oncle, qui s'occupait de moi, était ruiné. Son cousin, M. Broderick, a offert de me recevoir à la plantation,

parents been living. I loathe the plantation. I've spent a winter on it, a snowless winter, and I long to see the snow. *(Jan moves.)* Do you know why I'm alone with you here, in this house ? Because they judged it of no importance whether I went to church or not. It's always an effort for them to remember that we're of the same blood.

JAN : You, too, come from somewhere else.

REGINA : Oh, but that's different. I'm an American, after all.

JAN : You spoke of the snow, a little while ago.

REGINA : Yes, I suppose you found that childish.

JAN : No. *(With a change in his voice.)* I too long to see the snow, just as you do. Sometimes, carried away by this longing, I fancy that if I pushed open the shutters, I'd see the meadow sparkling white in the sunshine and I'd shiver and laugh for joy, like a boy who feels he must run about shouting because he sniffs that marvellous ice-cold odor...

REGINA : I don't want you to talk about that. Here we are, already on the threshold of summer. Already, the fiery furnace blows its breath in our faces. *(A pause.)* How long are you staying here, Lieutenant Veechefsky ?

JAN : My leave expires in five days.

REGINA : Which means that you'll go Friday.

JAN : Friday at dawn. It's a three-hours ride from here to the coast.

REGINA : As a matter of fact, you'll only be here four days. Today no longer counts.

JAN : Yes, four days, if you like. Unless war breaks out before that.

REGINA : War ! So you too believe there's going to be a war ?

mais je n'y serais jamais venue si j'avais eu mes parents. Je hais la plantation. J'y ai passé un hiver, un hiver sans neige, et j'ai besoin de voir la neige [10]. *(Ian fait un mouvement.)* Savez-vous pourquoi je suis seule avec vous, dans cette maison ? Parce qu'on a jugé que cela n'avait pas d'importance que j'aille à l'église ou non. Il leur faut toujours un effort pour se souvenir que nous sommes du même sang, eux et moi. Que l'étrangère fasse ce qu'elle veut, qu'elle soit unitarienne, comme M. Emerson, le philosophe. Ne me dites donc pas que vous êtes sous mon toit et que je ne peux vous parler comme il me plaît.

IAN : Vous aussi, vous êtes d'ailleurs [11].

REGINA : Ce n'est pas la même chose. Je suis américaine, malgré tout.

IAN : Vous avez parlé de la neige, tout à l'heure.

REGINA : Oui. Cela vous paraît puéril, je suppose.

IAN : Non. Mais non. *(D'une voix changée.)* J'ai besoin de voir de la neige, comme vous. Il y a des moments déraisonnables où je me figure qu'en poussant les volets, je vais voir la prairie toute blanche sous le soleil et que je vais frissonner et rire de bonheur, comme un garçon qui a envie de crier et de courir parce qu'il sent la merveilleuse odeur du froid...

REGINA : Non ! Ne dites pas cela ! Je ne veux pas que vous parliez de cela. Nous voici déjà au seuil de l'été. Déjà la fournaise nous souffle son haleine au visage. *(Un silence.)* Combien de temps restez-vous encore ici, lieutenant Wiczewski ?

IAN : Ma permission prend fin dans cinq jours.

REGINA : C'est-à-dire que vous partez vendredi.

IAN : Vendredi à l'aube. Il y a trois heures de cheval d'ici à la côte.

REGINA : En réalité, cela ne fait plus que quatre jours. Aujourd'hui ne compte plus.

IAN : Oui, quatre jours, si vous voulez. À moins que la guerre n'éclate avant cela.

JAN : Since everyone says there'll be war, we'll end by having one. What is never mentioned, never happens.

REGINA : What will you do if there's a war ?

JAN : I'll rejoin my post, Miss Regina.

REGINA : Which means that you'll remain loyal to the Government, I suppose. You won't run away into the rebels' camp ?

JAN : That's a question which I will solve myself, in due time.

REGINA : How foolish of me to ask you. To whom would you be loyal ? You have no roots in the country, neither North, or South.

JAN *(with a shrug)* : But how is it that you remain here, considering the opinions that you've so often aired ? Aren't you already in the enemy's lair ?

REGINA : I've just told you that I'm here in spite of myself. I cannot leave this place.

JAN : In that case, if there is war, you'll have to obey the law of the South, talk the language of the South.

REGINA : Never.

JAN : Means will be found to convince you. Hell has no furies like civilians in war time. In less than six weeks you'll be turned into a good little slave-driver.

REGINA *(stamping her foot)* : If I were a man you wouldn't dare insult me so.

JAN : Far be it from me to have any such intention. I merely observe that, being a Northerner, you remain in the South at a time when war seems imminent.

REGINA : For the third time, I tell you that I can't go.

JAN : You could if you wanted to. Mr. Broderick would help you.

REGINA : How do you know ?

REGINA : La guerre ! Vous aussi, vous y croyez, à la guerre ?

IAN : Puisque tout le monde dit qu'il y aura la guerre, elle finira bien par éclater. Ce dont on ne parle pas n'arrive jamais.

REGINA : Que ferez-vous s'il y a la guerre ?

IAN : Je rejoindrai mon poste, mademoiselle.

REGINA : Ce qui veut dire que vous resterez fidèle au gouvernement, je suppose. Vous ne fuirez pas dans le camp des rebelles.

IAN : C'est là une question que je résoudrai seul, au moment voulu.

REGINA : Je suis bien naïve de vous la poser. À qui seriez-vous fidèle, puisque vous n'avez pas de racines dans le pays, ni dans le Nord, ni même dans le Sud ?

IAN, *haussement d'épaules* : Mais vous-même, comment se fait-il que vous restiez ici, avec les opinions qu'on vous connaît ? N'êtes-vous pas déjà au cœur de l'ennemi ?

REGINA : Je vous ai déjà dit que j'étais ici malgré moi. Je ne peux pas partir.

IAN : Il vous faudra donc, dans le cas d'une guerre, vous plier à la loi du Sud, parler le langage du Sud.

REGINA : Jamais.

IAN : On saura vous persuader. L'enfer n'a pas de furies comparables aux civils en temps de guerre. En moins de six semaines, on fera de vous une brave petite esclavagiste.

REGINA, *frappant du pied* : Si j'étais un homme, vous n'oseriez pas m'insulter.

IAN : Loin de moi une telle intention. Je constate seulement qu'étant du Nord vous restez dans le Sud alors que la guerre semble imminente.

REGINA : Pour la troisième fois je ne peux pas partir.

IAN : Vous le pourriez si vous le vouliez. M. Broderick vous y aiderait.

JAN : He has formally assured me that he would undertake to send you to Boston within three days, if you expressed the wish to leave.

REGINA : So you've talked to him about me ?

JAN : Yes.

REGINA : What business is it of yours ? What does it matter to you whether I stay or whether I go ?

JAN : It doesn't. I merely wish to prove to you that if you stay here, it is because you want to.

REGINA : Is that what you wanted to tell me, when you were waiting for me here ?

JAN : I've already told you that I wasn't waiting for you. But you're wasting precious time in refusing to tell me what is so close to your heart.

REGINA : What is close to my heart ? This is what I have close to my heart, since you insist on knowing it. I intend to stay on, and on, and on. Do you hear ?

She comes still closer to him.

JAN *(without moving)* : And why are you staying ?

REGINA : I have my reasons, Lieutenant Veechefsky.

JAN : And among all these reasons, there is only one good one, but that's the very one you'll never own to. Pride is stifling you, Regina.

REGINA : How dare you !

Footsteps are heard.

JAN : Someone is coming and you're so close to me that really, one could think... almost anything one pleased. You're imprudent, Miss Regina.

Regina springs aside violently. Mrs. Strong enters from the left, followed by a small colored girl.

REGINA : Qu'en savez-vous ?

IAN : Il me l'a dit.

REGINA : Vous lui avez donc parlé de moi ?

IAN : Oui.

REGINA : Enfin, de quoi vous mêlez-vous ? Qu'est-ce que cela peut vous faire que je reste ou que je m'en aille ?

IAN : Rien. Pourtant je veux vous montrer que, si vous restez ici, c'est que vous le voulez bien.

REGINA : Ce n'est pas vrai.

IAN : J'ai reçu de M. Broderick l'assurance formelle qu'il se chargeait de vous faire regagner Boston dans les trois jours, si vous en exprimiez le souhait.

REGINA : Était-ce pour me dire cela que vous m'attendiez ici ?

IAN : Je vous ai déjà dit que je ne vous attendais pas. Mais vous perdez un temps précieux en refusant de me dire ce qui vous tient à cœur.

REGINA : Ce qui me tient à cœur ? Il y a ceci qui me tient à cœur, puisque vous voulez à tout prix le savoir, c'est que je reste, et que je reste, et que je reste. Vous m'entendez ?

Elle se rapproche encore de lui.

IAN, *sans bouger* : Et pourquoi restez-vous ?

REGINA : J'ai mes raisons, lieutenant Wiczewski.

IAN : De toutes ces raisons, il n'y en a qu'une qui soit bonne, mais celle-là, vous ne l'avouez pas. L'orgueil vous étouffe, Regina.

REGINA : Comment osez-vous ?

Bruit de pas.

IAN : On vient, et vous êtes si près de moi maintenant qu'on pourrait croire... à peu près tout ce qu'on voudrait. Vous êtes imprudente, mademoiselle.

Regina s'écarte violemment, Mrs. Strong entre par la gauche, suivie d'une négrillonne.

Scene 2

MRS. STRONG : Who's imprudent ? My niece ?

JAN : No doubt I'm meddling with what doesn't concern me, but I was telling Miss Regina that to remain here when the threat of war looms a little greater every day...

MRS. STRONG : There won't be a war. I don't wish to hear it mentioned. Child, take my hat, my sunshade, my gloves, my shawl. *(She hands these objects to the child as she mentions them.)* Close the shutters a little. Give me my fan and go. *(The child obeys. Mrs. Strong sits down in a rocking-chair – the child goes out.)* Regina, why do you stare at us like a Gorgon ? Upon my word, you'd think your eyes were about to burst from their sockets and roll on the rug. Leave the room, child...

REGINA : Aunt Evelyn, if...

MRS. STRONG *(sits up in her armchair)* : Obey. *(Regina goes out at the left.)* Why have you been frightening her, Lieutenant ? This is the very first time I've ever heard of a soldier advising anyone to run away.

JAN : In her case, it wouldn't mean running away. She comes from the North. I'm surprised that she should still be here. She doesn't care for the South.

MRS. STRONG : Oh, for her, the South is *Uncle Tom's Cabin*, that ridiculous tale, just as she's seen it on her parents' dessert plates. Her opinions are about as interesting as those of a mosquito. Why do you wish her to go away ?

JAN : I don't care particularly, but I think that if you want her to stay, she must be advised to leave.

SCÈNE 2

MRS. STRONG : Qui est imprudente ? Ma nièce ?

IAN : Je me mêle sans doute de ce qui ne me regarde pas, mais je disais à Mlle Regina que rester ici alors que la menace de guerre se fait un peu plus précise chaque jour...

MRS. STRONG : Il n'y aura pas de guerre. Je ne veux pas qu'on parle de ça. Petite, prends mon chapeau, mon châle, mes gants, mon livre, mon ombrelle. *(Elle tend les objets à la négrillonne à mesure qu'elle les énumère.)* Donne-moi mon éventail et tire un peu les volets. *(L'enfant obéit. Mrs. Strong s'assoit dans un fauteuil à bascule.)* C'est bien. Va-t'en. *(L'enfant sort.)* Regina, pourquoi nous regardes-tu avec des yeux de Gorgone [12] ? Ma parole, on dirait qu'ils vont te sortir de la tête et rouler sur le tapis. Retire-toi, mon enfant.

REGINA : Ma tante, si...

MRS. STRONG, *se redressant dans son fauteuil* : J'ai dit. *(Regina sort par la gauche.)* Pourquoi lui faites-vous peur, lieutenant ? C'est bien la première fois que j'entends un soldat conseiller la fuite.

IAN : Dans son cas, il ne s'agirait pas de fuir. Elle est du Nord... Je m'étonne qu'elle soit restée jusqu'ici. Elle n'aime pas le Sud.

MRS. STRONG : Vous pouvez dire qu'elle le déteste, mais elle reste par amour-propre, elle veut tenir tête. Pour elle, le Sud, c'est la case de l'oncle Tom telle qu'elle a vu représenter cette absurde histoire sur les assiettes à dessert de ses parents [13]. Ses opinions sont aussi intéressantes que celles d'un moustique. Pourquoi voulez-vous qu'elle s'en aille ?

IAN : Je n'y tiens pas particulièrement. Je crois au contraire que pour la persuader de rester, il faut lui conseiller de partir.

MRS. STRONG : Ha ! ha ! Vous la connaissez. Une vraie mule. Mais pourquoi voulez-vous qu'elle reste, alors ?

IAN : Qu'elle reste ou qu'elle parte ne me concerne pas, mais M. Broderick est d'avis qu'on la renvoie dans le Nord.

MRS. STRONG : Ha ! Ha ! You know her. Stubborn as a mule. But why then do you wish her to stay ?

JAN : Whether she stays or goes is no concern of mine, but in Mr. Broderick's opinion, she should be sent back to the North.

MRS. STRONG : Send her back to the North... That's more easily said than done. We've had her on our hands since she became an orphan. She has no relatives in the North, with the exception of a sanctimonious old uncle who's not capable of earning twenty dollars a week. What do you think of her ?

JAN : What do I think of her ?

MRS. STRONG : Why, yes. What do you think of my niece ? Do you think she's pretty ?

JAN : She has fine eyes. Her hair...

MRS. STRONG : Ah, I expected you to mention hair, woman's crowning glory.

JAN : Her hair is also very beautiful.

MRS. STRONG : What a painter you'd make ! She is now provided with eyes and hair. But perhaps that's not quite enough. What do you think of the rest of her, eh, Lieutenant ?

JAN : The rest...

He hesitates.

MRS. STRONG : I see, the rest is silence. Mind you, I'm somewhat of your opinion, but you don't do justice to her profile which is rather fine. I know, one doesn't marry a profile. What's more, I often wonder what one does marry, and what makes men rave over what is termed the fair sex.

MRS. STRONG : La renvoyer dans le Nord, c'est vite dit. Nous l'avons sur les bras depuis qu'elle est orpheline. Elle n'a de parents dans le Nord qu'un vieux bigot d'oncle qui n'est pas fichu de gagner vingt dollars par semaine. Comment la trouvez-vous ?

IAN : Comment je la trouve ?

MRS. STRONG : Eh bien, oui. Comment trouvez-vous ma nièce ? Vous paraît-elle jolie ?

IAN : Elle a de beaux yeux. Ses cheveux...

MRS. STRONG : Ah ! je vous attends aux cheveux, la gloire de la femme.

IAN : Ses cheveux sont également fort beaux.

MRS. STRONG : Quel peintre vous feriez ! La voilà pourvue d'yeux et de cheveux. Ce n'est peut-être pas assez. Que dites-vous du reste, hein, lieutenant ?

IAN : Le reste...

Il hésite.

MRS. STRONG : Le reste est silence, à ce que je vois. Remarquez que je suis un peu de votre avis, mais vous êtes injuste pour le profil, qui est assez bien. Cependant, on n'épouse pas un profil. Je me demande, du reste, ce qu'on épouse et ce qui fait délirer les hommes quand ils parlent de ce qu'on appelle le beau sexe. Pour moi, le beau sexe, c'est l'autre, justement. Mais mon vénéré mari m'eût fait taire. Quant à ma nièce, je l'ai si souvent regardée que je ne sais plus du tout de quoi elle peut avoir l'air. Aujourd'hui, pour une raison que je m'en vais vous dire, j'essaie de la voir par les yeux d'un homme. C'est si curieux, un homme... Voulez-vous avoir la bonté de donner un coup à mon fauteuil ? Enfin, vous qui connaissez les femmes... Eh là ! Comme vous y allez ! Vous voulez m'envoyer au plafond ? Doucement, s'il vous plaît !

IAN : Je vous demande pardon.

MRS. STRONG : Voilà qui est bien, tout à fait bien. Oui, j'aurais voulu caser cette petite, qui restera ici, n'en doutez pas. Elle aura vingt-trois ans à Noël. La croyez-vous capable de provoquer l'amour ?

For me, the fair sex happens to be the other one. How my beloved husband would have shut me up ! As to my niece, I've seen so much of her that I haven't the least idea of what she looks like any more. Today, for a reason which I will give you, I'm attempting to see her through a man's eyes. Man is such a strange animal. Would you be good enough to rock my chair ? Now, you know women so well and are always so courteous to them... Heigh there ! That's much too fast ! Do you want to throw me up to the ceiling ? Gently, please, gently !

JAN : I beg your pardon.

MRS. STRONG : That's better, much better... Yes, I'd like to marry off the child. She'll stay here, never fear. She'll be twenty-three at Christmas. Do you think a man could fall in love with her ?

JAN *(a short pause)* : Every woman has a right to hope...

MRS. STRONG : Don't say another word, I understand. In spite of this pessimistic opinion, I still have high hopes that a suitable match can be found for her. Today we're expecting the visit of young MacClure. He came to see us once before with his father, this winter. Were you here then ?

JAN : No, Ma'am.

MRS. STRONG : They came on business, they wished to sell their plantation. Unfortunately, this plantation is badly situated and the air there none too healthy. My brother refused. Since then, old MacClure has fallen ill and I'm afraid his son will be back today on the same errand, for they are greatly in need of money.

JAN : Mr. Broderick has spoken to me about this business.

IAN : Toute femme a le droit d'espérer...

MRS. STRONG : N'en dites pas plus long. J'ai compris. Malgré ce jugement pessimiste, je conserve l'espoir qu'un parti sortable se présentera. Aujourd'hui, nous attendons la visite du jeune Mac Clure qui est déjà venu nous voir avec son père, l'hiver dernier. Vous étiez là ?

IAN : Non, madame.

MRS. STRONG : C'était au sujet de leur plantation qu'ils voulaient vendre. Malheureusement, cette plantation est mal placée et l'air n'y est pas sain. Mon frère a refusé. Depuis, le vieux Mac Clure est tombé malade et je crains qu'aujourd'hui le fils ne revienne à la charge, car ils ont grand besoin d'argent.

IAN : M. Broderick m'a mis au courant de cette histoire.

MRS. STRONG : Ce que vous ne savez pas, car enfin vous n'êtes pas d'ici... Oh, je ne dis pas cela pour vous offenser, lieutenant Wiczewski. *(Elle rit doucement.)* C'est même justement ce qui fait votre charme auprès des femmes, ce quelque chose d'étranger [14]. Allons, ne le niez pas, lieutenant Wiczewski, les femmes vous adorent. Vous les transportez avec vous dans la Pologne de M. Chopin, elles se croient très malheureuses, très intéressantes, et cela les amuse comme des folles.

IAN : Madame...

MRS. STRONG : Qu'est-ce que je vous disais ?

IAN : Le jeune Mac Clure...

MRS. STRONG : Parfaitement. Le jeune Mac Clure et son père. Sachez que les Mac Clure sont de très bonne famille. Ils habitent la région depuis deux siècles et leurs ancêtres d'Écosse étaient des voleurs de bestiaux, ce qui, vous ne l'ignorez pas, est une distinction dans ce pays-là. Ah ! mon éventail a glissé. *(Ian le ramasse et le lui tend.)* Nous avons donc invité le jeune Mac Clure à passer deux jours ici. Ç'a été mon idée. Il a vingt ans et n'a jamais vu Regina qui était en Floride quand il est venu avec son père. Vous croyez aux miracles, lieutenant Wiczewski ? Moi, j'y crois. Nous doterons confortablement la petite à qui nous donnerons notre plantation de Tomotly et cent esclaves [15]. À vrai dire,

MRS. STRONG : What you don't know, for after all, you're a stranger here... oh, please don't think that I wish to offend you, Lieutenant Veechefsky. *(She laughs softly.)* What makes you so attractive to women is precisely the fact that you're a foreigner. Now, now, don't deny it, women adore you. You carry them away with you to the Poland of Monsieur Chopin, and they think themselves most unhappy, most interesting, and they revel in their agony.

JAN : Ma'am...

MRS. STRONG : What was I talking about ?

JAN : Young MacClure...

MRS. STRONG : That's it exactly. Young MacClure and his father. Let me tell you that the MacClures belong to a very good family. They've lived in this part of the world for the last two centuries, and their Scotch ancestors were cattle thieves which, as you must know, is quite a distinction in that country. Oh, I've dropped my fan. *(Jan picks it up and hands it to her.)* So we've invited young MacClure to spend a couple of days with us. It was my idea. He's twenty and he's never seen Regina who was in Florida when he came here with his father. Do you believe in miracles, Lieutenant Veechefsky ? I do. We'll settle a handsome sum on the child and give her our plantation at Tomotly and a hundred slaves. To tell the truth, Tomotly is at the end of never and I'd be terrified to spend a single night there, but it's a good place to grow cotton. Make yourself agreeable to young MacClure.

JAN : I won't fail to.

MRS. STRONG : He's a little clumsy, even a trifle awkward in his black frock-coat, and his old-fashioned ideas about what's right and what isn't right. A real Scotch Presbyterian, a chick from Calvin's brood. Does that bother you ?

Tomotly est au bout du monde et j'aurais peur d'y passer une seule nuit, mais le coton y pousse très convenablement. Montrez-vous aimable avec le jeune Mac Clure.

IAN : Je n'y manquerai pas.

MRS. STRONG : Il est un peu gauche, un peu godiche même, dans sa redingote noire, avec des idées d'autrefois sur ce que l'on doit faire et ce qu'on ne doit pas faire. Un vrai presbytérien d'Écosse, de la graine de Calvin [16]. Cela vous ennuie ?

IAN : Pas le moins du monde. *(Silence.)* Est-il bon cavalier ?

MRS. STRONG : Je n'en sais rien. Vous avez d'étranges questions. Ah, si, pourtant ! Quand il est parti ce jour-là, avec son père, je me souviens l'avoir regardé de la véranda, alors qu'ils s'éloignaient dans la grande avenue. Le jeune Mac Clure se tenait admirablement sur son cheval. Pour en venir à ses idées un peu particulières, inutile de lui dire que Regina ne va pas à l'église le dimanche. Il la convertira plus tard. Cela occupera leurs mortelles soirées, à Tomotly.

IAN, *agacé* : Vous les voyez déjà mariés.

MRS. STRONG : Oui, j'y tiens [17].

Angelina entre par la droite.

ANGELINA : Ma tante, où est Regina ? Bonjour, lieutenant Wiczewski.

Il s'incline.

MRS. STRONG : Je ne sais pas où est Regina, mais je veux que tu dises à ton frère de venir me parler.

ANGELINA : Bien, ma tante.

Elle sort par la gauche.

MRS. STRONG : Vous pourriez donner de bons conseils à mon neveu, lieutenant Wiczewski. Jimmy vous adore, il vous écoutera. Apprenez-lui à se tenir droit, à parler comme il faut, à ne pas voler les cornichons. Autre chose, je ne veux pas qu'il aille se promener seul du côté des Noirs. Son père lui a dit qu'il ne devait jamais dépasser la grande avenue, mais il est sans autorité sur ce garçon, pas plus que son précepteur, le vieux M. White.

JAN : Not in the least. *(Pause.)* Does he ride well ?

MRS. STRONG : Hmm ! I don't know. You ask such strange questions. Ah, now I come to think of it... When he left the house that day with his father, I remember having watched them from the veranda, as they rode down the great avenue. Young MacClure sat his horse admirably. To return to his ideas that I find a trifle... rigid, it's not necessary to tell him that Regina does not attend church on Sunday. He can convert her later. That will provide some occupation for their deadly evenings at Tomotly.

JAN *(with irritation)* : You already see them married.

MRS. STRONG : I've set my heart on it.

Angelina enters from the right.

ANGELINA : Where's Regina, Aunt Evelyn ? How do you do, Lieutenant Veechefsky ?

He bows.

MRS. STRONG : I don't know where Regina is, but I wish you'd tell your brother to come here to speak to me.

ANGELINA : Very well, Aunt Evelyn.

She goes out at the left.

MRS. STRONG : You should give my nephew a little advice, Lieutenant Veechefsky. Jimmy adores you, he'll listen to you. Teach him to hold himself straight, to speak properly, not to steal the pickles. Another thing, I don't want him to go walking by himself anywhere near the slaves' quarters. His father has told him never to go beyond the great avenue, but he has no authority over the boy. And no more has his tutor, old Mr. White.

IAN : On pourrait me dire que l'éducation de Jimmy Broderick n'est pas mon affaire.

MRS. STRONG : On ne vous dira rien du tout, si par on, vous entendez mon frère. Je crois que vous pêchez des compliments. Vous savez très bien ce que mon frère pense de vous. *(Elle bâille.)* Je ne sais pourquoi je me sens si lasse aujourd'hui. C'est peut-être cette première journée de chaleur. Et puis, le sermon était insupportable, cet après-midi. Le révérend Locke nous a traînés du haut en bas de l'enfer et de long en large, à travers le soufre et la fumée de sa rhétorique. Je suis à peu près certaine de m'être assoupie une fois ou deux. *(Édouard Broderick entre par la droite.)* Pourquoi as-tu l'air si soucieux, Édouard ? Veux-tu qu'on te serve à boire ?

ÉDOUARD BRODERICK : Non merci. Bonjour, lieutenant. Je suis soucieux à cause des nouvelles.

MRS. STRONG : Elles ne sont pas plus mauvaises qu'hier.

ÉDOUARD BRODERICK : Elles sont plus mauvaises dans la mesure où l'on ne sait plus bien de quoi il s'agissait tout d'abord. Tant qu'une question reste claire, il y a moyen d'en sortir. C'est quand les choses se compliquent que le péril devient aigu.

MRS. STRONG : J'ai parlé tout à l'heure au révérend Locke. Il demeure optimiste.

ÉDOUARD BRODERICK : Le révérend Locke est un saint homme qui n'entend rien aux choses de ce monde. Où est Regina ? Je veux lui parler.

Entre Jimmy.

JIMMY : Bonjour, lieutenant Wiczewski. Est-ce que je peux vous accompagner à cheval jusqu'à Tomotly, demain après-midi ?

IAN : Demandez à votre père.

ÉDOUARD BRODERICK : Nous verrons cela tout à l'heure, Jimmy. Va dire à Regina que je veux lui parler tout de suite.

Jimmy sort par la gauche.

MRS. STRONG : J'espère que tu ne vas pas faire peur à cette petite.

JAN : Someone might tell me that Jimmy Broderick's education is none of my business.

MRS. STRONG : No one will say anything of the kind and if by someone, you mean my brother, I believe you're fishing for compliments, Lieutenant. You know very well what my brother thinks of you. *(She yawns.)* I don't know why I feel so weary this afternoon, perhaps it's this first hot day. And then, the sermon was unbearable. Doctor Locke dragged us through hell, to and fro, through clouds of sulphur and the fumes of his own rhetoric. I'm almost certain of having dozed once or twice. *(Edward Broderick comes in from the right.)* Why do you look so anxious, Edward ? Would you like something to drink ?

EDWARD BRODERICK : No, thank you. How do you do, Lieutenant ? I'm worried on account of the news.

MRS. STRONG : It's no worse than it was yesterday.

EDWARD BRODERICK : It's worse to the extent that no one knows any longer what it's all about. As long as a question remains clear, there's always a chance of solving it. But when things become involved, the danger is that much more acute.

MRS. STRONG : I talked to Doctor Locke a few minutes ago. He's very optimistic.

EDWARD BRODERICK : Doctor Locke is a godly man who knows nothing about worldly matters. Where is Regina ? I want to speak to her.

Enter Jimmy.

JIMMY : How do you do, Lieutenant Veechefsky ? Listen, can I ride with you to Tomotly, tomorrow afternoon ?

JAN : Ask your father.

ÉDOUARD BRODERICK : Je vais lui dire de s'en aller pendant qu'il en est encore temps.

MRS. STRONG : Es-tu fou ? À t'entendre parler, on croirait que le Sud est déjà envahi. Personne ne veut la guerre : ni le président Lincoln[18], ni aucun des États du Sud. Alors ? *(Édouard Broderick sort un journal de sa poche et le lui tend.)* Eh bien, quoi ? Le gouvernement du Nord refuse de retirer ses troupes de la Caroline du Sud et veut au contraire les réapprovisionner. Ce sont là les rodomontades habituelles à Washington. Ces gens-là seraient consternés si un seul coup de fusil était tiré. Mais il se trouvera bien quelqu'un de chez nous pour leur rabattre le caquet.

ÉDOUARD BRODERICK : Pourquoi Regina ne vient-elle pas ?

MRS. STRONG : Je te supplie de réfléchir à ce que tu vas lui dire. Même s'il y avait la guerre, la place de cette enfant est ici. Peut-on seulement imaginer qu'elle soit en danger parmi nous ? Elle aura beau faire, elle est du Sud par le sang. Elle a été élevée dans le Nord, mais elle adoptera notre façon de voir. Je m'en charge.

ÉDOUARD BRODERICK : Tu ne la changeras pas. Il est trop tard. Elle a vingt-deux ans. Secrètement elle veut partir.

MRS. STRONG : Si elle voulait partir, elle serait déjà loin.

ÉDOUARD BRODERICK : Elle n'est pas partie parce qu'elle croyait que c'était impossible. Mais ce qui était impossible hier, devient possible aujourd'hui. Regina est très malheureuse à la plantation. Nos idées, notre façon de vivre, tout la choque et la scandalise. Par la pensée, elle vit là-bas, dans le Nord. Je veux qu'elle s'en aille.

MRS. STRONG : Et où irait-elle ?

ÉDOUARD BRODERICK : À Boston chez son oncle.

MRS. STRONG : Ce vieux fou ? Il est beaucoup trop occupé de ses conversations avec l'Éternel pour se soucier de Regina. D'abord, il n'a pas un sou.

ÉDOUARD BRODERICK : C'est ce qui te trompe. Je lui ai écrit, il y a un mois, à un des moments les plus difficiles de la crise. J'ai eu sa réponse avant-hier. Un arrangement financier a été conclu avec une banque. Regina peut partir dès

EDWARD BRODERICK : We'll see about that later, Jimmy. Go and tell Regina that I wish to speak to her at once.

Jimmy goes out at left.

MRS. STRONG : I hope you aren't going to frighten the child.

EDWARD BRODERICK : I'm going to tell her that she must leave while it's still possible.

MRS. STRONG : Are you mad ? To hear you talk, one would think that the South was already invaded. No one wants war : neither President Lincoln, nor a single Southern state. What then ? *(Edward Broderick takes a newspaper from his pocket and hands it to her. Without looking at Broderick)* : Well, is that all ? The Federal Government refuses to withdraw its troops from South Carolina and wishes, on the contrary, to provision them. That's the usual bluster from Washington. Those people would be thunderstruck if a single shot were fired. Nevertheless, there must be someone among us with enough spirit to make them shut up.

EDWARD BRODERICK : Why doesn't Regina come ?

MRS. STRONG : I beg you to think over what you're about to say to her. Even if there is a war, the child's place is here. She was brought up in the North, but she can say what she likes, her blood is Southern, she'll fall into our way of thinking. I'll attend to that.

EDWARD BRODERICK : You won't change her, it's too late. She's twenty-two.

Jimmy and Regina enter at the left.

JIMMY *(in a whisper, to Mrs. Strong)* : Aunt Evelyn, ask Papa if I can go out tomorrow with Lieutenant Veechefsky.

EDWARD BRODERICK : Leave us, Jimmy.

demain matin. Je l'accompagnerai moi-même jusqu'au chemin de fer. Mon frère sera prévenu par télégraphe et l'attendra à Washington mercredi soir.

MRS. STRONG : C'est inouï. Comment ne m'as-tu pas informée de ta décision ?

ÉDOUARD BRODERICK : Il était inutile de te troubler. Mais où est-elle donc ?

IAN : Elle vient.

Entrent Jimmy et Regina par la gauche.

JIMMY, *bas à Mrs. Strong :* Tante Éveline, demandez à papa si je peux sortir demain avec le lieutenant Wiczewski.

ÉDOUARD BRODERICK : Laisse-nous, Jimmy.

Jimmy sort par la droite.

IAN : Désirez-vous que je me retire ?

ÉDOUARD BRODERICK : Pourquoi ? Vous êtes comme mon fils. Je n'ai jamais rien eu à vous cacher. Assieds-toi, Regina. J'ai quelque chose à te dire, mais tout d'abord je vais te poser une question. Réponds sans hésitation ni crainte de nous froisser. Voici un an que tu habites Bonaventure [19]. Y es-tu heureuse ?

REGINA : Heureuse ? Non.

ÉDOUARD BRODERICK : Pourquoi ?

REGINA : Simplement, je n'aime pas le Sud...

ÉDOUARD BRODERICK : Quand tu dis que tu n'aimes pas le Sud, tu ne parles pas seulement du climat, de ce que tu vois autour de toi. Tu prends le Sud dans son sens le plus large. Ce sont nos idées que tu n'aimes pas.

REGINA : Oui. Surtout vos idées. Je ne pense pas comme vous. Je ne me sens pas d'ici.

ÉDOUARD BRODERICK : Si un conflit éclatait entre le Nord et le Sud, tes sympathies seraient du côté du Nord ?

REGINA : Eh bien, oui, du côté du Nord.

MRS. STRONG : Édouard, je trouve cet interrogatoire pénible pour nous tous.

REGINA : Il n'est pas du tout pénible pour moi, ma tante.

Jimmy goes out at right.

JAN : Do you wish me to go ?

EDWARD BRODERICK : Why ? You are like my own son, Jan. I've never had anything to conceal from you. Sit down, Regina, I have something to say to you, but first, I want to ask you a question. Answer without hesitation or fear of hurting our feelings. You have been living at Bonaventure for a year now. Are you happy ?

REGINA : Happy ? No.

EDWARD BRODERICK : Why ?

REGINA : Simply because I don't like the South.

EDWARD BRODERICK : If a conflict broke out between the North and the South, your sympathies would be with the North ?

REGINA : Yes, with the North.

MRS. STRONG : Edward, I find this questioning most painful for us all.

REGINA : It's not in the least painful to me, Aunt Evelyn.

EDWARD BRODERICK : Does siding with the North, Regina, mean that you wish for the victory of the Northern armies over the Southern ones ?

REGINA : Please God that it won't come to that, but if there is a war, yes, I naturally hope the North will win.

EDWARD BRODERICK : In that case, do you judge it reasonable for me to help you return North ?

REGINA *(after a slight hesitation)* : Yes, I think it would be reasonable.

ÉDOUARD BRODERICK : Être du côté du Nord, Regina, c'est souhaiter la victoire des armées du Nord sur les armées du Sud ?

REGINA : À Dieu ne plaise que nous en venions là, mais s'il y avait la guerre, oui, je souhaiterais naturellement la victoire du Nord.

ÉDOUARD BRODERICK : Dans ce cas, juges-tu raisonnable que je t'aide à retourner dans le Nord ?

REGINA, *légère hésitation* : Oui, je trouve que ce serait raisonnable.

ÉDOUARD BRODERICK : Sans doute as-tu déjà réfléchi à cette éventualité ?

REGINA : Oui.

ÉDOUARD BRODERICK : Tu es libre, mon enfant. Tu peux rester, si tu veux rester, mais si tu veux partir, je me charge de te faire regagner le Nord avant que la semaine soit écoulée.

REGINA : Je vous en serai reconnaissante.

MRS. STRONG : Regina, tu es ingrate.

REGINA : Non, ma tante. Je n'oublie pas ce que je vous dois. Malgré tout je veux partir. Vous et mon oncle Édouard avez toujours été bons pour moi, mais la question m'est posée aussi directement que possible et j'y réponds de même. Je veux partir.

IAN, *rageusement* : Vous serez bien attrapée, s'il n'y a pas la guerre, mademoiselle Regina.

REGINA, *sans le regarder* : Ce n'est pas à cause de la guerre que je partirai, lieutenant Wiczewski.

ÉDOUARD BRODERICK : Ton oncle te recevra chez lui. Il n'est pas riche, mais j'ai fait en sorte que tu ne manques de rien jusqu'à ce que tu sois mariée.

IAN : Mademoiselle, réfléchissez.

Regina le regarde d'un air étonné.

ÉDOUARD BRODERICK : Regina est libre de réfléchir jusqu'à demain, si elle veut. Elle sait que nous lui sommes tous attachés. Par conséquent, elle peut revenir sur sa décision, mais je ne veux pas qu'elle reste à Bonaventure si elle y est malheureuse.

MRS. STRONG : Regina, you're ungrateful.

REGINA : No, Aunt Evelyn, I'm not. I've not forgotten how much I owe you. But in spite of this, I want to go.

JAN *(angrily)* : You'll look a little foolish, Miss Regina, if the war doesn't take place.

REGINA *(without looking at him)* : The war won't be the cause of my leaving, Lieutenant Veechefsky.

JAN : Think it over carefully, Miss Regina.

> *Regina looks at him in astonishment.*

EDWARD BRODERICK : Regina is free to think over the matter until tomorrow if she likes. She knows we're all very fond of her. Consequently, she can change her mind, but I don't wish her to stay at Bonaventure if she's unhappy here !

JAN : Didn't you say, less than an hour ago, that you'd stay, Miss Regina ?

REGINA : I've changed my mind. Anyway, it seems to me that less than an hour ago, you advised me to leave, Lieutenant Veechefsky.

JAN : I wanted then to put your decision to the proof. Remember, you'd decided to stay on, and on, and on.

EDWARD BRODERICK : What am I to believe, Regina ?

REGINA : Believe what I'm telling you now, Uncle Edward. I want to go, to leave this house and the South for ever.

EDWARD BRODERICK *(gently)* : In spite of this, I think you should withhold your answer until tomorrow. If you then decide to go, I'll accompany you myself to Charleston in

IAN : N'aviez-vous pas dit, il y a moins d'une heure, que vous resteriez, mademoiselle ?

REGINA : J'ai changé d'avis. Du reste, il me semble qu'il y a moins d'une heure, vous me donniez le conseil de partir, lieutenant Wiczewski.

IAN : Je voulais mettre à l'épreuve cette résolution que vous aviez prise alors de rester, de rester et encore de rester.

ÉDOUARD BRODERICK : Que dois-je croire, Regina ?

REGINA : Croyez ce que je vous dis maintenant, mon oncle. Je veux partir, quitter à jamais cette maison, ce pays.

ÉDOUARD BRODERICK : Est-ce à cause des mauvaises nouvelles ?

REGINA : Non. Je ne suis pas aussi sûre que vous qu'il y aura la guerre. Mais j'ai réfléchi dans ma chambre, tout à l'heure. J'ai compris certaines choses que je n'avais peut-être pas bien comprises jusqu'alors.

Silence.

ÉDOUARD BRODERICK, *doucement* : Je suis malgré tout d'avis que tu réserves ta réponse jusqu'à demain. Si tu décides alors de partir, je t'accompagnerai jusqu'à Charleston, en calèche. Nous aurons le temps de voir la ville, qui est très belle. Après quoi, je te mènerai au chemin de fer. J'espère que tu n'as pas peur de voyager en chemin de fer.

REGINA, *riant* : Oh ! non, mon oncle. J'ai pris le chemin de fer pour venir ici. Je n'ai pas eu du tout peur après les dix premières minutes. On finit par s'habituer très bien.

ÉDOUARD BRODERICK : Il y a autre chose que je voudrais te dire. Tu entendras médire de nous dans le Nord. L'idée qu'on se forme là-bas d'un planteur du Sud est très fantaisiste. As-tu jamais vu frapper un esclave à Bonaventure ?

REGINA : À Bonaventure, non.

ÉDOUARD BRODERICK : Je ne parle pas du fouet dont la seule idée fait horreur. J'ai interdit que, de quelque manière que ce soit, on lève la main sur un Noir. Sais-tu cela ?

REGINA : Oui.

ÉDOUARD BRODERICK : A-t-on jamais séparé ici un esclave de sa femme, une mère de ses enfants ?

the barouche. And from there, I'll take you to the railway station. I hope you aren't afraid of traveling in a train.

REGINA *(laughing)* : Oh no, Uncle Edward, I came here by train. I was not in the least frightened, after the first ten minutes. One ends by becoming quite used to it.

MRS. STRONG : How lucky you are !

EDWARD BRODERICK : There's something else I'd like to say to you. You'll hear us slandered in the North. The idea they have there of a Southern planter is most fantastic. Have you ever seen anyone strike a slave at Bonaventure ?

REGINA : No, not at Bonaventure.

EDWARD BRODERICK : I don't mean flogging – the very thought fills me with horror – I have forbidden a hand to be raised against a slave, no matter what the circumstances. You know that, don't you ?

REGINA : Yes.

EDWARD BRODERICK : Has a slave ever been parted from his wife, a mother from her children at Bonaventure ?

REGINA : Not that I know of, Uncle Edward.

EDWARD BRODERICK : Isn't it true that I freed twenty-eight slaves at Christmas and that twenty-five of them returned here because they didn't know where else to go ?

REGINA : That proves you're merciful, within the limits imposed by Southern customs, but the three slaves who didn't return witness against you, and my sympathies are with them. I'll never admit that you have the right to own a single slave.

REGINA : Pas que je sache, mon oncle.

ÉDOUARD BRODERICK : N'est-il pas vrai qu'au moment de Noël j'ai rendu la liberté à vingt-huit esclaves et que vingt-cinq d'entre eux sont revenus parce qu'ils ne savaient où aller ?

REGINA : Cela prouve que vous êtes humain dans les limites que vous imposent les mœurs du Sud, mais les trois esclaves qui ne sont pas revenus témoignent contre vous, et je suis avec eux : je ne vous reconnais pas le droit de posséder un seul esclave.

MRS. STRONG : Impertinente ! Tu lis ta Bible tous les jours et tu ne sais pas que tous les patriarches avaient des esclaves ?

ÉDOUARD BRODERICK : Ne discutons pas sur ce point. Je n'ai pas besoin de te dire, Regina, qu'il y a dans tout le Sud un mouvement en faveur de la libération des esclaves comme en Russie pour la libération des serfs. Avant 1880, on ne comptera plus un seul esclave dans toute l'Amérique du Nord, mais retiens ceci mon enfant : nous n'agirons pas sous la dictée du Nord.

MRS. STRONG : Et qui a introduit l'esclavage dans ce pays, Regina ? Le Nord. À présent, ce qu'on appelle pudiquement notre institution particulière, l'esclavage, n'est qu'un prétexte à discours pour les abolitionnistes. Tout le monde sait que le Nord est jaloux de la prospérité du Sud et qu'il veut notre ruine [20].

ÉDOUARD BRODERICK : Laissons cela, ma sœur. Je voudrais que Regina fût bien persuadée qu'à l'origine de cette crise que nous traversons, il y a le désir des États du Sud de se gouverner comme ils l'entendent. La Constitution le leur permet. Elle a même prévu le cas d'une sécession. Ce qui veut dire que nous avons le droit de nous séparer de l'Union si bon nous semble.

REGINA : Sans l'esclavage, il n'y aurait pas eu de crise.

MRS. STRONG : Petite obstinée, qui travaillera dans les champs de coton si tu n'y mets des Noirs ? Un Blanc en est incapable. Sais-tu ce qui est arrivé aux Mac Clure ? Ils avaient des théories semblables aux tiennes, bien qu'ils

MRS. STRONG : You impertinent little hussy ! You read the Bible every day and you don't know that all the patriarchs had slaves ? Oh, I wish they'd take all those blacks and send them back to Africa, where they belong, or that they could be given, bag and baggage, to the virtuous Europeans who weep and wail over them, to Napoleon the Third and to Victoria. For the last thirty years we've been told that they're about to rise and butcher us all. I don't think them capable of such a thing. They're just children.

EDWARD BRODERICK : Yes, children. Lost children, thrust upon our hands by Providence.

MRS. STRONG : Oh, Edward, you're so annoying when you talk about Providence. One can't hold God responsible for everything. It would be far too convenient. All the more so since He never says a word.

REGINA : Uncle Edward, will you allow me to leave the room ?

EDWARD BRODERICK : Yes, go, if you like, my dear. *(Regina goes out at left. To Mrs. Strong :)* You've shocked the child.

MRS. STRONG : I've shocked her, I ?

EDWARD BRODERICK : Yes, I know her. It was what you said about the silence of God. She believes, and I believe with her, that God speaks to every one of us. She has religious views that we should respect.

MRS. STRONG : That's really a little too much. Your niece does not deign to attend church with us, but she has religious views, and if anyone shocks her, she retires like a tragedy queen. The little prig !

> *Edward Broderick moves away toward the right.*

soient du Sud, eux. Ils avaient les idées nouvelles. La libération progressive ne leur paraissait pas suffisante. Alors, en
58, ils ont donné la clef des champs jusqu'aux derniers de
leurs esclaves, d'un seul coup. Ils ont cru d'abord qu'ils
trouveraient des Blancs pour travailler dans les champs de
coton. On leur a ri au nez. Ensuite ils ont cherché des Noirs
qu'ils se proposaient de payer, les innocents, mais les Noirs
libérés s'enfuient dans le Nord. Aujourd'hui, cette famille,
qui était une des premières du Sud, est ruinée, mais ruinée
à un point que tu ne saurais te figurer. Il pleut dans leur
salle à manger. L'herbe envahit leur plantation.

REGINA : Ils ont libéré leurs esclaves...

MRS. STRONG : La voilà toute grisée d'idéalisme à bon
marché. *(L'imitant.)* « Ils ont libéré leurs esclaves... » On voit
bien que tu n'en as jamais eu. Si tu savais la tentation que
cela peut être de les envoyer tous promener, les esclaves :
les femmes avec leurs grossesses en série, les hommes avec
leurs querelles, les négrillons sans cesse malades et sur qui
je dois veiller, moi, parce que leurs mères en sont incapables... Et qui leur apprend à lire, qui leur apprend leur
catéchisme ? C'est moi, ma fille. Les renvoyer ! C'est trop
facile. D'abord ils reviennent.

REGINA : Pas tous, d'après ce que dit mon oncle. Quelques-
uns fuient vers le Nord, vers la liberté.

MRS. STRONG : La liberté ! Tu me fais rire. La liberté du
Nord ! Le Nord les méprise. Ah ! qu'on les prenne et qu'on
les renvoie tous en Afrique d'où ils n'auraient jamais dû
sortir, ou qu'on en fasse cadeau, en bloc, aux vertueux
Européens qui s'apitoient sur leur sort, à Napoléon III et à
Victoria. Voilà trente ans qu'on nous dit qu'ils vont se
révolter et nous massacrer tous. Je les en crois incapables.
Ce sont des enfants.

ÉDOUARD BRODERICK : Des enfants, oui. Des enfants perdus
que la Providence nous a mis sur les bras.

MRS. STRONG : Oh ! Édouard, tu m'agaces quand tu parles
de la Providence ! Demande aux descendants des négriers
d'Europe si c'est la Providence qui a vendu aux colons du
Nord les ancêtres de nos Noirs. Non, mon ami, l'histoire

JAN : Can you still see Miss Regina settled at Tomotly with her hundred slaves and her abolitionist husband ?

MRS. STRONG : You'll see, young man, she'll marry him yet, and they'll keep their slaves. When one has felt the pinch of poverty...

JAN : But supposing she leaves ?

MRS. STRONG : She won't leave, once she's seen young MacClure.

JAN : You told me that you believe in miracles. I'd be curious to witness this one.

> *Edward Broderick returns to the centre of the stage.*

MRS. STRONG : What on earth's the matter with you, Edward ? You aren't ill ?

EDWARD BRODERICK : Of course not, but I own that this conversation with Regina has pained me. I felt her so much in earnest... And you, Lieutenant, what's your opinion about the burning questions that are splitting the country ?

JAN : Frankly, we soldiers are less attracted by politics than are civilians. We wait for war to emerge from speeches, as is usually the case. Then our job is to defeat the enemy.

MRS. STRONG : I don't like to hear you talk so, and in such a cold and gentle voice. You'd think the first battles had already been fought.

JAN : If that were the case, Ma'am, I wouldn't be here.

MRS. STRONG : Lord, I'd like to be the older by three months. In three months, we'll know and the question will

n'est pas aussi simple. On ne peut pas rendre Dieu responsable de tout. Ce serait trop commode. D'autant plus qu'il ne dit jamais rien.

REGINA : Mon oncle, si vous le permettez, je vais me retirer.

ÉDOUARD BRODERICK : Comme tu voudras, mon enfant. *(Regina sort par la gauche. À Mrs. Strong :)* Tu as scandalisé cette petite.

MRS. STRONG : Je l'ai scandalisée, moi ?

ÉDOUARD BRODERICK : Oui. Je la connais. C'est ce que tu as dit sur le silence de Dieu. Elle croit, et je crois comme elle, que Dieu parle à chacun de nous. Elle a des vues religieuses que nous devons respecter.

MRS. STRONG : Voilà qui est un peu fort. Mademoiselle ne daigne pas aller à l'église avec nous, mais elle a des vues religieuses et, si on la choque, elle se « retire », comme une reine offensée. Petite chipie ! De mon temps, on l'eût fouettée, oui !

Édouard Broderick s'éloigne vers la droite.

IAN, *à mi-voix* : La méthode avait du bon.

MRS. STRONG : N'est-ce pas ? Je suis sûre que chez vous, en Pologne...

IAN : Oui.

MRS. STRONG : Quand j'étais jeune, il y avait toujours une baguette de bouleau dans la chambre de ma mère. Je vous assure que les domestiques obéissaient sans se faire prier. C'était le bon vieux temps.

IAN : Voyez-vous encore Mlle Regina installée à Tomotly avec ses cent esclaves et son mari abolitionniste ?

MRS. STRONG : Jeune homme, vous verrez qu'elle l'épousera et qu'ils garderont leurs esclaves. Quand on a tâté de la pauvreté...

IAN : Mais si elle part ?

MRS. STRONG : Elle ne partira pas quand elle aura vu le jeune Mac Clure.

IAN : Vous m'avez dit que vous croyiez aux miracles. Je suis curieux de voir celui-ci.

be settled one way or the other, even if we do have war. But there won't be war. *(She fidgets in her armchair.)* I feel so warm. I wonder how I'm going to struggle through the rest of the evening. Lieutenant Veechefsky, help me out of my chair. It's so stuffy here, I think I'll wait for our guests on the veranda...

> *Veechefsky helps her to get up and she goes out at the right.*

*Édouard Broderick revient vers le milieu
de la scène.*

MRS. STRONG : Qu'est-ce que tu as donc, Édouard ? Tu n'es
pas malade ?

ÉDOUARD BRODERICK : Mais non. Cette conversation avec
Regina m'a fait de la peine, je l'avoue. Je la sentais si
convaincue... Lieutenant, que pensez-vous de ces questions
brûlantes qui séparent le Nord et le Sud ?

IAN : Monsieur, je n'ai pas d'avis à exprimer sur une question que je connais mal. À vrai dire, la politique a moins
d'attrait pour nous autres militaires que pour les civils. Nous
attendons que des discours sorte la guerre, comme cela se
produit d'habitude. Notre tâche est alors de battre l'ennemi.

MRS. STRONG : Je n'aime pas que vous disiez cela d'une
voix si froide et si douce. On dirait que les premières
batailles ont déjà eu lieu.

IAN : Si cela était, je ne serais pas ici.

MRS. STRONG : Mon Dieu, je voudrais être plus vieille de
trois mois ! Dans trois mois, nous saurons, et la question
sera réglée d'une façon ou d'une autre, même si nous avons
la guerre. Ah ! voilà que moi aussi je parle de cela. Mais il
n'y aura pas de guerre. *(Elle remue dans son fauteuil.)* J'ai
chaud. Je sens que cette fin de journée va être difficile.
Lieutenant Wiczewski, aidez-moi à me lever. Il n'y a pas
d'air ici. Je vais attendre nos invités sur la véranda...

*Wiczewski l'aide à se lever et elle sort par
la droite.*

SCENE 3

EDWARD BRODERICK : I make no secret of it, Lieutenant, I'm most anxious.

JAN : One must keep a cool head, in times like these.

EDWARD BRODERICK : I wonder how you manage to be so calm.

JAN : That's part of our profession.

EDWARD BRODERICK : I know. On the battlefield, a soldier mustn't shoot until he sees the whites of the enemy's eyes. But I'm not a soldier and I find it very hard to control myself and wait. To wait is horrible. *(A pause.)* I'm glad you're here. Yes, your presence is a comfort to us all, in spite of... do you mind if I say so ? *(Veechefsky makes a gesture.)* In spite of your uniform. Oh, don't misunderstand me : it's quite normal that you should still be wearing it. We're not at war. But one of our fire-eaters might shoot at any moment and that would be enough to make this uniform that of...

JAN : The enemy ?

EDWARD BRODERICK : Forgive me. My own tongue is astounded by the words it speaks. I'm certain that you're with us, for us.

JAN : Have you ever doubted it ?

EDWARD BRODERICK : No more than I would the loyalty of my own son. But I'm in anguish... Have you any idea what anguish means ?

JAN : No.

EDWARD BRODERICK : There are times when my thoughts are in a maze. I wish I had Regina's faith. Although she says things that disturb me and sometimes make me indignant, I

Scène 3

ÉDOUARD BRODERICK : Lieutenant, je ne vous cache pas que je suis inquiet.

IAN : Il faut garder toute sa tête dans des moments comme celui-ci.

ÉDOUARD BRODERICK : Je me demande comment vous faites pour demeurer aussi calme.

IAN : Cela fait partie de notre métier.

ÉDOUARD BRODERICK : Je sais. Sur le champ de bataille, le soldat ne doit tirer que lorsqu'il voit le blanc des yeux de l'ennemi. Mais je ne suis pas un soldat et il m'est difficile de me dominer, d'attendre. Attendre est épouvantable. *(Silence.)* Je suis heureux que vous soyez là. Oui, votre présence nous donne quelque chose à tous, malgré... dois-je le dire ? *(Wiczewski fait un geste.)* Malgré cet uniforme. Oh ! comprenez-moi bien : il est tout à fait normal que vous le portiez encore. Nous ne sommes pas en guerre. Vous êtes un officier dans l'armée des États-Unis. Il suffit que demain une de nos têtes brûlées ouvre le feu pour que cet uniforme soit celui...

IAN : De l'ennemi ?

ÉDOUARD BRODERICK : Excusez-moi. Ma langue est étonnée des mots qu'elle prononce. Depuis quinze jours, rien ne paraît plus vrai. Je suis sûr que vous êtes pour nous, avec nous.

IAN : En avez-vous jamais douté ?

ÉDOUARD BRODERICK : Pas plus que je ne douterais de mon fils. Mais l'angoisse... Vous ne savez pas ce que c'est que l'angoisse.

IAN : Non.

ÉDOUARD BRODERICK : Il y a des moments où je ne vois plus clair. Je voudrais avoir la foi de Regina. Oui, elle a beau dire des choses qui me troublent et parfois m'indignent, je sens qu'elle a la foi. Elle croit, elle s'appuie sur

feel that she has faith. She leans on someone or something invisible. I pretend to. I'm not sure. She is sure.

A pause.

JAN : I have some directions to give my orderly. Do you mind if I leave you ?

EDWARD BRODERICK *(sadly)* : Yes, go, do as you think best. *(Jan goes out. He goes toward the back of the stage.)* One ends by loathing the very walls that watch you suffer. *(He crosses the threshold of the great door at the back of the stage and pauses between the columns.)* My God, if only You could exist, even for a single minute ! How gladly I would go to You !

At that moment Jimmy appears at the left and turns to someone invisible. Broderick moves away a little beyond the columns.

quelqu'un ou quelque chose qu'on ne voit pas. Moi, il me
semble que je fais semblant... un peu... Il le faut, vous
comprenez. Je ne suis pas sûr. Elle est sûre. *(Silence.)* Je suis
heureux que vous soyez là. Je voudrais que vous considériez
cette maison absolument comme la vôtre.

> *Wiczewski   s'incline.   Silence   assez
> prolongé.*

IAN : J'ai des ordres à donner à mon ordonnance. Me permettez-vous de me retirer ?

ÉDOUARD BRODERICK, *tristement* : Faites tout ce que vous
voudrez. *(Ian sort.)* Pour moi, je ne puis rester dans cette
pièce où j'étouffe. *(Il se dirige vers le fond.)* On finit par
prendre en haine les murs qui vous voient souffrir. *(Il fran-
chit le seuil de la grande porte du fond et s'arrête entre les
colonnes.)* Mon Dieu, si tu pouvais exister pendant une
minute... Comme j'irais vers toi !

> *À ce moment, paraît à gauche Jimmy. Il se
> retourne vers quelqu'un qu'on ne voit pas.
> Édouard Broderick s'éloigne un peu entre
> les colonnes.*

SCENE 4

JIMMY : Come in ! *(He stamps his foot.)* Come in, I tell you ! Come in, you !

> *He stretches out his arm to take the hand of a small colored boy who guides a very old blind Negro, dressed in a black frock coat.*

COLORED CHILD : I'm scared. It's forbidden.

JIMMY : It's not forbidden, if I say so. Anyway, Uncle John always has a right to come here. Papa said so.

UNCLE JOHN *(to colored child)* : Where are we, child ?

JIMMY : In the big sitting-room.

UNCLE JOHN : Is there anyone here ? If there's anyone here, I'm going.

JIMMY : There's nobody here. I'll go fetch Papa, Uncle John, but promise to ask him to do what I told you.

UNCLE JOHN : I promise to speak to him, Mr. Jimmy. *(Jimmy goes out at right. The old man and the child remain standing in the middle of the room, hand in hand and motionless.)* Child, look well at this sitting-room. Maybe you'll never see another sitting-room in all your life.

COLORED CHILD : What's a sitting-room, Grandpa ?

UNCLE JOHN : It's a room where white folks gather together to talk.

COLORED CHILD : Can't they talk outside ?

UNCLE JOHN : It's too hot for white folks outside, it's too sunny, or else it's cool, so they sit in here. White folks have got to feel good everywhere.

COLORED CHILD : Why ?

Scène 4

JIMMY : Entrez ! *(Il frappe du pied.)* Entrez, puisque je vous le dis. Veux-tu venir, toi !

> *Il allonge le bras et prend par la main un négrillon qui guide un très vieux nègre aveugle et vêtu d'une redingote noire.*

LE NÉGRILLON, *il se débat un peu* : J'ai peur. C'est défendu.

JIMMY : Ce n'est pas défendu, puisque je le permets. D'abord Uncle John a toujours le droit d'entrer ici. Papa l'a dit.

UNCLE JOHN, *au négrillon* : Où sommes-nous petit ?

JIMMY : Au grand salon.

UNCLE JOHN : Y a-t-il du monde ? S'il y a du monde, je m'en vais.

JIMMY : Il n'y a personne. Je vais aller chercher papa, Uncle John, mais vous me promettez de lui demander ce que je vous ai dit ?

UNCLE JOHN : Je vous promets de lui en parler, monsieur Jimmy. *(Jimmy sort par la droite. Le vieillard et l'enfant restent debout au milieu du salon, sans bouger et la main dans la main.)* Petit, regarde bien ce salon où nous sommes, car tu ne verras peut-être qu'un salon dans toute ta vie.

LE NÉGRILLON : Qu'est-ce que c'est qu'un salon, grand-père ?

UNCLE JOHN : Une pièce où les Blancs se réunissent pour causer.

LE NÉGRILLON : Ils ne peuvent pas causer dehors ?

UNCLE JOHN : Dehors, il fait trop chaud pour les Blancs, et il y a trop de soleil, ou alors il fait trop frais, et alors ils s'abritent ici. Il faut que les Blancs soient bien partout.

LE NÉGRILLON : Pourquoi ?

UNCLE JOHN : Just because it's so. Because the Lord gave them white skins.

COLORED CHILD : Why didn't He give me a white skin too, Grandpa ?

UNCLE JOHN : The Lord will give you far more in Heaven, my little lamb.

COLORED CHILD : Same as white folks ?

UNCLE JOHN *(after a hesitation)* : I think so.

COLORED CHILD : Grandpa, can I reach out my finger and touch the rocking-chair ?

UNCLE JOHN : No, you mustn't touch a single thing in a white man's house.

> *Edward Broderick comes in by the door at the back of the stage.*

EDWARD BRODERICK : Hello, Uncle John. I hope nothing serious brings you here.

UNCLE JOHN : Are we alone in the room, Marse Edward ?

EDWARD BRODERICK : Yes, except for your grandson.

UNCLE JOHN *(to colored child)* : Go wait for me in the avenue, child, and mind, be good.

> *Colored child goes out at the left.*

EDWARD BRODERICK : Sit down, Uncle John.

> *He leads him by the hand to a sofa. He himself remains standing.*

UNCLE JOHN : I hope I'm not disturbing you, Marse Edward. On a Sunday afternoon too...

EDWARD BRODERICK : You wouldn't have come if you hadn't something particular to say to me.

UNCLE JOHN : And supposing I had nothing particular to say to you, Marse Edward ?

UNCLE JOHN : Parce que c'est ainsi. Parce que le Seigneur leur a donné une peau blanche.

LE NÉGRILLON : Pourquoi ne m'a-t-il pas donné une peau blanche, à moi aussi, le Seigneur, dis, grand-père ?

UNCLE JOHN : Le Seigneur te donnera bien plus que cela au Paradis, mon petit agneau.

LE NÉGRILLON : La même chose qu'aux Blancs ?

UNCLE JOHN, *après une hésitation* : Je pense que oui.

LE NÉGRILLON : Grand-père, est-ce que je peux allonger le doigt et toucher le fauteuil à bascule ?

UNCLE JOHN : Non, tu ne dois toucher à rien du tout chez les Blancs.

Édouard Broderick entre par la droite.

ÉDOUARD BRODERICK : Bonjour, Uncle John. J'espère que rien de grave ne vous amène.

UNCLE JOHN : Monsieur Édouard, sommes-nous seuls dans cette pièce ?

ÉDOUARD BRODERICK : Oui. Il n'y a que votre petit-fils...

UNCLE JOHN, *au négrillon* : Enfant, va m'attendre dans l'avenue et sois bien sage.

Le négrillon sort par la gauche.

ÉDOUARD BRODERICK : Asseyez-vous, Uncle John.

Il le prend par la main et le mène à un canapé. Lui-même reste debout.

UNCLE JOHN : Je crains de vous déranger, monsieur Édouard. Un dimanche après-midi... Le jour des invités...

ÉDOUARD BRODERICK : Les invités ne seront pas là avant un bon quart d'heure. Et puis, je suis sûr que vous ne seriez pas venu si vous n'aviez quelque chose de particulier à me dire.

UNCLE JOHN : Et si je n'avais rien de particulier à vous dire, monsieur Édouard ?

EDWARD BRODERICK : I don't understand.

UNCLE JOHN : A little while ago, as I heard my little ones reading the Psalms, I was moved by the spirit to go to you. It wasn't the right time. But I didn't choose the time. I had no idea what I was going to say to you. But still, I obeyed.

EDWARD BRODERICK : Obeyed ?

UNCLE JOHN : The spirit bloweth where it listeth. I got up, I put on my frock coat and I came.

EDWARD BRODERICK : So you sometimes hear the Lord's voice, Uncle John ?

UNCLE JOHN : Yes, sometimes.

EDWARD BRODERICK : Perhaps you mistake your own thoughts for His voice.

UNCLE JOHN : No, His voice doesn't have the same sound. *(Edward Broderick smiles.)* The noise our thoughts make in our head can't ever be mistaken for the voice of the Lord. The Lord's voice is not like anything else in the world and you can always recognize it.

A pause.

EDWARD BRODERICK : Why are you telling me all this, Uncle John ?

UNCLE JOHN : I'm scared. Something's going to happen to this house. *(A pause.)* Maybe that's what I was to tell you.

EDWARD BRODERICK *(sits down)* : Do you mean on account of all this talk about war ? Or have you come to ask me to free a slave ?

UNCLE JOHN : It wouldn't be enough to free one slave. You ought to free them all.

EDWARD BRODERICK : It's easy enough to say that. Do you want to see me ruined ?

UNCLE JOHN : If you don't mind my saying so, Marse Edward, I'd rather see you ruined than lost.

ÉDOUARD BRODERICK : Je ne comprends pas.

UNCLE JOHN : Tout à l'heure, en entendant mes petits-enfants réciter des psaumes, j'ai eu l'inspiration d'aller vers vous. Le moment n'était pas bon. Un dimanche et tous ces invités qui vont venir, mais ce n'est pas moi qui ai choisi le moment. Je ne savais pas du tout ce que j'aurais à vous dire. Pourtant j'ai obéi.

ÉDOUARD BRODERICK : Obéi ?

UNCLE JOHN : Le Seigneur n'a-t-il pas dit : l'Esprit souffle où il veut[21] ? Je me suis levé, j'ai mis ma redingote et je suis venu.

ÉDOUARD BRODERICK : Vous entendez quelquefois la voix du Seigneur, Uncle John ?

UNCLE JOHN : Quelquefois, oui.

ÉDOUARD BRODERICK : Mais c'est peut-être votre pensée que vous prenez pour sa voix.

UNCLE JOHN : Non, sa voix n'a pas le même son. Le bruit que font les pensées dans la tête ne se confond jamais avec la voix du Seigneur, la voix du Seigneur ne se confond avec rien d'autre au monde et se reconnaît toujours. Vous souvenez-vous du prophète Élie ? Élie se tint sur le mont Horeb et il s'éleva un vent terrible devant l'Éternel, et le vent brisa en pièces les rochers devant l'Éternel. Mais le Seigneur n'était pas dans le vent. Et après le vent, il y eut un tremblement de terre. Mais le Seigneur n'était pas dans le tremblement de terre. Et après le tremblement de terre, un incendie. Mais le Seigneur n'était pas dans l'incendie. Et après l'incendie, une petite voix silencieuse. Alors, le prophète se couvrit le visage de son manteau[22].

Silence.

ÉDOUARD BRODERICK : Pourquoi me racontez-vous cela, Uncle John ?

UNCLE JOHN : J'ai peur pour cette maison. *(Silence.)* C'est peut-être cela que j'avais à vous dire.

EDWARD BRODERICK *(rising)* : I've just heard one sermon, Uncle John. That's enough, even for a Sunday. I'm freeing my slaves little by little.

UNCLE JOHN : God sometimes works faster than we do. Excuse my talking so. You've been very good to me. You freed me twenty years ago, or more. You gave me a little house and a cornpatch by the roadside. We stayed on the plantation because we love you, and it's because I love you that I got up this morning when I heard the children, and came to see you. *(In a level voice and without emphasis.)* But God is going to pass in our midst, and you know what that means. Right here, in this house, God is going to pass among us.

EDWARD BRODERICK : What do you mean ? God is going to pass among us...

UNCLE JOHN : What's there behind me, Marse Edward ?

EDWARD BRODERICK : Back of you ? Why, the big window that leads to the veranda.

UNCLE JOHN : And right and left of me ?

EDWARD BRODERICK : To the left, the doors leading to the rooms. To your right, the door through which you came.

UNCLE JOHN : Then between this window and the two doors, the wrath of God will be fulfilled.

EDWARD BRODERICK : Why should He punish me ? What have I done ?

UNCLE JOHN : He won't punish you if you haven't done anything. God is love, Marse Edward.

EDWARD BRODERICK : If God is love why does He take revenge, even on the wicked ?

UNCLE JOHN *(gently)* : No doubt because the wicked stir the wrath of love.

EDWARD BRODERICK : But how ?

ÉDOUARD BRODERICK, *il s'assoit* : Est-ce à cause des rumeurs de guerre que vous parlez ainsi ?

UNCLE JOHN : Non.

ÉDOUARD BRODERICK : Si c'est à un soulèvement des Noirs que vous pensez, je n'y crois pas du tout.

UNCLE JOHN : Quoi qu'il arrive, les Noirs ne se soulèveront jamais.

ÉDOUARD BRODERICK : Est-ce la libération d'un esclave que vous voulez me demander ?

UNCLE JOHN : La libération d'un esclave ne suffirait pas. Il faudrait les libérer tous.

ÉDOUARD BRODERICK : Vous en parlez à votre aise. C'est ma ruine que vous voulez.

UNCLE JOHN : Si vous me permettez de vous le dire, monsieur Édouard, je vous aimerais mieux ruiné que perdu.

ÉDOUARD BRODERICK, *il se lève* : J'ai déjà entendu un sermon tout à l'heure, Uncle John. Cela suffit, même pour un dimanche. J'affranchis mes esclaves peu à peu.

UNCLE JOHN : Dieu va quelquefois plus vite que nous. Pardonnez-moi de vous parler ainsi. Vous avez été très bon pour moi. Vous m'avez affranchi il y a plus de vingt ans. Vous m'avez donné une petite maison et un champ au bord de la route. Nous sommes restés sur la plantation parce que nous vous aimons, et c'est parce que nous vous aimons que je me suis levé ce matin, en entendant les petits, et que je suis venu vers vous. *(D'une voix unie et sans aucune emphase.)* Mais Dieu va passer au milieu de nous, et vous savez ce que cela veut dire. Ici même, dans cette maison, Dieu passera.

ÉDOUARD BRODERICK : Que dites-vous ? Dieu passera...

UNCLE JOHN : Qu'y a-t-il derrière moi, monsieur Édouard ?

ÉDOUARD BRODERICK : Derrière vous ? Mais la grande fenêtre qui s'ouvre sur la plantation.

UNCLE JOHN : Et à droite et à gauche de moi ?

UNCLE JOHN *(same tone)* : Through lack of love. Where there's no love, there's no religion. You can sing hymns till you're hoarse and shout Hallelujah ! If you don't love your brother as yourself, and more than yourself, you're lost. *(He rises.)* Give me your hand, if you please, and lead me to the door. *(Both go toward the left.)* I still have something to say to you about your little son. He wants to go out tomorrow with the foreign lieutenant.

EDWARD BRODERICK : I know. Lieutenant Veechefsky. But he isn't a foreigner.

UNCLE JOHN : He's not one of us, Marse Edward.

EDWARD BRODERICK : Oh, he comes from Europe, but he's become a real American.

UNCLE JOHN *(stopping)* : You're very fond of him.

EDWARD BRODERICK *(quickly)* : Yes, very.

UNCLE JOHN : If I were you, I wouldn't let little Jimmy go out with the foreign lieutenant.

EDWARD BRODERICK : Why ?

UNCLE JOHN : When little Jimmy spoke to me a little while ago, the thought came to me that the foreign lieutenant mustn't take him out.

EDWARD BRODERICK : Have you heard anyone speak against Lieutenant Veechefsky ?

UNCLE JOHN : Never.

EDWARD BRODERICK : Has he ever spoken to you ?

UNCLE JOHN : No, but once when I happened to be in the great avenue, I heard the foreign lieutenant talking to a woman. I don't know what he said, but I listened to the sound of his voice. He wasn't speaking the way men speak to women. For us blind folks, a voice means almost everything. I don't like his voice, Marse Edward. It's a cruel voice.

Regina appears left.

ÉDOUARD BRODERICK : À votre gauche, une porte qui mène à la véranda. À votre droite, la porte par laquelle vous êtes entré.

UNCLE JOHN : C'est donc entre cette fenêtre et ces deux portes que la colère de Dieu verra son accomplissement.

ÉDOUARD BRODERICK : Pourquoi me frapperait-il, moi ? Qu'ai-je fait ?

UNCLE JOHN : Il ne vous frappera pas si vous n'avez rien fait. Dieu est amour, monsieur Édouard.

ÉDOUARD BRODERICK : S'il est amour, pourquoi se venge-t-il, même des méchants ?

UNCLE JOHN, *doucement* : C'est sans doute que les méchants provoquent la colère de l'amour.

ÉDOUARD BRODERICK : Mais comment ?

UNCLE JOHN, *même ton* : Par manque d'amour. Là où il n'y a pas d'amour, il n'y a pas de religion. Mais on ne se moque pas de Dieu. L'Écriture le dit. Vous aurez beau chanter des cantiques et crier : *Alleluia !* Si vous n'aimez pas votre prochain comme vous-même et plus que vous-même, vous êtes perdu. *(Il se lève.)* Donnez-moi votre main, s'il vous plaît, et menez-moi vers la porte. *(Tous deux se dirigent vers la gauche.)* J'ai quelque chose à vous dire au sujet de votre jeune fils. Il voudrait sortir demain avec le lieutenant étranger.

ÉDOUARD BRODERICK : Je sais. Le lieutenant Wiczewski. Mais ce n'est pas un étranger.

UNCLE JOHN : Il n'est pas de chez nous, monsieur Édouard.

ÉDOUARD BRODERICK : Oh ! il vient d'Europe, mais il est devenu tout à fait américain.

UNCLE JOHN, *s'arrêtant* : Vous l'aimez beaucoup ?

ÉDOUARD BRODERICK : Oui. Beaucoup.

UNCLE JOHN : Si j'étais vous, je ne laisserais pas le petit Jimmy sortir avec le lieutenant étranger.

ÉDOUARD BRODERICK : Pourquoi ?

EDWARD BRODERICK : He was talking to a woman, you say ?

UNCLE JOHN : Yes.

EDWARD BRODERICK : Do you know who the woman was, Uncle John ?

UNCLE JOHN : She's just come into the room.

EDWARD BRODERICK : Do you want something, my child ?

REGINA : No, I was looking for Angelina.

EDWARD BRODERICK : I'll lead you out, Uncle John, if you're ready.

> *They go out. Once alone, Regina looks around her.*

UNCLE JOHN : Quand le petit Jimmy m'a parlé tout à l'heure, la pensée m'est venue qu'il ne fallait pas que le lieutenant étranger sorte avec lui.

ÉDOUARD BRODERICK : Vous a-t-on dit du mal du lieutenant Wiczewski ?

UNCLE JOHN : Jamais.

ÉDOUARD BRODERICK : Vous a-t-il jamais parlé ?

UNCLE JOHN : Non, mais un jour que je me trouvais dans la grande avenue, je l'ai entendu qui parlait à une femme. Je ne sais pas ce qu'il disait, mais j'ai écouté sa voix. Pour nous autres aveugles, la voix, c'est presque tout. Ce que le regard vous apprend, nous le devinons par la voix. J'ai entendu la voix du lieutenant étranger.

ÉDOUARD BRODERICK : Eh bien ?

UNCLE JOHN : Je n'aime pas sa voix, monsieur Édouard. C'est une voix cruelle.

ÉDOUARD BRODERICK : Il parlait à une femme, disiez-vous ?

UNCLE JOHN : Oui.

ÉDOUARD BRODERICK, *après une hésitation* : Savez-vous qui était cette femme ?

> *On entend un bruit de pas. Uncle John se penche un peu en avant dans l'attitude de quelqu'un qui écoute. Regina paraît à gauche.*

UNCLE JOHN : La voici.

ÉDOUARD BRODERICK : Tu désires quelque chose, mon enfant ?

REGINA : Non, je cherchais Angelina.

ÉDOUARD BRODERICK : Si vous voulez bien, Uncle John, je vais vous reconduire.

Ils sortent.

SCENE 5

She sees Lieutenant Veechefsky's cane lying forgotten on a piece of furniture, picks it up, examines it for a moment and throws it on the rug. Angelina enters from the left.

REGINA : I was looking for you, Angelina. I have something to say to you.

ANGELINA : And so have I.

REGINA : Let's go and sit down in that corner. *(They go and sit at the left, backs turned to the door at right.)* Angelina, you're the only person here that I can really trust. A moment ago, I acted on an impulse. Your father offered to let me leave Bonaventure and return North, and I accepted.

ANGELINA : You accepted ? Now why ?

REGINA : I really don't know why, I said yes. Your father told me to think it over, but having once said yes, I find it difficult to go back on my decision, particularly before two men.

ANGELINA : Two men ?

REGINA : Yes, Lieutenant Veechefsky was there. He's always there. Anyway, I knew that I was right to say yes. When I was in my room, before your father sent for me, I had a fit of tears. *(Angelina makes a gesture.)* No, please don't question me.

ANGELINA : Regina, it's not possible. You aren't going away.

SCÈNE 5

Regina reste seule et regarde autour d'elle.
Elle voit sur un meuble la badine que le
lieutenant Wiczewski a oubliée, la prend,
l'examine un instant et la jette sur le tapis.
Angelina entre par la gauche.

REGINA : Je te cherchais, Angelina. J'ai quelque chose à te dire.

ANGELINA : Moi aussi, mais j'ai peur que les invités n'arrivent.

REGINA : Oh ! nous en avons encore pour une demi-heure à les attendre. Tiens, nous allons nous installer dans ce coin. *(Elles vont s'asseoir à gauche, le dos tourné à la porte de droite.)* Angelina, tu es ici la seule personne en qui j'aie une confiance absolue. Tout à l'heure, j'ai fait un coup de tête. Ton père m'a proposé de quitter Bonaventure pour retourner dans le Nord, et j'ai accepté.

ANGELINA : Tu as accepté ! Mais pourquoi ?

REGINA : Je ne sais pas bien. J'ai dit oui. Ton père m'a engagée à réfléchir, mais ayant dit oui, j'ai trouvé difficile de revenir sur ma décision, surtout devant deux hommes.

ANGELINA : Deux hommes ?

REGINA : Oui, le lieutenant Wiczewski était là. Il est toujours là. J'ai compris, du reste, que j'avais eu raison de dire oui. Dans ma chambre, un peu auparavant, j'ai pleuré. *(Geste d'Angelina.)* Non, ne me pose pas de questions, je t'en prie.

ANGELINA : Regina, ce n'est pas possible. Tu ne vas pas partir.

REGINA : Si. Cela vaut mieux ainsi. Tu ne sais pas ce que c'est que d'être pauvre parmi les riches. Ils ont beau se croire délicats, ils vous offensent du matin au soir et vous accablent du poids de leur générosité. Et puis, tu le sais, je ne suis pas du tout du Sud, ni pour le Sud. Je ne me sentirai

REGINA : Yes, I am. It's better so. I'll never feel at home here. Now don't cry. I've been thinking of you, Angelina. We'll meet again.

ANGELINA : But supposing there's a war ?

REGINA : Then we'll see each other after the war.

ANGELINA : You'll hate me.

REGINA : Are you mad ? *(She strokes her head.)* You're the only friend I have on the plantation. For the rest of the family, I'm a stranger. Very soon, if I stayed on and there was war, I'd be considered a spy. Apart from you, no one else loves me here.

ANGELINA : You're mistaken. My father... is very fond of you.

REGINA : Oh, he's fond of me from a sense of duty, out of Christian charity, that icy emotion. And then, I may as well tell you, since I'm going away, there's someone here who loathes me.

ANGELINA : Who can it be ?

REGINA : Lieutenant Veechefsky.

ANGELINA : What an extraordinary idea ! Lieutenant Veechefsky ! He's so polite, so agreeable.

REGINA : You don't know him. His very smile turns me to ice. I never see him bow to me without thinking that in his heart he despises me. At home, in the North, men are blunter, but you can trust them, whereas I could never trust Lieutenant Veechefsky. I've never been able to understand the influence he has over your father.

ANGELINA : Influence, that's saying a good deal.

jamais chez moi ici. Allons, pas de larmes. J'ai pensé à toi, Angelina. Nous nous reverrons.

ANGELINA : Mais s'il y a la guerre ?

REGINA : Eh bien ! nous nous retrouverons après la guerre.

ANGELINA : Tu me haïras.

REGINA : Es-tu folle ? *(Elle lui caresse la tête.)* Tu es ma seule amie à la plantation. Pour tous les autres, je suis l'étrangère. Demain, si je restais et s'il y avait la guerre, je serais l'espionne. À part toi, personne ne m'aime ici.

ANGELINA : Tu te trompes. Mon père...

REGINA : Oh ! il m'aime par devoir, par charité chrétienne, cette chose glaciale. Et puis, je peux te le dire puisque je m'en vais, il y a quelqu'un ici qui me déteste.

ANGELINA : Mais qui donc ?

REGINA : Le lieutenant Wiczewski.

ANGELINA : Quelle idée extraordinaire ! Lui ! Il est si doux et si poli !

REGINA : Tu ne le connais pas. Son sourire me glace. Je ne puis le voir s'incliner devant moi sans penser que dans son cœur il me méprise. Chez nous, dans le Nord, les hommes sont plus abrupts ; mais on peut leur faire confiance, alors que je ne pourrais jamais faire confiance au lieutenant Wiczewski. Il m'a toujours été impossible de comprendre l'ascendant qu'il a pris sur ton père.

ANGELINA : L'ascendant, c'est beaucoup dire.

REGINA : Enfin l'amitié que ton père a pour lui.

ANGELINA : C'est très simple. Le grand-père du lieutenant Wiczewski avait une grosse fortune qu'il a réussi à faire venir de Pologne. En 1853 ou 1854, papa a failli être ruiné par des spéculations malheureuses. Il s'est adressé au comte Wiczewski et celui-ci qui le connaissait un peu lui a fait une avance qui nous a bel et bien sauvés. Le vieux est mort il y a cinq ans, mais son petit-fils est ici comme chez lui.

REGINA : Well then, the affection your father has for him.

ANGELINA : It's quite simple. Lieutenant Veechefsky's grandfather had a very large fortune that he succeeded in bringing out of Poland in 1853 or 1854. Papa was on the verge of ruin, through unfortunate speculations. He applied to Count Veechefsky who knew him slightly and made him a loan which actually saved us. The old man died five years ago but his grandson is made to feel that this is his home.

REGINA : This doesn't explain why everyone should have lost their heads over him, for your father's not the only one to find him perfect. Aunt Evelyn is mad about him.

ANGELINA : That's true. Everybody adores him.

REGINA : I don't.

ANGELINA : Why, what has he done to you ?

REGINA : Nothing, so far, but I never see him without feeling uneasy. Angelina : you're in love with Lieutenant Veechefsky ?

ANGELINA : Me ? I should think not.

REGINA : Why did you say, a moment ago, that everyone adored him ? Don't you adore him too ?

ANGELINA : How silly you are ! That's just a way of speaking. He's so agreeable, that's it, he's too agreeable. I like men to be more... help me, what do I mean to say ? Anyway, he's not like other men.

REGINA : Have you ever been alone with him ?

ANGELINA : Yes, once or twice.

REGINA : Did he pay you any compliments ?

REGINA : Cela n'explique pas qu'on se soit toqué de lui à ce point, car ton père n'est pas le seul à le trouver parfait. Tante Éveline est folle de lui.

ANGELINA : C'est vrai. Tout le monde l'adore.

REGINA : Pas moi.

ANGELINA : Qu'est-ce qu'il t'a fait ?

REGINA : Jusqu'ici rien, mais je ne puis le voir sans malaise. Réponds-moi, Angelina : tu es amoureuse du lieutenant Wiczewski ?

ANGELINA : Moi ? Ah, non, par exemple !

REGINA : Pourquoi as-tu dit que tout le monde l'adorait ? Est-ce que tu l'adores, toi aussi ?

ANGELINA : Que tu es bête ! C'est une façon de parler. Il est tellement aimable. Justement, il est trop aimable. J'aime les hommes qui sont plus... aide-moi. Qu'est-ce que je veux dire ? Il n'est pas comme les autres hommes.

REGINA : T'es-tu jamais trouvée seule avec lui ?

ANGELINA : Oui, une fois ou deux.

REGINA : Il t'a fait des compliments.

ANGELINA : Lui ? Jamais. Il est très gentil avec moi, mais distrait, et il me parle comme à une petite fille. Tout le monde ici me parle comme à une petite fille, sauf toi.

REGINA : Pourrais-tu m'affirmer que le lieutenant Wiczewski ne t'a jamais fait la cour ?

ANGELINA : Comme tu es singulière ! Je pourrais le jurer sur la Bible !

REGINA : Inutile de jurer sur un livre qui nous interdit le serment. Il me suffit que tu me dises simplement ce qui est. *(Silence.)* Angelina, je ne te parle pas comme à une petite fille, mais comme à une femme. Je quitte Bonaventure à cause du lieutenant Wiczewski.

ANGELINA : Comment ! Tu me donnais d'autres raisons tout à l'heure.

ANGELINA : He ? Never. He's very nice to me, but absent-minded, and he talks to me as if I were a little girl. Everyone treats me like a little girl here, except you.

REGINA : Can you say positively that Lieutenant Veechefsky has never made love to you ?

ANGELINA : How strange you are ! I could swear it on the Bible.

REGINA : It's useless to take an oath on the very book that forbids us to swear. Why don't you simply tell me the truth. *(A pause.)* Angelina, I'm going to talk to you as I would to a woman, not to a little girl. I'm leaving Bonaventure on account of Lieutenant Veechefsky.

ANGELINA : What ! You gave other reasons, a moment ago.

REGINA : The chief reason is that I don't want to see this man again.

ANGELINA : You hate him to that extent ?

REGINA *(after a hesitation)* : Yes. At any rate, I hate the harm he can do.

ANGELINA : That's incredible. Lieutenant Veechefsky would never hurt anyone.

REGINA : That, you don't know.

ANGELINA : What about you ?

REGINA : Oh, I'm certain of it. The man is an arch-deceiver.

ANGELINA : Why, Papa said only yesterday that he's never seen anyone with such a noble expression.

REGINA : La raison principale est que je ne veux plus voir cet homme.

ANGELINA : Mais il s'en va dans quelques jours.

REGINA : Il reviendra. Il me semble qu'il est toujours là.

ANGELINA : Tu le détestes à ce point ?

REGINA, *après une hésitation* : Oui. En tout cas, je déteste le mal qu'il peut faire.

ANGELINA : C'est incroyable. Le lieutenant Wiczewski ne ferait de mal à personne.

REGINA : Tu n'en sais rien.

ANGELINA : Et toi ?

REGINA : Moi, j'en suis sûre. Cet homme est un fourbe.

ANGELINA : Papa disait hier qu'il n'avait jamais vu à personne un regard aussi noble.

REGINA : Qu'est-ce que cela veut dire ? Un menteur sait vous regarder droit dans les yeux et personne ne peut avoir l'air plus coupable qu'un innocent. Je ne crois pas au regard noble.

ANGELINA : J'ai quelquefois l'impression que tu ne crois à rien, Regina.

REGINA : J'ai peu de confiance dans les hommes. « Méfiez-vous des hommes[23]. » Christ a dit cela. Personne n'y fait attention.

ANGELINA : Pourquoi ne vas-tu pas à l'église ?

REGINA : Parce que mes croyances ne sont pas les vôtres.

ANGELINA : Je ne comprends pas. Tu es chrétienne pourtant.

REGINA : Pas tout à fait dans le sens où vous l'entendez. Je ne crois ni à la Trinité, ni à la divinité du Christ, ni au baptême...

ANGELINA : Regina ! N'avais-je pas raison de dire que tu ne crois à rien ?

REGINA : Je crois simplement en Dieu, le Dieu du Christ qui est en nous tous.

REGINA : What on earth does that mean ? A liar can look you straight in the eye, and no one can appear more guilty than an innocent man. I don't believe in noble expressions.

ANGELINA : I sometimes have the impression that you don't believe in anything, Regina.

REGINA : I haven't much confidence in men : "Beware of men." Christ said that. No one takes any notice of it.

ANGELINA : Why don't you go to church ?

REGINA : Because my beliefs are not yours.

ANGELINA : I don't understand. You're a Christian, aren't you ?

REGINA : Yes, but not quite in the way you see it. *(A pause.)* Angelina, haven't you something to tell me ?

ANGELINA : Yes, but now I won't be able to, anymore.

REGINA : Why ?

ANGELINA : Because, since a little while, everything is different. It seems to me that we're not the same.

REGINA : That's just an idea. *(She takes her hand.)* Listen, Angelina, I'm leaving in forty-eight hours. You won't have another opportunity to confide in me.

ANGELINA : You won't make fun of me if I tell you my secret ?

REGINA : When have I ever made fun of you ?

ANGELINA *(with an effort)* : Well, a little before Christmas, when you were in Florida with Aunt Lucy, Mr. MacClure

ANGELINA : Si mon père t'entendait, il serait scandalisé.

REGINA : Ton père sait très bien ce que je crois. *(Silence.)* N'avais-tu pas quelque chose à me dire ?

ANGELINA : Oui, mais maintenant je ne pourrai plus.

REGINA : Pourquoi ?

ANGELINA : Parce que depuis un moment tout est changé. Il me semble que nous ne sommes plus les mêmes personnes.

REGINA : C'est une idée que tu te fais.

ANGELINA : Tu as l'air si malheureuse.

REGINA : Je ne suis pas du tout malheureuse, ma petite fille. Si j'ai l'air triste, c'est surtout parce que nous allons nous quitter, mais tout sera bien, tu verras. *(Elle lui prend la main.)* Angelina, je pars dans quarante-huit heures. L'occasion de te confier à moi ne se représentera plus.

ANGELINA : Tu ne te moqueras pas si je te dis mon secret ?

REGINA : Quand me suis-je jamais moquée de toi ?

ANGELINA, *avec effort* : Eh bien, un peu avant Noël, alors que tu étais en Floride avec tante Lucie, M. Mac Clure et son fils sont venus voir papa au sujet de leur plantation qu'ils voulaient vendre.

REGINA : Je sais.

ANGELINA : On les a retenus à dîner et ils sont repartis assez tard, tous les deux à cheval. À un moment, je me trouvais dans un coin du salon et tout le monde parlait politique, mais je n'écoutais pas, parce que cela m'ennuie, la politique, quand j'ai vu le jeune Mac Clure quitter sa place et traverser le salon pour venir vers moi. Il était vêtu de noir. Un instant, il s'est tenu devant moi et il a dit quelque chose que je n'ai pas compris. Je voyais ses lèvres remuer, mais il me semblait que j'étais devenue sourde. Cela m'a fait peur et je suis restée interdite. Il était si près de moi que sa main a touché la mienne un peu au-dessus du poignet. Peut-être attendait-il que je lui dise quelque chose, moi aussi, mais je ne pouvais pas.

REGINA : Pourquoi ?

and his son came to see Papa about their plantation. They
wanted to sell it.

REGINA : I know.

ANGELINA : They stayed to dinner and rode away together
rather late in the evening. At one moment, I was sitting
in a corner of the drawing-room and everyone was talking
politics, but I wasn't listening, because politics bore me,
when I saw young MacClure leave his seat and cross the
room to where I was sitting. He was dressed in black. He
stood by me for an instant, and he said something that I
didn't understand. I saw his lips move, but it seemed to me
that I had grown deaf. That frightened me and I sat there,
feeling very bewildered. He came so close to me that his
hand touched mine, a little above the wrist. Perhaps he
expected me to say something in return, but I couldn't.

REGINA : Why ?

ANGELINA : I don't know why. He stood motionless for a
few seconds, then smiled and went back to his seat.

REGINA : His behavior is as strange as yours.

> *At that moment, Lieutenant Veechefsky
> enters noiselessly from the right, listens a
> second, then seeing his cane on the rug,
> picks it up and stands still in the doorway,
> at some distance from the two girls.*

ANGELINA : It all happened in a minute.

REGINA : What does young MacClure look like ?

ANGELINA : You'll see him, he's considered very
handsome.

REGINA : And what happened next ?

ANGELINA : Je n'en sais rien. Il est resté immobile quelques secondes, puis il a souri et il a regagné sa place.

REGINA : Sa conduite est aussi singulière que la tienne. De quoi a-t-il l'air, le jeune Mac Clure ?

ANGELINA : Tu vas le voir ce soir. On le trouve très beau. *(À ce moment, le lieutenant Wiczewski entre sans bruit par la droite, écoute un instant, puis voyant sa badine sur le tapis, il la ramasse et se tient immobile dans l'embrasure de la porte, assez loin des deux jeunes filles.)* Tout cela n'a duré qu'une minute. Je suis montée à ma chambre. J'ai été prise d'un malaise et me suis étendue. La lune éclairait toute la pièce. Je souffrais sans savoir pourquoi. J'aurais voulu être morte. Enfin je me suis levée et je suis descendue tout doucement pour sortir. Je voulais sortir, m'en aller. Dehors, j'ai évité la grande avenue centrale parce que je craignais d'être vue du salon. Par les grandes fenêtres, on voyait la lumière des lustres et l'on entendait le murmure des voix. Je me suis sauvée, j'ai marché devant moi, le long de la petite allée qui mène aux cases des esclaves.

REGINA : On te l'a défendu !

ANGELINA : Je ne savais pas ce que je faisais. C'était exactement comme dans un rêve, quand on marche sans remuer les pieds et qu'on a l'impression de flotter au ras du sol. Il faisait très sombre, mais entre les branches des arbres, la lune jetait des taches d'argent sur la terre. Ensuite...

REGINA : Eh bien ?

ANGELINA : Ensuite, j'ai entendu des Noirs qui murmuraient quelque chose et tout à coup je les ai vus, dans une clairière. Ils étaient neuf ou dix, en rond, prosternés devant quelqu'un qu'on ne voyait pas. Leurs fronts touchaient terre et ils parlaient d'une voix très rapide.

REGINA : Que disaient-ils ?

ANGELINA : Je ne sais pas. La peur m'a empêchée de venir plus près d'eux. Je me suis sauvée et c'est alors que je me suis perdue.

REGINA : Tu t'es perdue ?

ANGELINA : The next day, as I was walking on the outskirts of the plantation, a colored child ran up to me and gave me a letter. If I didn't tell someone all this, I believe I'd die. I waited until I was alone in my room to read the letter. At first, my eyes jumped from line to line without being able to understand a word and then I noticed that I was trembling. It was a love letter. Why don't you say something ?

REGINA : Well, go on. Finish your story.

ANGELINA : I took the letter and rubbed it all over my breast, my arms... you can't imagine how much I enjoyed doing it.

REGINA : Why didn't you tell me that you were in love, Angelina ?

ANGELINA : In love ? In love with young MacClure ? Why, my dear Regina, that's not it at all. It's simply that I had asked for a sign. And the sign was given me. I want to be loved, don't you understand ? No, don't tell me that God loves me, as though I were still a child of six. It annoys me. I want to be loved by men.

REGINA : Angelina, you're a wicked girl.

ANGELINA : What makes you think I'm a wicked girl ? I haven't done anything wrong. I never asked young Mac-Clure to write me that letter. Don't look so glum. You're the only person here to whom I can tell my secret. No one takes me seriously because I look like a little girl.

REGINA : You could confide a little in Aunt Evelyn.

ANGELINA : Are you mad ? Why not in my father, while you're at it ? I'd die of shame, and so would they. People of their age no longer know what love is.

ANGELINA : Je ne savais plus du tout où j'étais. Pendant un long moment j'ai erré dans les bois qui entourent la maison, puis quelque chose s'est passé en moi. Je me suis prosternée, comme ces Noirs. Sous ma joue, j'ai senti la terre.

REGINA : Tu as rêvé, Angelina.

ANGELINA : Non, je n'ai pas rêvé. As-tu jamais posé la joue sur la terre nue ? Pas sur l'herbe, sur la terre.

REGINA : Je ne crois pas. Je ne me souviens pas.

ANGELINA : Rien n'est dur, rien n'est froid, rien n'est vrai comme la terre par une nuit de décembre. Cette surface rude et nue, tu la sens sur ta peau comme une brûlure et comme une grande caresse rugueuse. Je ne dormais pas, Regina. J'ai senti qu'entre la terre et moi il y avait un accord comme entre deux personnes qui se sont dit un secret.

REGINA : Un secret !

ANGELINA : C'est plus vrai que tu ne penses. Avec mes doigts, j'ai fait un trou dans le sol et dans cette ouverture, comme dans le creux d'une oreille, j'ai chuchoté quelque chose. J'ai approché mon visage de la terre et j'ai demandé quelque chose. Après j'ai rebouché le trou.

REGINA : Je n'aime pas ce que tu me racontes, Angelina. As-tu fait tes prières, cette nuit-là ?

ANGELINA : Oh, les prières ! Tu sais comme moi qu'elles ne sont jamais exaucées. L'année dernière, pendant un mois j'ai supplié Dieu de forcer ma tante à me donner une robe de mousseline pour mes quinze ans. Je désirais cette robe de mousseline à en mourir. Silence. Autant parler à un sourd.

REGINA : Angelina !

ANGELINA : Oh ! je savais bien que tu crierais.

REGINA : À mon tour de te demander si tu es chrétienne.

ANGELINA : Tu ne comprends pas. Bien sûr que je suis chrétienne. Je lis la Bible et je vais à l'église le dimanche. Mais ce n'est pas la peine de demander à Dieu ce qu'on veut obtenir. D'abord il ne répond jamais. Et puis, j'ai eu tort de te parler, je le vois.

REGINA : What have you done with the letter ?

ANGELINA : Ah ! *(She laughs.)* I ate it.

REGINA : You ate it !

ANGELINA : Yes, I did. What's so astonishing about that ? We're told that Saint John the Apostle ate a book. It's far easier to eat a letter. You swallow one piece after the other, quietly as you please. But first, I rubbed my body all over with his letter.

REGINA : So you've just told me. I don't care for your story, Angelina.

ANGELINA : That's because you're evil-minded, like all persons of your age.

REGINA : A person of my age ! I'm twenty-two !

ANGELINA : Just so. You're five years older than I.

REGINA : Listen, Angelina, you're very flippant. I'm afraid that through thoughtlessness you may commit some error, an error that might be dangerous to you.

ANGELINA : Oh please don't say embarrassing things. I feel that you're about to talk to me about my soul, and when people talk to me about my soul, I have the impression that I'm stark naked.

REGINA : But someone must talk to you...

ANGELINA : You're just like Mammy. She says : "If no one talks to you about your soul, you'll go to hell, Miss Angelina *(She mimics her)*, and it's very easy to get to hell, but once you're there, you've got to stay." She annoys me. I said to her the other day : "You talk about hell as though

REGINA : Non, Angelina, non. Continue, je t'en prie. Dis-moi comment tu es rentrée chez toi.

ANGELINA, *maussade* : Je suis rentrée chez moi, voilà tout. J'ai retrouvé mon chemin.

REGINA : Dis-moi la vérité. Tu t'es retrouvée dans ton lit et tu t'es aperçue que tu avais rêvé tout cela.

ANGELINA : Pas du tout. Ayant regagné ma chambre, je me suis lavé les mains dans la cuvette pendant je ne sais combien de temps. J'avais les ongles pleins de terre. Je me suis fait des gants blancs avec du savon. Tu sais ?

REGINA : Je sais...

ANGELINA : Écoute. Le lendemain après-midi, alors que je me promenais aux abords de la plantation, un enfant noir a couru vers moi et m'a remis une lettre. Si je ne disais pas ces choses à quelqu'un, je ne pourrais plus vivre. Pour lire cette lettre, j'ai attendu d'être seule dans ma chambre. D'abord, mon regard sautait d'une ligne à l'autre sans que je puisse comprendre, et je me suis aperçue que je tremblais. C'était une lettre d'amour. Tu ne dis rien ?

REGINA : J'attends la suite.

ANGELINA : J'ai pris cette lettre et je m'en suis frotté la gorge, les bras, tu ne peux t'imaginer avec quel plaisir.

REGINA : Pourquoi m'as-tu caché que tu étais amoureuse, Angelina ?

ANGELINA : Amoureuse, moi ? Amoureuse du fils Mac Clure ? Mais, ma pauvre Regina, tu n'y es pas du tout. J'avais demandé un signe, simplement. Et le signe m'a été donné[24]. Je veux être aimée, comprends-tu ? Non, ne me dis pas que Dieu m'aime, comme si j'avais six ans. Cela m'agace. Je veux être aimée par des hommes.

REGINA : Tu es une mauvaise fille, Angelina.

ANGELINA : Qu'est-ce qui te fait croire que je suis une mauvaise fille ? Je n'ai pas mal agi. Ce n'est pas moi qui ai demandé à Erik Mac Clure de m'écrire cette lettre. Ne prends pas cet air renfrogné. Tu es la seule personne à qui

you'd been there." "I haven't been there", she answered, "but I know what it's like because the preacher told me." "And what about the devil", I asked, "what is he like ?" Do you know what she answered ? "Oh, the devil, I think he's white, from top to toe." That's not at all what we're usually told !

REGINA : Angelina, this is perhaps the last hour we'll spend together...

> *With his cane, Lieutenant Veechefsky flicks a book off the table and goes out. Angelina gives a little shriek.*

ANGELINA *(her hand on her breast)* : Regina, he's heard every word ! He'll tell Papa that I've been walking near the slaves' quarters.

REGINA : No, he won't, for that would mean admitting that he eavesdrops. Come along. *(They get up to meet Jimmy and his tutor, Mr. White, who enter at the right.)* What's the matter, Mr. White ? You seem so upset !

MR. WHITE : Nothing's the matter, Miss Regina. I'm looking for Mr. Broderick.

ANGELINA : I hope you haven't heard any bad news.

MR. WHITE : No, Miss Angelina, but I wish to speak to your father.

ANGELINA : I saw him a moment ago in the great avenue with Uncle John.

MR. WHITE : Thank you, Miss Angelina, I'll go to meet him. *(Angelina and Regina go out at right. To Jimmy :)* You stay here, Jimmy, until I've found your father, then I'll leave you alone with him. You must tell him yourself what has

je puisse me confier, ici. Personne ne me prend au sérieux parce que j'ai l'air d'une petite fille.

REGINA : Tu pourrais te confier un peu à tante Éveline.

ANGELINA : Tu n'es pas folle ? Pourquoi pas à mon père pendant que tu y es ? Je mourrais de honte et eux aussi. Les personnes de leur âge ne savent plus ce que c'est que l'amour. Et puis, tante Éveline est dure comme un vieil Indien. Elle me défend de porter un chignon. Naturellement, quand je suis seule dans ma chambre, je me coiffe comme une vraie femme. Si Erik Mac Clure me voyait dans ces moments-là...

REGINA : Qu'est-ce que tu as fait de sa lettre ?

ANGELINA : Eh ! *(Elle rit.)* Je l'ai mangée.

REGINA : Mangée !

ANGELINA : Qu'est-ce que cela a d'étonnant ? On nous raconte que saint Jean l'Évangéliste a mangé un livre[25]. Manger une lettre est beaucoup plus facile. Tu avales un morceau après l'autre, tranquillement. Auparavant, je m'en étais frotté le corps, de sa lettre.

REGINA : Tu m'as déjà dit cela. Je n'aime pas cette histoire, Angelina.

ANGELINA : C'est que tu as l'esprit mal fait, comme toutes les personnes de ton âge.

REGINA : Comment, une personne de mon âge ! J'ai vingt-deux ans !

ANGELINA : Eh bien ! oui. Tu as cinq ans de plus que moi.

REGINA : Angelina, tu n'es pas sérieuse. J'ai peur que par étourderie tu ne commettes une faute, une faute qui te mette en danger.

ANGELINA : En danger ?

REGINA : Oui. Tu es chrétienne, Angelina...

ANGELINA : Je t'en supplie, ne me dis pas de choses gênantes. Je sens que tu vas me parler de mon âme et quand on me parle de mon âme j'ai l'impression d'être toute nue.

happened. *(Jimmy sticks his hands in his pockets and looks out of the window.)* Do you hear ?

JIMMY : Yes.

MR. WHITE : Don't you budge until your father returns.

JIMMY : And what shall I do in the meantime ?

MR. WHITE : You can think over your sins, my boy.

> *Jimmy shrugs his shoulders. Mr. White goes out at right. Jimmy looks out of the door at the back of the stage. In the distance a Negress is heard singing* Way down upon the Swanee Ribber. *In a moment, Jimmy advances between the columns and signals to someone. A few seconds go by, then Lieutenant Veechefsky comes in by the door at the back of the stage.*

JAN : What do you want, Jimmy ?

JIMMY : I've done something silly. Just now, I told Sam to polish my saddle and he answered that he'd other things to attend to. So I slapped his face so hard that he almost fell down.

JAN : I see. And what then ?

JIMMY : You approve ?

JAN : I have nothing to say on the subject. Why did you tell me ?

JIMMY : Because unfortunately, Mr. White saw the whole thing from the window of his room and he wants me to tell Papa about it myself, to confess it, if you like.

REGINA : Il faut pourtant que quelqu'un te parle...

ANGELINA : Tu es comme Nounou. Elle me dit : « Si personne ne te parle de ton âme, tu iras en enfer, mademoiselle Angelina. *(Elle l'imite.)* Et il est très facile d'aller en enfer, mais une fois qu'on y est, on y reste. » Elle m'agace. Je lui ai dit l'autre jour : « Tu parles de l'enfer comme si tu y étais allée. – Je n'y suis pas allée, me répond-elle, mais je sais comment il est en fait parce que mon pasteur me l'a dit. – Et le diable, lui ai-je demandé, comment est-il fait ? » Sais-tu ce qu'elle m'a répondu ? « Je le vois tout blanc. » Ce n'est pas du tout ce qu'on nous raconte d'ordinaire !

REGINA : Angelina, cette heure est peut-être la dernière que nous passons ensemble...

> *Le lieutenant Wiczewski avance d'un pas et dit très doucement :*

IAN : Mademoiselle Regina...

> *Angelina pousse un cri.*

REGINA : Qu'y a-t-il, lieutenant Wiczewski ? Y a-t-il longtemps que vous êtes là ?

IAN : Mrs. Strong vous prie de venir sur la véranda avec Mlle Angelina.

> *Il s'incline et sort par la droite.*

ANGELINA, *la main sur la poitrine* : Regina, il a tout entendu !

REGINA : Je ne crois pas. De toute façon, ça n'a pas beaucoup d'importance.

ANGELINA : Il va dire à papa que je suis allée du côté des Noirs.

REGINA : Non, car ce serait avouer qu'il écoute aux portes. Allons, viens. *(Elles vont pour sortir et croisent Jimmy et son précepteur, M. White, qui entrent par la droite.)* Qu'y a-t-il, monsieur White ? Vous avez l'air bouleversé.

M. WHITE : Je n'ai rien, mademoiselle. Je cherche M. Broderick.

ANGELINA : J'espère que vous n'avez pas appris de mauvaises nouvelles.

JAN : Well ?

JIMMY : Well, if you said a few words to him, to Papa, you could smooth things over.

JAN *(he hesitates)* : Listen, Jimmy, does anyone here ever mention me to you ?

JIMMY : Mention you ? I don't know. My father is devoted to you.

JAN : Good. And what about the others ?

JIMMY : The others ?

JAN : Yes. Your cousin Regina, for instance.

JIMMY : Regina never speaks to me, and I never speak to Regina.

JAN : Why ?

JIMMY : Because she's from the North.

JAN : I'd rather like to know what she thinks of me. I want you to ask her tonight, but she mustn't know that I...

JIMMY : I refuse to speak to Regina.

JAN : In that case...

> *At that moment Edward Broderick comes in. He enters from the left, advances to the center of the stage and looks at the place where Uncle John sat.*

JIMMY *(after a pause)* : What's the matter, Papa ?

EDWARD BRODERICK : Nothing, I was thinking. I happened to be thinking about you two. Jimmy, you asked me to let

M. WHITE : Non, mademoiselle Angelina, mais je désire parler à votre père.

ANGELINA : Je l'ai aperçu tout à l'heure dans la grande avenue avec Uncle John.

M. WHITE : Je vous remercie, mademoiselle. Je vais aller à sa rencontre. *(Angelina et Regina sortent par la droite. À Jimmy :)* Vous resterez ici, Jimmy, jusqu'à ce que j'aie trouvé votre père, mais je vous laisserai seul avec lui. Il faut que vous lui disiez vous-même ce qui s'est passé.

> *Jimmy enfonce les mains dans ses poches et regarde par la fenêtre.*

JIMMY : Oui.

M. WHITE : Ne bougez pas d'ici que votre père ne revienne.

JIMMY : Et qu'est-ce que je vais faire en attendant ?

M. WHITE : Vous penserez à vos péchés, mon garçon.

> *Jimmy hausse les épaules. M. White sort par la droite. Jimmy se place à califourchon sur un canapé et regarde par la fenêtre. On entend au loin chanter une négresse. Au bout d'un instant, Jimmy saute à bas du canapé et va vers le fond. On le voit faire signe à quelqu'un. Quelques secondes s'écoulent, puis le lieutenant Wiczewski entre par le fond.*

IAN : Qu'est-ce que tu veux, Jimmy ?

JIMMY : J'ai fait une bêtise. Tout à l'heure, j'avais dit à Sam de m'astiquer la selle de mon cheval et il m'a répondu qu'il avait autre chose à faire. Alors je l'ai giflé de toutes mes forces. Il a failli en tomber par terre.

IAN : Bien. Et puis ?

JIMMY : Vous approuvez ?

IAN : Je n'ai pas d'opinion à exprimer sur ce point. Pourquoi me parles-tu de cela ?

JIMMY : Parce que, malheureusement, M. White a vu la scène de la fenêtre de sa chambre et il veut que j'en informe papa, que je m'accuse, si vous voulez.

you go out with Lieutenant Veechefsky. *(To Lieutenant Vee-chefsky.)* You would give me great pleasure in accepting my son's company.

Veechefsky bows.

JIMMY : Thank you, Papa.

EDWARD BRODERICK : Lieutenant, I'm happy to see you. I have something to say to you that I'd rather my sister didn't hear.

JIMMY *(very quickly)* : Would you like me to leave the room, Papa ?

EDWARD BRODERICK : No, no, you can stay. It's a good thing you should know. *(To Lieutenant Veechefsky.)* A moment ago, I went a little way with old Uncle John. He had just paid me a visit to inform me that he's had visions, forebodings or some such things. Returning, I met a horseman with a letter for you. I told him to give it to me, and he did when he found out that I was the master of the plantation. Here it is. *(He takes a letter from his pocket and hands it to Veechefsky.)* I'm afraid your leave has been curtailed and that this means that very serious events are about to happen.

JAN *(glancing at the note)* : Yes, my leave has been curtailed. I must leave Bonaventure at dawn, but there's nothing extraordinary about that. I must admit that it is a trifle... irregular. Our major shuts his eyes to that sort of thing but Washington has sent a general on a tour of inspection, the kind of general that wears his spurs out on an office floor.

EDWARD BRODERICK : So you're leaving ?

JAN : For a soldier, an order is an order.

EDWARD BRODERICK : Need I remind you how particularly situated we are ? Bonaventure is thirty-seven miles from

IAN : Et alors ?

JIMMY : Si vous lui parliez, à papa ; vous pourriez tout arranger.

IAN : Je n'ai pas à me mêler de cette histoire... Écoute, Jimmy. Est-ce qu'on te parle quelquefois de moi ici ?

JIMMY : De vous ? Je ne sais pas. Si. Mon père vous aime beaucoup.

IAN : Bien. Et les autres ?

JIMMY : Les autres ?

IAN : Oui. Ta cousine Regina, par exemple.

JIMMY : Regina ne me parle jamais et je ne parle jamais à Regina.

IAN : Pourquoi ?

JIMMY : Parce qu'elle est du Nord.

IAN : Il m'importe de savoir ce qu'elle pense de moi. Je veux que tu lui demandes ce soir, mais elle ne devra pas se douter...

JIMMY : Je refuse de parler à Regina...

IAN : Dans ce cas...

> *À ce moment, paraît Édouard Broderick. Il entre par la gauche, les yeux baissés, avance vers le milieu de la scène et regarde l'endroit où s'est tenu Uncle John.*

JIMMY, *au bout d'un silence* : Qu'est-ce que tu as, papa ?

ÉDOUARD BRODERICK : Rien, mon petit. Je réfléchissais. Je pensais justement à vous deux. Jimmy, tu m'as demandé la permission de sortir avec le lieutenant Wiczewski. Lieutenant, vous me feriez plaisir en acceptant la compagnie de mon fils.

> *Wiczewski s'incline.*

JIMMY : Merci, papa.

ÉDOUARD BRODERICK : Lieutenant, je suis heureux de vous voir. J'ai quelque chose à vous dire qu'il est préférable que ma sœur n'entende pas.

Charleston. Exactly in front of Charleston harbor are an island and a fort, Fort Sumter, occupied at present by United States troops that Washington has decided to provision instead of withdrawing them as General Beauregard demanded. We're all of us more or less related in the South, and I know General Beauregard. He's a fire-eater, like so many of us. If he takes this decision of the North as a challenge, he won't hesitate long to fire on the United States troops.

JAN : And what if he doesn't take it as a challenge ?

EDWARD BRODERICK : Then the discussion with President Lincoln continues and there's still a chance for peace.

JAN : Let's wait and see.

EDWARD BRODERICK : Lieutenant, I'm afraid you won't be given much time to wait. Don't misunderstand me. If something happens, it will be tomorrow, it will be tonight. It may be that in a few hours the cannon's roar will shatter the silence of Bonaventure. Then you'll be in one camp, or in the other. *(With an effort.)* I ask you to remain with us.

JAN : My mind's made up.

> *Regina enters and remains motionless. Edward Broderick does not see her, but Veechefsky looks her straight in the eye.*

EDWARD BRODERICK : Well ?

JAN : I'll let you know in due time.

EDWARD BRODERICK *(sees Regina)* : What do you want, Regina ?

REGINA : Aunt Evelyn has gone to her room. She'd like to speak to you.

JIMMY, *avec vivacité* : Veux-tu que je m'en aille, papa ?

ÉDOUARD BRODERICK : Non, non. Tu peux rester. Il est bon que tu saches. *(Au lieutenant Wiczewski :)* Tout à l'heure, j'ai accompagné le vieil Uncle John jusqu'au silo. Il était venu me voir pour me faire part de je ne sais quelles visions, quels pressentiments. Il y a trop de prophètes dans ce pays parmi les Noirs.

IAN : Dans des époques troublées comme la nôtre, il y a toujours des prophètes de malheur.

ÉDOUARD BRODERICK : En revenant, j'ai croisé un cavalier qui portait un pli pour vous. Je lui ai dit de me le confier. C'est ce qu'il a fait quand il a su que j'étais le maître de la plantation. Voici. *(Il tire un pli de sa poche et le tend à Wiczewski.)* Je crains que votre permission ne soit écourtée et que cela ne signifie que de très grands événements se préparent.

IAN, *après avoir jeté un coup d'œil sur le pli* : Ma permission est écourtée, en effet. Je dois quitter Bonaventure demain matin, mais cela n'a rien d'extraordinaire. Il faut dire qu'elle était un peu... irrégulière, ma permission. Notre commandant fermait les yeux sur ce genre de choses, mais Washington a envoyé un général en tournée d'inspection, un de ces généraux qui usent leurs éperons sur le plancher des bureaux.

ÉDOUARD BRODERICK : Vous partirez ?

IAN : Un ordre est un ordre pour un soldat.

ÉDOUARD BRODERICK : Ai-je besoin de vous rappeler la situation exceptionnelle dans laquelle nous nous trouvons ? Nous sommes ici à trente-sept miles de Charleston. Juste en face du port de cette ville, il y a une île et un fort.

IAN : Le fort Sumter. Qui le saurait mieux que moi ?

ÉDOUARD BRODERICK : Le fort Sumter commande la ville de Charleston. Il est occupé pour le moment par des troupes des États-Unis que Washington a décidé de ravitailler, au lieu de les retirer comme on l'avait demandé.

EDWARD BRODERICK : I'll come in a moment. *(To Veechef-sky.)* I have every confidence in you. To me, you're like a son, my own son. My son wouldn't make a mistake.

> *Mr. White enters from left and goes up to Edward Broderick.*

MR. WHITE : Did your son speak to you, Mr. Broderick ?

EDWARD BRODERICK : My son ? I don't understand, Mr. White.

MR. WHITE : I see that he's told you nothing.

EDWARD BRODERICK : If you want to complain of him, Mr. White, I'd rather put off our conversation till later. I have a good many worries, as it is.

MR. WHITE : I'm sorry, sir, but this is a serious offense, and one that you should know of at once.

EDWARD BRODERICK : What have you to say, Jimmy ?

JIMMY : I refuse to speak.

MR. WHITE : Then I will.

JIMMY : I'd rather it were Lieutenant Veechefsky. I've told him the whole story.

JAN : Jimmy slapped a disobedient Negro.

EDWARD BRODERICK : You dared to raise a hand against a Negro ?

JIMMY : Yes. I told him to polish my saddle, and he refused.

MR. WHITE : He said he'd do it later.

IAN : On, c'est-à-dire le général Beauregard [26] qui commande les troupes de la Caroline du Sud et dont les batteries sont pointées sur le fort Sumter.

ÉDOUARD BRODERICK : Nous sommes tous un peu parents dans le Sud, et je connais le général Beauregard. C'est une tête brûlée comme nous en avons tant. S'il voit un défi dans le geste du Nord, il n'hésitera pas longtemps à tirer sur les troupes des États-Unis.

IAN : Et s'il ne voit pas le défi ?

ÉDOUARD BRODERICK : Alors, la discussion avec le président Lincoln poursuit son cours et la paix a encore une chance.

IAN : Attendons.

ÉDOUARD BRODERICK : Lieutenant, je crains qu'il ne vous soit plus permis d'attendre. Comprenez-moi bien. Si quelque chose se passe, c'est demain, c'est cette nuit. Il se peut que dans quelques heures nous entendions le bruit du canon. À ce moment, vous serez dans un camp ou dans l'autre. *(Avec effort.)* Je vous demande de rester avec nous.

IAN : Ma décision est prise.

> *Regina entre par la droite et se tient immo-*
> *bile. Édouard Broderick ne la voit pas,*
> *mais Wiczewski la regarde dans les yeux.*

ÉDOUARD BRODERICK : Eh bien ?

IAN : Je vous la ferai savoir en temps voulu.

ÉDOUARD BRODERICK, *apercevant Regina* : Qu'est-ce que tu veux, Regina ?

REGINA : Tante Éveline voudrait vous parler.

ÉDOUARD BRODERICK, *à Regina* : Je viens dans un instant. *(À Wiczewski :)* J'ai confiance. Vous êtes pour moi comme un fils, comme mon fils. Mon fils ne se tromperait pas.

> *Entre par la gauche M. White qui se di-*
> *rige vers Édouard Broderick.*

M. WHITE : Monsieur Broderick, votre fils vous a-t-il parlé ?

EDWARD BRODERICK : Didn't you know that I've forbidden anyone to touch a Negro, or even to reprove him without my permission ? *(Flying into a rage, suddenly.)* Here we are, within an ace of war, for which our slaves are the alleged excuse, and you choose this moment to strike one ! If I didn't control myself, I'd strike you until the blood streamed from your face. It's pride, it's your mother's pride that speaks in you, but I'll break your pride, I'll bring you to your knees. *(To Veechefsky.)* Lieutenant Veechefsky, take him to the house behind the silo and punish him as you think fit.

JAN : Isn't it his tutor's place to punish him ?

MR. WHITE : I've never raised a finger against the child and I won't do it now.

EDWARD BRODERICK *(beside himself)* : No one has ever raised a finger against him. That's what he lacks. The old-fashioned upbringing had some good. For the second time, I ask you to take him away and to thrash him in such a way that his howls can be heard even in the Negroes' cabins. I want them to know...

REGINA : Uncle Edward...

EDWARD BRODERICK : Leave me alone, Regina.

> *Veechefsky goes away with Jimmy at right.*
> *Mr. White goes out at left.*

REGINA : Uncle Edward, listen to me.

EDWARD BRODERICK *(throwing himself on the sofa)* : I don't want to listen to anyone.

REGINA *(cries out suddenly)* : Lieutenant Veechefsky must not touch your son.

ÉDOUARD BRODERICK : Mon fils ? Je ne comprends pas, monsieur White.

M. WHITE : Je vois qu'il ne vous a rien dit.

ÉDOUARD BRODERICK : Si c'est pour vous plaindre de lui, monsieur White, j'aimerais mieux remettre la chose à plus tard. J'ai déjà d'assez grands soucis.

M. WHITE : Je m'excuse, monsieur, mais il s'agit d'une faute grave et qu'il est urgent que vous connaissiez.

ÉDOUARD BRODERICK : Qu'as-tu à dire, Jimmy ?

JIMMY : Je refuse de parler.

M. WHITE : Alors je parlerai, moi.

JIMMY : J'aime mieux que ce soit le lieutenant Wiczewski à qui j'ai tout raconté.

IAN : Jimmy a giflé un Noir désobéissant.

ÉDOUARD BRODERICK : Tu as porté la main sur un Noir ?

JIMMY : Oui. Je lui avais dit d'astiquer la selle de mon cheval. Il n'a pas voulu.

M. WHITE : Il a dit qu'il le ferait plus tard.

ÉDOUARD BRODERICK : Tu ne savais pas que j'avais défendu qu'on touche à un Noir, qu'on ne le réprimande même pas sans ma permission. *(Rage subite.)* Nous sommes peut-être à deux doigts d'une guerre dont nos esclaves sont le prétexte et tu choisis ce moment pour en frapper un ! Si je m'écoutais, je te frapperais moi-même jusqu'à ce que le sang te coule de la face. C'est l'orgueil, c'est l'orgueil de ta mère qui parle en toi, mais je briserai ton orgueil, je te ferai demander pardon. *(Au lieutenant :)* Lieutenant Wiczewski, emmenez-le derrière le silo, dans la maison qui est derrière le silo, et corrigez-le comme vous l'entendez.

IAN : N'est-ce pas plutôt à son précepteur de le corriger ?

M. WHITE : Je n'ai jamais porté la main sur cet enfant. Je ne commencerai pas aujourd'hui.

ÉDOUARD BRODERICK, *hors de lui* : Personne n'a jamais porté la main sur lui. C'est ce qui lui manque. Les vieilles

EDWARD BRODERICK *(rising)* : You don't know what you're talking about.

REGINA : If you only knew what kind of man he was, you'd turn him out of Bonaventure.

> *Edward Broderick goes out at right. Regina throws herself down on her knees in front of the sofa and buries her head in her arms. After a few seconds, Angelina enters from left and runs to Regina.*

ANGELINA : Regina, what's happened ? I heard Papa talking very loudly, and you too.

REGINA *(rising brusquely)* : What's happened ! At this very moment the foreign lieutenant that your father has been weak enough to welcome to his house is beating his son as a planter beats a slave...

ANGELINA : Why, what's the matter with you ?

REGINA : Because Jimmy did something wrong, your father is doing something worse. He's having the child thrashed by the brute you all adore. *(She seizes Angelina by the wrist.)* To your knees, Angelina, and ask God to spare you.

ANGELINA : Regina, you're mad.

REGINA : You none of you seem to know what you're doing. That man is a monster and all of you are blind, blind !

ANGELINA : I can hardly believe my ears. Is this you, who, only a moment ago was talking to me so reasonably, and now you're raving ! To get into such a state because a disobedient boy gets a caning...

méthodes avaient du bon. Je vous ai entendu tout à l'heure, quand vous parliez de cela avec ma sœur, lieutenant Wiczewski. Pour la seconde fois, je vous demande de l'emmener avec vous et de le corriger de manière qu'on l'entende jusque dans les cases des Noirs. Je veux qu'ils sachent...

REGINA : Mon oncle...

ÉDOUARD BRODERICK : Laisse-moi.

> *Wiczewski emmène Jimmy par la droite.*
> *M. White sort par la gauche.*

REGINA : Mon oncle, écoutez-moi.

ÉDOUARD BRODERICK, *il se jette sur le canapé* : Je ne veux écouter personne. Je souffre. Personne ne sait à quel point je souffre.

REGINA : Je veux vous parler, mon oncle. Moi aussi, je suis malheureuse.

ÉDOUARD BRODERICK : De quel droit ? Vous avez votre Dieu, votre forteresse. Mais moi, il me semble qu'aux approches de cette guerre maudite, tout se détruit dans mon âme. Tu ne peux pas comprendre, Regina, tu n'as pas vécu. J'en viens à espérer ce que je redoute, que les canons de Beauregard fracassent le silence de la plantation !

REGINA, *elle crie tout à coup* : Écoutez-moi ! Je ne veux pas que le lieutenant Wiczewski touche à votre fils.

ÉDOUARD BRODERICK, *il se lève* : Regina, tu ne sais ce que tu dis.

REGINA : Si vous saviez qui est cet homme, vous le chasseriez de Bonaventure.

> *Édouard Broderick sort par la droite.*
> *Regina se jette à genoux devant le canapé*
> *et se cache la tête dans les avant-bras. Au*
> *bout de quelques secondes, Angelina entre*
> *par la gauche et court vers Regina.*

ANGELINA : Regina ! Qu'y a-t-il ? J'ai entendu papa qui élevait la voix, et toi aussi.

REGINA : I beseech you to run to the silo and prevent him from touching your brother.

ANGELINA : Why don't you go yourself ?

REGINA : He won't listen to me. I've already told you that he loathes me. *(Stamping her foot.)* Why don't you obey, you stubborn girl ! I order you to go.

ANGELINA : I certainly won't. You're ridiculous.

REGINA : Angelina, there are some things that I can't tell you. *(She throws herself down on the sofa.)* I seem to feel in my flesh every one of the blows given to Jimmy. That man's brutality is horrible ! *(She cries out.)* Can't you see that he's a fiend !

Angelina draws back a few steps.

ANGELINA : Regina, you frighten me. I'll run to the silo.

REGINA *(rises and takes Angelina's hand)* : Listen, Angelina : I love Lieutenant Veechefsky to distraction. That's why I wanted to run away from Bonaventure. I love this man, and at the same time, something in me hates him. He's taken all peace, all joy of living from me. He is waiting for my lips to tell him that I love him, so as to turn me into a slave, but I won't say a word. I'll run away from the plantation because all he has for me is contempt. He alone is enough to make me hate the whole South...

ANGELINA : But he doesn't come from the South.

REGINA : He has all of its arrogance. I've tried to stand up to him, I've told him that he came from over there, from Europe, but what does the South consist of but exiled aristocrats ? The very pride that will be your ruin I can feel in the least gesture of a man that I adore because I'm vile.

REGINA, *elle se lève brusquement* : Il y a qu'en ce moment même, le lieutenant étranger que ton père a la faiblesse d'accueillir chez lui est en train de frapper son fils comme un planteur frappe un esclave.

ANGELINA : Qu'est-ce que tu as ?

REGINA : Parce que Jimmy a commis une faute, ton père en commet une autre. Il fait fouetter un enfant par cette brute que vous adorez. *(Elle la prend par le poignet.)* À genoux, Angelina ! Demande à Dieu qu'il vous épargne.

ANGELINA : Tu es folle, Regina ! Ce n'est pas la première fois qu'on corrige un garçon en Amérique. S'il fallait en demander pardon au Ciel tous les jours que cela se produit, nous serions sans cesse à genoux.

REGINA : Ne plaisante pas ainsi, Angelina. Vous ne savez pas ce que vous faites, ici. Le lieutenant Wiczewski est un monstre et vous êtes tous aveugles, aveugles.

ANGELINA : J'ai peine à croire mes oreilles. Est-ce toi qui me parlais tout à l'heure d'une façon si raisonnable et qui délires à présent ? Te mettre dans cet état pour quelques coups de badine administrés à un gamin désobéissant...

REGINA : Je te supplie de courir au silo et d'empêcher qu'il ne touche à ton frère.

ANGELINA : Pourquoi n'y vas-tu pas toi-même ?

REGINA : Il ne m'écoutera pas. Je t'ai déjà dit qu'il me détestait. *(Frappant du pied.)* Obéis donc, fille entêtée ! Je t'ordonne d'aller là-bas.

ANGELINA : Je n'irai certainement pas. Tu es ridicule, Regina.

REGINA : Angelina, tu ne me connais pas. Personne ne me connaît. J'ai caché en moi beaucoup de choses que tu ne soupçonnes pas. *(Elle se jette sur le canapé.)* Il me semble que les coups qu'on donne à Jimmy c'est moi qui les reçois dans ma chair. La brutalité de cet homme est horrible ! *(Elle crie.)* Tu ne vois donc pas que c'est un bourreau ?

Angelina recule d'un pas.

ANGELINA *(moves away from Regina)* : Don't say such things ! *(The sound of footsteps at left.)* Someone is coming, let's run...

> *They go through a door at left. An instant later on the threshold, at left, a young man dressed in black appears. He stands motionless. Almost at the same time, Vee-chefsky enters at right and stops short on seeing the stranger. The two men look at each other. Neither one moves. It grows darker.*

—— Curtain ——

ANGELINA : Regina, tu me fais peur. Je vais courir au silo...

REGINA, *elle se relève et saisit Angelina par la main* : Écoute Angelina : j'aime le lieutenant Wiczewski à ne plus savoir que faire. C'est pour cela que je voulais fuir Bonaventure. J'aime cet homme et en même temps, quelque chose en moi le déteste. Il m'a pris la paix, la joie de vivre. Je ne le lui ai jamais dit, mais il le sait. Il attend que ma bouche lui fasse l'aveu qui me transformerait en esclave... Je ne parlerai pas, je m'enfuirai de la plantation... Il n'a pour moi que du mépris. Il ne peut tourner les yeux vers moi que je n'y voie briller une lueur de triomphe. À lui seul, il me ferait haïr tout le Sud...

ANGELINA : Mais il n'est pas du Sud.

REGINA : Il en a toute l'arrogance. J'ai essayé de lui tenir tête, je lui ai dit qu'il était de là-bas, d'Europe, mais de quoi le Sud est-il composé sinon d'aristocrates en exil ? Cet orgueil qui sera votre ruine, je le sens dans le moindre geste que fait cet homme que j'adore, parce que je suis abjecte. Tu entends ce que je dis ?

ANGELINA, *elle recule devant Regina* : Ne parle pas ainsi ! *(Un bruit de pas vers la gauche.)* On vient, sauvons-nous, Regina...

> *Elles sortent par une des portes de gauche.*
> *Un instant plus tard, paraît sur le seuil, à*
> *gauche, un jeune homme vêtu de noir. Il se*
> *tient immobile. Presque au même moment,*
> *Wiczewski entre par la droite et s'arrête*
> *net en voyant l'inconnu. Les deux hommes*
> *se regardent. Ni l'un ni l'autre ne bouge.*
> *Le jour baisse.*

—— RIDEAU ——

ACT II

SCENE 1

Same scenery as in Act I. – There is no interval of time between the first and second Acts. The young man in black removes his hat and comes forward a step. Veechefsky remains motionless and seems dumbfounded.

YOUNG MAN IN BLACK : Allow me to introduce myself : Eric MacClure.

JAN *(advances and holds out his hand to MacClure)* : Excuse me. I didn't expect... Lieutenant Veechefsky.

MACCLURE : Mr. Broderick talked about you a great deal to me, Lieutenant Veechefsky. You must find it strange that I didn't come in through the front door on the veranda, but to tell the truth, I hoped to meet a servant who'd announce me to Mr. Broderick. *(A pause.)* May I ask why you're looking at me so closely ?

JAN : Were you alone when you came in ?

MACCLURE : Why... yes. I left my horse in the avenue and not finding anyone about, came straight to the house. Why do you ask ?

JAN : I thought I saw someone behind you.

MACCLURE : No, there was no one with me. Perhaps I wasn't expected so soon.

JAN : Oh yes, you were.

ACTE II

Scène première

*Même décor qu'au premier acte. Il n'y a
pas d'intervalle dans le temps entre le premier et le second acte. Le jeune homme en
noir se découvre et avance d'un pas. Wiczewski ne bouge pas et paraît frappé de
stupeur.*

LE JEUNE HOMME EN NOIR : Permettez-moi de me présenter :
Erik Mac Clure.

IAN, *avance et tend la main à Mac Clure* : Excusez-moi. Je
ne m'attendais pas... Lieutenant Ian Wiczewski.

MAC CLURE : M. Broderick m'a beaucoup parlé de vous,
lieutenant Wiczewski. Vous trouverez singulier que je ne
sois pas entré par la grande porte de la véranda, mais à vrai
dire, j'espérais qu'un domestique viendrait à ma rencontre
et m'annoncerait à M. Broderick. *(Silence.)* Puis-je savoir,
s'il vous plaît, pourquoi vous me regardez ainsi ?

Silence.

IAN, *se remettant* : Étiez-vous seul quand vous êtes entré ?

MAC CLURE : Mais... oui. J'ai laissé mon cheval dans l'avenue et ne voyant personne, je me suis dirigé vers la maison.
J'avoue ne pas bien comprendre ce que vous voulez dire.

IAN : Il m'a semblé voir quelqu'un derrière vous.

MAC CLURE : Non. Personne ne m'accompagnait. Sans
doute ne m'attendait-on pas si tôt.

MACCLURE : May I ask you something ? I'd like to have a conversation with Mr. Broderick alone, if you don't mind.

JAN : That's very easy. *(He goes to the right and pulls a bell-rope.)* Excuse me, but it seems to me that I saw you at a ball given last year at Beaufort by the officers of the 50th Light Artillery. A few civilians had been asked.

MACCLURE : You're mistaking me for someone else. I've never been to a ball. I don't dance.

JAN : Yet there's a startling likeness.

MACCLURE *(coldly)* : At any rate, as far as I'm concerned, I'm sure I've never seen you before.

> *A servant appears at the door, right.*

JAN *(without taking his eyes from MacClure)* : Tell Mr. Broderick that Mr. Eric MacClure wishes to speak to him in the drawing-room. *(The servant goes out.)* In spite of our never having met, I feel that I know you a little. You've been so often mentioned to me at Bonaventure, and in the most flattering terms. *(MacClure bows slightly without answering.)* Mrs. Strong, Mr. Broderick's sister...

MACCLURE : Oh, she and I have only exchanged a few words. She talked mostly to my father.

JAN : If I'm not mistaken, you're doing Mr. Broderick the pleasure of spending two days on the plantation.

MACCLURE : Yes, Mr. Broderick did ask me to spend two days but...

JAN : Unfortunately, I must leave Bonaventure at dawn.

MACCLURE : I won't be able to stay here more than a few hours myself, at most until tomorrow morning.

EDWARD BRODERICK *(enters at right)* : Welcome, sir, to Bonaventure.

MACCLURE : Thank you, sir. I'd be grateful if you could let me have a few minutes' talk with you, *(he glances at Veechefsky)* alone.

IAN : Si.

MAC CLURE : Pourrais-je vous demander quelque chose ? Je voudrais m'entretenir en particulier avec M. Broderick, si vous voulez bien.

IAN : C'est très facile. *(Il va vers la droite et tire le cordon d'une sonnette.)* Excusez-moi, il me semble vous avoir vu l'an passé au bal donné à Beaufort par le 50ᵉ d'artillerie légère. Quelques civils étaient invités.

MAC CLURE : Je crois que vous devez me confondre avec quelqu'un d'autre. Jamais encore je ne suis allé à un bal. Je ne danse pas.

IAN : La ressemblance est extraordinaire.

MAC CLURE, *avec froideur* : Pour ma part, en tout cas, je suis sûr de ne vous avoir jamais vu.

Un domestique paraît à la porte de droite.

IAN, *sans quitter Mac Clure des yeux* : Va dire à M. Broderick que M. Erik Mac Clure désire lui parler au salon. *(Le domestique sort.)* J'ai l'impression de vous connaître un peu, malgré tout.

MAC CLURE : M. Broderick m'a en effet invité pour deux jours, mais...

IAN : Malheureusement, je dois quitter Bonaventure à l'aube.

MAC CLURE : Je ne pourrai moi-même y rester plus de quelques heures, au plus tard jusqu'à demain matin.

ÉDOUARD BRODERICK, *entrant par la droite* : Monsieur, soyez le bienvenu à Bonaventure.

MAC CLURE : Je vous remercie, monsieur. Je vous serais reconnaissant de m'accorder un entretien de quelques minutes *(il jette les yeux vers Wiczewski)*... seul avec vous.

ÉDOUARD BRODERICK : Seul ? Est-il absolument nécessaire que le lieutenant Wiczewski...

MAC CLURE : C'est la plus grande faveur qu'il puisse me faire à présent. *(Il s'incline ; le lieutenant Wiczewski s'incline et*

EDWARD BRODERICK : Alone ? Is it absolutely necessary that Lieutenant Veechefsky...

MACCLURE : He couldn't do me a greater favor at present. *(He bows. Lieutenant Veechefsky bows and goes out at right.)* Forgive my seeming a little peremptory. Lieutenant Veechefsky is of Polish extraction, I hear.

EDWARD BRODERICK : Yes.

MACCLURE : Does he realize the significance attached to his uniform at present ?

EDWARD BRODERICK : Let's not draw any conclusions from the color of a uniform before the war breaks out... if it does break out.

MACCLURE : I draw no conclusions. Lieutenant Veechefsky is free to act as he pleases. Regarding the war with which we are threatened, it's not at all sure that it will take place. The North hasn't the least desire to fight.

EDWARD BRODERICK : To tell the truth, I don't so much fear the North as the South and, in particular, General Beauregard.

MACCLURE : There, you're mistaken. General Beauregard has a correct view of the situation. He won't strike the first blow unless a slur is cast on the honor of the South, and not before. Do you remember what Shakespeare said : "Rightly to be great is not to stir without great argument..."

EDWARD BRODERICK : ... "But greatly to find quarrel in a straw, when honor's at the stake." The straw, in this case, is that cursed Fort Sumter. Why did God place that little island where it is ?

MACCLURE : God didn't build the fort. However, nothing will happen without His permission.

EDWARD BRODERICK *(rising)* : But it's God's permission that I find so terrifying ! He sends us His Gospels through torrents of blood. *(MacClure moves.)* Let's drop the subject, if you please. My ideas on this point could only shock you.

MACCLURE : Yes.

sort par la droite.) Excusez-moi d'avoir été aussi formel. Le lieutenant Wiczewski est d'origine polonaise, m'a-t-on dit.

ÉDOUARD BRODERICK : Oui.

MAC CLURE : Se rend-il compte du sens que prend son uniforme à l'heure actuelle ?

ÉDOUARD BRODERICK, *il lui fait signe de s'asseoir et s'assoit lui-même* : Gardons-nous de rien conclure de la couleur d'un uniforme avant que la guerre n'éclate... si elle doit éclater.

MAC CLURE : Je ne tire aucune conclusion. Le lieutenant Wiczewski est libre d'agir comme bon lui semble. En ce qui concerne la guerre dont on nous menace, il n'est pas sûr qu'elle ait lieu. Le Nord n'a aucune envie de se battre.

ÉDOUARD BRODERICK : C'est un soulagement de vous l'entendre dire, je l'avoue. Les dernières journées ont été difficiles.

MAC CLURE : Ne croyez pas trop les alarmistes. Vous savez que le mot d'ordre du Nord est de nous laisser « partir en paix » si nous voulons nous séparer de l'Union.

ÉDOUARD BRODERICK : À vrai dire, ce n'est pas le Nord que je crains, c'est le Sud et singulièrement le général Beauregard.

MAC CLURE : Vous avez tort. Le général Beauregard voit juste. Il ne frappera le premier coup que si l'honneur du Sud est atteint, pas avant. Vous vous souvenez de ce que dit Shakespeare : « Être grand, c'est ne pas bouger sans forte raison... »

ÉDOUARD BRODERICK : « ... mais trouver grand sujet de querelle dans un fétu de paille quand l'honneur est en jeu[27]. » Le fétu de paille, en l'occurrence, c'est ce maudit fort Sumter. Pourquoi Dieu a-t-il mis cette petite île là où elle se trouve ?

MAC CLURE : Ce n'est pas Dieu qui a construit le fort. Cependant, rien n'arrivera sans que Dieu l'ait permis.

ÉDOUARD BRODERICK, *il se lève* : Mais c'est la permission de Dieu que je trouve effrayante ! Il nous envoie son Évangile

EDWARD BRODERICK : I myself have a favor to ask of you.

He sits again.

MACCLURE *(gently)* : I didn't come here to ask a favor of you.

EDWARD BRODERICK : Excuse me, I spoke too quickly. I thought that you wanted to talk to me about your plantation.

MACCLURE : Exactly. We sold it last week.

EDWARD BRODERICK : Ah ! Was the transaction satisfactory ?

MACCLURE : It's impossible to keep up a plantation without slaves and God didn't wish us to have slaves.

EDWARD BRODERICK : And what about you ? What are you going to do ?

MACCLURE : I thought I'd tell you later on in the evening, if you'll let me wait until then.

The light is now so dim that the outlines of the two men are barely perceptible.

EDWARD BRODERICK : I think I can make a guess at what you're going to tell me. Far be it from me to want to question you. *(A pause.)* As we're alone : you saw Lieutenant Veechefsky for a few moments, just now. What's your impression of him ?

MACCLURE *(hesitates)* : It's difficult for me to answer. I only saw him for a minute or two. Generally speaking, I'm prepared to like all human beings...

EDWARD BRODERICK : Without any mental reservations concerning this young man ?

MACCLURE : A reservation ? No, he was most courteous... almost too much so, I thought. At the same time, he seemed disturbed. He's probably more sensitive than I am to all the war rumors that have been dinned in our ears for the last two weeks.

EDWARD BRODERICK : Is that all ?

à travers des flots de sang. *(Geste de Mac Clure.)* Non, laissons cela, je vous en prie. Mes idées sur ce point ne pourraient que vous scandaliser. Vous aviez, je crois, quelque chose à me dire.

MAC CLURE : Oui.

ÉDOUARD BRODERICK : J'aurai moi-même un service à vous demander dans un instant.

Il se rassoit.

MAC CLURE, *doucement* : Je ne suis pas venu ici pour vous demander un service.

ÉDOUARD BRODERICK : Excusez-moi. Depuis quelques jours, je me sens inquiet. J'ai parlé trop vite. Je pensais que vous désiriez me parler de votre plantation.

MAC CLURE : C'est en effet de cela que je voulais vous parler. Nous l'avons vendue la semaine dernière. Sans esclaves, une plantation devient impossible à entretenir, et Dieu ne voulait pas que nous eussions des esclaves.

ÉDOUARD BRODERICK : Qu'en savez-vous ?

MAC CLURE : Mon père le sentait aussi vivement que moi. Je l'ai mené hier à Charleston, chez nos cousins Manigault qui ont offert de le recueillir.

ÉDOUARD BRODERICK : Et vous ? Qu'allez-vous faire ?

MAC CLURE : Je me proposais de vous le dire en fin de soirée, si vous me permettez d'attendre jusque-là.

> *La lumière est à présent si faible qu'on distingue à peine la silhouette des deux hommes.*

ÉDOUARD BRODERICK : Ce que vous allez m'apprendre, je crois le deviner. Loin de moi pourtant le désir de vous poser une question. *(Silence.)* Puisque nous sommes seuls, je voudrais vous parler du lieutenant Wiczewski. Vous l'avez vu un instant. Quelle impression vous fait-il ?

MACCLURE : Why yes. I'm ready to believe all the good in the world of him.

EDWARD BRODERICK *(A pause)* : The reason I mention Lieutenant Veechefsky, whom you scarcely know, is that I have an important one for doing so. To tell the truth I suddenly had the idea, a sort of inspiration, that you could help me.

MACCLURE : In what way ?

EDWARD BRODERICK : To sum it up in a few words, I'm convinced that he's for the South, but that a last scruple of loyalty to the North keeps him in that uniform. Tomorrow morning, he must rejoin his post at Fort Sumter.

MACCLURE : Yes, he did tell me that he was leaving at dawn.

EDWARD BRODERICK : But if he goes and the war breaks out, he'll never come back. So I'd like...

> *He rises and turns away slightly from MacClure.*

MACCLURE : What would you like ?

EDWARD BRODERICK : I'd like you to prevent him from leaving.

MACCLURE *(also rising)* : Do you want my opinion ?

EDWARD BRODERICK : I beg you to give it me frankly.

MACCLURE : The man is a deserter.

EDWARD BRODERICK : How dare you !

MACCLURE : Will you calmly examine the matter with me ? Major Anderson is shut up in Fort Sumter with his troops. Three days ago, he received an ultimatum from General Beauregard, threatening to shell him if he didn't withdraw from the fort. Under the circumstances, do you find it normal that he should give Lieutenant Veechefsky a leave ?

EDWARD BRODERICK : There's a great deal of free-and-easiness on both sides. Anyway, he returns to his post tomorrow morning.

MAC CLURE, *une hésitation* : Il m'est difficile de vous répondre. Je ne l'ai vu qu'une minute ou deux. D'une façon générale, je suis bien disposé à l'égard de tout être humain.

ÉDOUARD BRODERICK : Y a-t-il dans votre esprit une réserve en ce qui concerne ce jeune homme ?

MAC CLURE : Une réserve ? Non. Il s'est montré courtois... presque trop, m'a-t-il semblé. En même temps, il m'a paru troublé. Sans doute est-il plus sensible que moi à toutes ces rumeurs de guerre dont on nous fatigue les oreilles depuis quinze jours.

ÉDOUARD BRODERICK : Est-ce là tout ?

MAC CLURE : Mais oui. Je suis prêt à croire tout le bien qu'on me dira de lui.

ÉDOUARD BRODERICK : Vraiment ? *(Silence.)* Si je vous parle du lieutenant Wiczewski que vous connaissez à peine, c'est qu'une raison importante me pousse à le faire. À vrai dire, l'idée m'est venue tout d'un coup et par une sorte d'inspiration, que vous pouviez m'aider.

MAC CLURE : De quoi s'agit-il ?

ÉDOUARD BRODERICK : Pour tout dire en un mot, je suis persuadé qu'il est pour le Sud, mais qu'un dernier scrupule de loyauté envers le gouvernement fédéral lui fait garder cet uniforme. Demain matin, il doit regagner son poste au fort Sumter.

MAC CLURE : Il m'a dit, en effet, qu'il partait à l'aube.

ÉDOUARD BRODERICK : S'il part et que la guerre éclate, il ne reviendra jamais. Je voudrais...

Il se lève et se détourne un peu de Mac Clure.

MAC CLURE : Que voudriez-vous ?

ÉDOUARD BRODERICK : Je voudrais que vous l'empêchiez de partir.

MAC CLURE, *il se lève également* : Voulez-vous mon sentiment ?

MACCLURE : He won't return.

EDWARD BRODERICK : How do you know ? What makes you so sure ?

MACCLURE : I'm quite ready to apologize if Lieutenant Veechefsky returns to Fort Sumter. Since when has he been here ?

EDWARD BRODERICK : Since the evening of the ultimatum.

MACCLURE : Has he left the plantation since his arrival ?

EDWARD BRODERICK : No. He went as far as the silo with my son, a short while ago, but he hasn't left Bonaventure, that I know of. I'm beginning to wonder...

MACCLURE : Have no fear. Lieutenant Veechefsky won't fight for the North.

EDWARD BRODERICK : Then what is he doing here, in this uniform ?

MACCLURE *(laughing)* : He's doing what a lot of young Americans are doing at this moment : he is examining his conscience. It's not so easy to leave one's regiment. First of all, you need civilian clothes. It's not so pleasant to ask for them...

EDWARD BRODERICK *(hopefully)* : Tell me, do you suppose he's going to enlist in the Southern army ?

MACCLURE : I suppose nothing.

> *A servant enters and puts a lighted lamp on a table. Edward Broderick drops into an armchair. MacClure remains standing. The servant goes out.*

EDWARD BRODERICK *(under his breath)* : Now I come to think of it, I don't see why he should feel obliged to fight for the South. Our quarrels are foreign to him.

MACCLURE : If the war breaks out tomorrow, Lieutenant Veechefsky can very well put on civilian dress and remain quietly at Bonaventure – or elsewhere.

ÉDOUARD BRODERICK : Je vous supplie de me le dire sans détour.

MAC CLURE : Cet homme est un déserteur.

ÉDOUARD BRODERICK : Qui vous permet ?... Je ne comprends pas.

MAC CLURE : Voulez-vous examiner la question avec calme ? Le commandant Anderson est enfermé dans le fort Sumter avec ses troupes. Il a reçu, voici trois jours, un ultimatum du général Beauregard menaçant de le bombarder s'il n'évacuait pas le fort. Dans ces circonstances, croyez-vous normal qu'il accorde une permission au lieutenant Wiczewski ?

ÉDOUARD BRODERICK : Il y a beaucoup de laisser-aller de part et d'autre. Nous ne sommes pas en guerre. Je n'ai aucune raison de penser que le lieutenant Wiczewski m'ait dit un mensonge. Du reste, il doit retourner à son poste demain matin.

MAC CLURE : Il n'y retournera pas.

ÉDOUARD BRODERICK : Qu'en savez-vous ? Et d'où vous vient cette assurance ?

MAC CLURE : Je suis tout prêt à vous faire des excuses si le lieutenant Wiczewski retourne demain matin au fort Sumter. Depuis quand est-il ici ?

ÉDOUARD BRODERICK : Depuis le soir de l'ultimatum.

MAC CLURE : A-t-il quitté la plantation depuis son arrivée ?

ÉDOUARD BRODERICK : Non. Il est allé au silo tout à l'heure avec mon fils, mais il n'a pas quitté Bonaventure, que je sache. Je commence à me demander...

MAC CLURE : N'ayez aucune inquiétude. Le lieutenant Wiczewski ne se battra pas pour le Nord.

ÉDOUARD BRODERICK : Alors, que fait-il ici, dans cet uniforme ?

MAC CLURE, *riant* : Il fait ce que font beaucoup de jeunes Américains à l'heure actuelle : il s'interroge. Quitter son

EDWARD BRODERICK : To be frank, I don't like what you've just said, sir.

MACCLURE : Would you like me to leave ?

EDWARD BRODERICK : No, please stay. I was wrong to ask you all those questions, but there's a doubt in my mind, and it hurts me. Everything I hear, everything I see fills me with anxiety. Something dreadful is going to happen. I'm absolutely convinced of it.

> *He goes and looks out of the window and stands there motionless. The sound of carriage wheels is heard in front of the house, then of voices. Almost at once, a servant enters and bows before Edward Broderick. Broderick seems on the verge of saying something, but changes his mind.*

ÉDOUARD BRODERICK : Let's go out on the porch. I think our guests have come.

> *They go out.*

régiment n'est pas tellement aisé. D'abord il faut un costume civil. Le demander n'est pas agréable...

ÉDOUARD BRODERICK : Vous supposez qu'il va s'engager dans les troupes du Sud ?

MAC CLURE : Je ne suppose rien.

> *Un domestique entre et pose une lampe allumée sur la table. Édouard Broderick se laisse tomber dans un fauteuil. Mac Clure reste debout. Le domestique sort.*

ÉDOUARD BRODERICK, *à mi-voix* : Au fond, je ne vois pas pourquoi il serait obligé de se battre pour le Sud. Nos querelles lui sont étrangères. Je comprends son incertitude, son désarroi...

MAC CLURE : Si la guerre éclate demain, le lieutenant Wiczewski peut très bien endosser un costume civil et rester tranquillement à Bonaventure – ou ailleurs.

ÉDOUARD BRODERICK : Je ne vous cache pas que le ton de vos paroles me déplaît, monsieur.

MAC CLURE : Désirez-vous que je m'en aille ?

ÉDOUARD BRODERICK : Non. Restez, je vous en prie. J'ai eu tort de vous poser ces questions, mais il y a un doute dans mon esprit et j'en souffre. Je suis inquiet de tout ce que j'entends, de tout ce que je vois. Ce qui se prépare est effrayant, j'en ai la certitude. Quant au lieutenant Wiczewski... Mais non, je ne peux pas parler de lui... je... *(Silence.)* Ne le jugez pas.

MAC CLURE : J'ai grand pitié de lui.

> *Il va regarder par la fenêtre devant laquelle il demeure immobile. On entend un bruit de roues devant la maison, puis des voix. Presque aussitôt, un domestique entre, s'incline devant Édouard Broderick et sort. Celui-ci semble sur le point de dire quelque chose et se ravise.*

ÉDOUARD BRODERICK : Allons sur la véranda. Je crois que nos invités arrivent.

Exeunt.

Scene 2

Regina enters at left and drops into an armchair. For an instant she seems dazed, completely still. A sound of laughter and conversation is heard coming from the right. Angelina comes running in from right.

ANGELINA : What are you doing here, Regina ? You've scarcely time to dress for supper. Aunt Evelyn wants to know where you are. What's the matter with you ? Oh, have you seen young MacClure ? He's even better looking than I thought, but why does he always dress in black when it's so fine ?... Hurry up, answer, what's the matter ?

REGINA : I told you...

ANGELINA : You must pull yourself together, my little Regina. Shall I help you ?

REGINA : No, leave me alone. I'll go dress in a minute.

Angelina goes out. Regina remains motionless. Veechefsky comes in behind her, from left.

JAN *(quickly)* : Miss Regina, have you seen Angelina ?

REGINA *(she rises and turns around)* : No. *(Suddenly.)* Lieutenant Veechefsky, I have something to say to you.

JAN *(as though he had not heard)* : I want to speak to Angelina.

REGINA : I'll fetch her if you'll listen to me a moment.

JAN *(eyes turned toward the right)* : What have you to say to me ?

REGINA : A while ago, when we were alone in this room, you told me to speak to you.

JAN : A while ago is not now.

Scène 2

> *Regina entre par la gauche et se laisse
> tomber dans un fauteuil. Pendant un ins-
> tant, elle demeure comme hébétée, absolu-
> ment immobile. On entend un bruit de rires
> et de paroles qui vient de droite. Angelina
> entre en courant par la droite.*

ANGELINA : Regina, tu as vu Erik Mac Clure ? Il est encore
mieux que je ne le croyais, mais pourquoi s'habille-t-il de
noir alors qu'il fait si beau ? Eh bien, qu'est-ce que tu as ?
Tu as à peine le temps de changer de robe.

REGINA : Je veux être seule. Après ce que je t'ai dit tout à
l'heure, tu dois comprendre... Je monterai m'habiller dans
un instant.

ANGELINA : Veux-tu que je monte avec toi ?

REGINA : Non, laisse-moi, Angelina.

> *Angelina sort. Regina demeure immobile.
> Derrière elle, par la gauche, entre Wic-
> zewski.*

IAN, *rapidement* : Je désire parler à Angelina. Savez-vous
où elle est ?

REGINA, *elle se lève et se retourne* : Non. *(Tout à coup.)* Lieutenant Wiczewski, j'ai quelque chose à vous dire.

IAN, *comme s'il n'avait pas entendu* : Je voudrais lui parler
seul. Ne pourriez-vous...

REGINA : J'irai la chercher si vous m'écoutez un instant.

IAN : Qu'avez-vous à me dire ?

REGINA : Tout à l'heure, alors que nous étions seuls dans
cette pièce, vous m'avez dit de vous parler.

IAN : Tout à l'heure n'est pas maintenant.

REGINA : You understand that I had something to tell you. Do you know what it is ?

JAN : Naturally.

REGINA : Why naturally ?

JAN : It was enough to look at you then. And to look at you now.

REGINA *(hiding her face in her hands)* : I'm ashamed ! I could die of shame right now, before you !

JAN : Go and fetch Angelina for me.

REGINA : What right have you to order me about ?

JAN *(shrugging his shoulders)* : Don't try to fool me, I can read you like a book. You're trembling, Regina. I have every right. I no longer need to hear what you were going to tell me.

REGINA : You were very anxious to, a little while ago.

JAN : I'm not the same as I was, a little while ago. Since then, something happened. *(Seizing her wrist suddenly.)* All right then, tell me ! Humble your pride, you haughty little piece ! If that's what you're pining for...

REGINA *(breaking away from him)* : Let me go ! I hate you !

JAN : Don't you think I know that too ? Go and fetch Angelina.

REGINA : No. *(Jan goes out left. Regina is about to follow him and stops suddenly in the middle of the room.)* Jan !

> *Almost at the same moment, Edward Broderick enters.*

REGINA : Vous avez compris que j'avais quelque chose à vous dire. C'était vrai. Savez-vous de quoi il s'agissait ?

IAN : Naturellement.

REGINA : Pourquoi naturellement ?

IAN : Parce qu'il n'y avait qu'à vous voir. Maintenant aussi, du reste.

REGINA, *elle se cache le visage dans les mains* : Honte ! Honte ! Je meurs de honte devant vous.

IAN : Allez me chercher Angelina.

REGINA : De quel droit me donnez-vous un ordre ?

IAN, *haussant les épaules* : Ne jouez pas la comédie. Je sais à quoi m'en tenir sur vous. Vous tremblez, Regina. J'ai tous les droits. Je n'ai plus besoin d'entendre ce que vous avez à me dire.

REGINA : Vous y teniez beaucoup tout à l'heure.

IAN : Je ne suis plus le même que tout à l'heure. Depuis tout à l'heure il s'est passé quelque chose. *(La saisissant brusquement par le poignet.)* Eh bien, dis-le, ce que tu as à me dire ! Humilie-toi, petite orgueilleuse ! Puisque c'est cela que tu veux...

REGINA, *se dégageant* : Laissez-moi ! Je vous hais.

IAN : Pensez-vous que je ne sache pas cela aussi ? Allez me chercher Angelina.

REGINA : Non. *(Ian sort par la gauche. Regina va pour le suivre et s'arrête soudain au milieu de la pièce.)* Ian !

> *Presque au même instant entre Édouard Broderick.*

SCENE 3

EDWARD BRODERICK : Regina !

REGINA : Uncle Edward !

EDWARD BRODERICK : I wondered where you were. You must come with me. We're having supper in a few minutes.

REGINA : Excuse me, Uncle Edward. I'm not feeling well.

EDWARD BRODERICK : What's the matter, child ? You aren't ill, are you ?

REGINA : I don't know. I'd like to go upstairs and lie down on my bed. *(Suddenly.)* Oh, Uncle Edward, I wish I were dead !

EDWARD BRODERICK *(takes her by the shoulders)* : What's that ? Don't talk so, my little Regina. Is it on account of the war ? Maybe there won't be a war...

REGINA : No, no. It isn't on account of the war.

EDWARD BRODERICK : ... or is it because you're leaving Bonaventure ? You can stay, if you like. I've told you that before.

REGINA : I can stay...

EDWARD BRODERICK : The decision rests with you, child. If that's what's worrying you, we can talk it over tomorrow morning. Are you sure there isn't anything else ?

REGINA : I appreciate your kindness, Uncle Edward, but you can't do anything for me.

EDWARD BRODERICK *(relinquishing his grasp)* : Far be it from me to wish to question you, Regina. However, it worries me to see you upset. I thought, I still think of you as being so strong-minded.

REGINA : I'll be strong enough when the time comes. Will you let me lie down on this sofa ? *(Showing a sofa left.)* I'll join you all in a moment.

Scène 3

ÉDOUARD BRODERICK : Regina ! Je me demandais où tu étais. Il faut venir avec moi. Nous dînons dans quelques minutes.

REGINA : Excusez-moi, mon oncle. Je ne dînerai pas. Je ne me sens pas bien.

ÉDOUARD BRODERICK : Qu'y a-t-il, mon enfant ? Tu n'es pas malade ?

REGINA : Je ne sais pas. Je veux m'étendre sur mon lit. *(Brusquement.)* Mon oncle, je voudrais mourir !

ÉDOUARD BRODERICK, *il lui prend les mains* : Que dis-tu ? Il ne faut pas parler ainsi, petite Regina. C'est à cause de la guerre ? Mais il n'y aura peut-être pas de guerre...

REGINA : Non, non. Ce n'est pas à cause de la guerre.

ÉDOUARD BRODERICK : ... Ou alors parce que tu quittes Bonaventure. Tu peux rester, si tu veux. Je te l'ai dit.

REGINA : Je puis rester...

ÉDOUARD BRODERICK : Toi seule en décideras, mon enfant. Si c'est cela qui te soucie, nous pouvons en reparler demain matin. Es-tu sûre qu'il n'y a pas autre chose ?

REGINA : J'apprécie votre bonté, mon oncle, mais vous ne pouvez rien pour moi.

ÉDOUARD BRODERICK, *laissant aller ses mains* : Loin de moi le désir d'insister, Regina. Pourtant, cela me trouble de te voir ainsi. Je te croyais, je te crois encore si forte.

REGINA : Je serai forte quand il le faudra. Voulez-vous me permettre de me reposer dans ce fauteuil ? *(Geste vers un grand fauteuil à gauche.)* Dans un instant, je vous rejoindrai.

EDWARD BRODERICK : Of course, my dear. That's the sofa where my mother used to curl up sometimes to sleep. They used to throw a shawl over her feet.

> *He squeezes Regina's hand and goes out at right. Regina snuggles down in the sofa. Angelina enters from left, in a white frock. She goes to look at herself in a large mirror and sees Regina on the sofa.*

ANGELINA : You aren't dressed yet ! What on earth are you doing ? Supper will be announced in a quarter of an hour.

REGINA : I can't appear like this.

ANGELINA : Oh, it won't matter. Mrs. Priolleau's daughter is dressed for travelling. It isn't a big supper.

REGINA : I don't want to see Lieutenant Veechefsky.

ANGELINA : You're sure not to be seated next to him. If I were you, I wouldn't say a single word to him. I'd treat him with the supreme contempt that a woman should have for any man. And then you'd see... you'd see your little Polish lieutenant come fawning to you like a dog...

REGINA : Hold your tongue, Angelina. You don't know what you're saying.

ANGELINA : As for me, I don't wish to be left alone one minute with young MacClure. He's quite capable of making love to me again. If you see him come near me, fly to the rescue ! Is it agreed ? Oh, this supper's going to be such fun ! What a pity Aunt Evelyn won't allow me to do my hair as I want !

REGINA *(rising suddenly and going toward the right)* : Come, let's go, little girl.

ANGELINA : I won't be called "little girl".

ÉDOUARD BRODERICK : Bien entendu, ma petite fille. C'est le fauteuil dans lequel ma mère se pelotonnait quelquefois pour dormir. On lui jetait un châle sur les pieds.

> *Il serre la main de Regina et sort par la droite. Regina se blottit dans le fauteuil. Angelina entre par la gauche en robe blanche. Elle va se regarder dans une grande glace et aperçoit Regina dans le fauteuil.*

ANGELINA, *secouant Regina* : Tu n'es pas encore habillée ! Viens avec moi sur la véranda. On annonce le dîner dans un quart d'heure.

REGINA : Je ne peux pas aller dîner avec cette robe.

ANGELINA : Cela n'a pas d'importance. La fille de Mme Riolleau est en toilette de voyage. Je l'ai vue par la fenêtre de ma chambre. Ce n'est pas un grand dîner.

REGINA : Je ne veux pas voir le lieutenant Wiczewski.

ANGELINA : Tu ne seras certainement pas assise à côté de lui. À ta place je ne lui adresserais seulement pas la parole. J'aurais pour lui le mépris souverain qu'une femme doit avoir pour n'importe quel homme. Et alors, tu verrais... Tu verrais ton petit lieutenant polonais accourir comme un chien...

REGINA : Tais-toi, Angelina. Tu ne sais pas ce que tu dis.

ANGELINA : Moi, je ne veux pas qu'on me laisse une minute avec Erik Mac Clure. Il serait tout à fait capable de me faire une nouvelle déclaration. Si tu vois qu'il se dirige de mon côté, tu viens à la rescousse. Compris ? Oh ! ce dîner m'amuse ! Quel dommage que tante Éveline ne me permette pas de me coiffer comme je veux.

REGINA, *elle se lève tout à coup et va vers la droite* : Allons, viens, ma petite fille.

ANGELINA : Je ne veux pas qu'on m'appelle « ma petite fille » !

> *Elles sortent à droite.*

Scene 4

Enter at left, Eliza, Mrs. Strong's maid. A tall, spare woman in her thirties, yellow rather than light brown, with kinky hair. She wears a big white muslin apron and a lace cap with long ribbon streamers. For some time, she stands squarely before the large mirror and stares at her reflection in silence. Then she speaks :

ELIZA : Eliza Fermor, you're a fine woman. *(She looks at herself full face, then three-quarters.)* Pale, very pale, but beautiful. *(She stretches out her hand.)* How white is... frightfully white ! Give me your hand, Eliza, and we'll go for a turn on the lake, by the light of the moon. The two of us in the boat... *(She turns this way and that, while continuing her soliloquy under her breath.)* It glides between the trees, between the tall cypresses that grow in the black water. Oh, I feel so romantic ! *(She pinches her ears sharply, then shakes her hands in the air, on a level with her face.)* Bright red ears, lily-white hands... like a lady of quality !

Enter at left, Jeremy, a Negro dressed in blue livery with big brass buttons. His hair is touched with gray.

JEREMY : What are you doing here, Miss Liza ? If Missis sees you, she'll pull your hair for you.

ELIZA : Let me tell you, nigger, that nobody has ever pulled my hair at Bonaventure. And if Missis sees me here, I'll tell her the truth, namely that I'm straightening up the sitting-room. *(She shakes up a cushion.)* Because we're receiving quality tonight.

Scène 4

Entre par la gauche Eliza, la femme de chambre de Mrs. Strong. Elle a dépassé la trentaine ; grande fille sèche, plutôt jaune que café au lait, avec des cheveux crépus. Elle porte un grand tablier de mousseline blanche et un bonnet de dentelle à longs rubans. Pendant un assez long moment, elle reste plantée devant la grande glace et se considère en silence, puis elle dit :

ELIZA : Eliza Fermor, tu es une belle femme. *(Elle se regarde de face, puis de trois quarts.)* Pâle, pâle, mais belle. *(Elle étend une de ses mains.)* Comme elle est blanche... C'est effrayant ! Donnez-moi votre main, Eliza, et allons nous promener sur l'étang, au clair de lune. Tous les deux dans la barque... *(Elle se tourne un peu dans un sens et dans l'autre tout en monologuant à mi-voix.)* La barque avance entre les arbres, entre les grands cyprès qui poussent dans l'eau noire. Ah, je me sens romantique ! *(Elle se pince violemment les oreilles puis agite les deux mains à la hauteur de son visage.)* Les oreilles bien rouges et les mains bien blanches... comme une dame de qualité !

Entre par la gauche Jeremy, nègre un peu grisonnant, en livrée bleue à grands boutons de cuivre.

JEREMY : Qu'est-ce que vous faites là, mademoiselle Liza ? Si Maîtresse vous voit, elle va vous tirer les cheveux.

ELIZA : Apprenez, nègre, que personne ne m'a jamais tiré les cheveux à Bonaventure. Et si Maîtresse me voit ici, je lui dirai la vérité ; à savoir que je mets de l'ordre au salon *(elle tapote un coussin)*, vu qu'on reçoit ce soir des personnes de qualité.

JEREMY : Mme Riolleau et sa fille, ça, c'est de la qualité. Le colonel Chatard aussi, et le jeune M. Mac Clure. Tout

JEREMY : Mrs. Priolleau and daughter, they're quality. Colonel Chatard too and young Mr. MacClure. All that's quality. But I don't know about the foreign lieutenant.

ELIZA : The foreign lieutenant's quality too. First of all, he wouldn't have been invited here if he wasn't as good as the others. We never receive anything but quality here. You don't know nothing.

JEREMY : Maybe the foreign lieutenant's foreign quality.

ELIZA : There's no such thing as foreign quality. There's just quality, pure and simple. Straighten that rocking-chair for me, nigger.

JEREMY : Yes, Miss Liza. *(He obeys.)* In the cotton fields, they say there's going to be a war.

ELIZA : Missis says she's sure there won't be. I suppose she knows better than you do.

JEREMY : Uncle John says the Lord is going to make an example. What's an example ? A miracle for the black folks ?

ELIZA : Uncle John is an old dodderer. There isn't going to be any war. Everything's going to stay just as it is. You hear me ?

JEREMY : Yes, Miss Liza, but I'm scared. I haven't slept a wink for the last three nights. There's too many blacks talking about running away. Master doesn't know. They're scared too, just like sheep before a storm. I think if I heard a cannon-shot I'd drop dead.

ELIZA : You want to run away ?

JEREMY : No, I didn't say that. And it's too difficult. But I'm scared to death. I'm not awfully brave.

ça, c'est de la qualité. Mais le lieutenant étranger, je sais pas.

ELIZA : Le lieutenant étranger aussi. D'abord, il ne serait pas invité s'il n'était pas aussi bien que les autres. Ici, nous ne recevons que de la qualité. Vous n'y entendez rien.

JEREMY : C'est peut-être de la qualité étrangère, le lieutenant.

ELIZA : Il n'y a pas de qualité étrangère. Il y a la qualité pure et simple. Redressez-moi ce fauteuil à bascule, nègre.

JEREMY : Oui, mademoiselle Liza. *(Il obéit.)* Dans les champs de coton, on dit qu'il va y avoir la guerre.

ELIZA : Maîtresse est sûre que non. Je suppose qu'elle est mieux informée que vous.

JEREMY : Uncle John dit que le Seigneur va faire un exemple. Qu'est-ce que c'est qu'un exemple ? Un miracle pour les Noirs ?

ELIZA : Uncle John est un vieux radoteur. Il n'y aura pas de guerre. Tout va rester en ordre. Vous m'entendez ?

JEREMY : Oui, mademoiselle Liza, mais j'ai peur. Depuis trois jours, je ne peux pas fermer l'œil. Il y a trop de Noirs qui parlent de s'enfuir. Maître ne sait pas. Ils ont peur, eux aussi, ils sont comme des moutons devant l'orage. Je crois que, si j'entendais un coup de canon, je tomberais mort.

ELIZA : Vous voulez fuir ?

JEREMY : Non. Je n'ai pas dit ça. Et puis, c'est trop difficile et je suis trop vieux, mais je ne peux pas vivre dans la peur. Je ne suis pas courageux.

ELIZA : Depuis un instant, je m'en doutais. Mais que craignez-vous donc, nègre ? S'il y a une guerre, ce n'est pas vous qui vous battrez.

JEREMY : Oui, mais à la fin des fins, c'est toujours les Noirs qui paient.

ELIZA : Chansons. Retournez à l'office, Jeremy.

> *Elle marche sur lui ; il fuit vers une porte de droite.*

ELIZA : I've been suspecting that myself for a little while. But what are you scared of, nigger ? If there's a war, you won't have to fight.

JEREMY : That's so. But when all's said and done, the black man always has to foot the bill.

ELIZA : Nonsense. Go back to the pantry, Jeremy.

> *She marches up to him ; he runs off toward a door at right.*

JEREMY *(before disappearing)* : You can talk like the white folks for all you're worth, Miss Liza, but you're black. When you die, you'll be buried along with the rest of us.

ELIZA : Get away with you ! *(Jeremy vanishes. Eliza returns to the mirror and smooths her hair.)* Bury me with the black folks ! Why, my hair just has a little, little wave in it, just here and there. That crazy old Jeremy...

> *Angelina enters suddenly at right.*

ANGELINA : Go away, Eliza, I wish to be alone.

ELIZA : Very well, Miss Angelina.

> *She goes out at left. Veechefsky enters from right.*

JAN : Angelina ! What's the matter ?

ANGELINA : Nothing, nothing at all.

JAN : Why did you run away ?

ANGELINA : I don't want to hear what they have to say, that's all.

JAN : Did they frighten you ?

JEREMY, *avant de disparaître* : Vous avez beau parler comme les Blancs, mademoiselle Liza, vous êtes de notre race. Quand vous mourrez, on vous enterrera avec nous autres.

ELIZA : Veux-tu t'en aller ! *(Jeremy disparaît. Eliza retourne vers la grande glace et se caresse les cheveux.)* Presque droits. À peine une petite ondulation çà et là. Il ferait beau voir que Maîtresse me les tire. Je l'empoisonnerais comme on a empoisonné sa mère[28]. Ce vieux fou de Jeremy...

> *Angelina entre brusquement par la droite.*

ANGELINA : Va-t'en, Eliza. Je veux être seule.

ELIZA : Bien, mademoiselle.

> *Elle sort par la gauche. Wiczewski entre par la droite.*

IAN : Angelina ! Qu'y a-t-il ?

ANGELINA : Rien, mais rien du tout.

IAN : Pourquoi vous êtes-vous sauvée ?

ANGELINA : Je ne veux plus entendre ce qu'ils ont à dire. C'est tout.

IAN : Vous avez peur ?

ANGELINA : Ne soyez pas ridicule. Je n'ai peur de rien. Mais je m'ennuie avec eux, simplement.

IAN : Mme Riolleau exagère beaucoup. On dirait qu'elle se plaît à grossir les mauvaises nouvelles, à inquiéter...

ANGELINA : Je me soucie bien de Mme Riolleau. D'abord je suis certaine qu'il n'arrivera rien. Depuis mon enfance, je n'entends parler que de catastrophes imminentes. Aujourd'hui, c'est la guerre. Hier, c'était le soulèvement des Noirs dont on menace le Sud depuis un quart de siècle. Tout cela m'assomme. Et il ne se passe rien, vous avez remarqué ? Depuis que je suis sur terre, il ne se passe rien. Pouvez-vous seulement imaginer qu'il se passe quelque chose ici ? Nous vivons au bout du monde.

IAN : Ce n'est pas une raison.

ANGELINA : Don't be ridiculous. I'm not afraid of anything. It's just simply that they bore me.

JAN : You must take Mrs. Priolleau's talk with a grain of salt. She seems to enjoy making bad news worse and have everyone feel uneasy...

ANGELINA : I don't care a thing for Mrs. Priolleau. First of all, I'm sure that nothing's going to happen. Ever since I was a child, I've heard nothing but talk about impending calamities. All that bores me to death. And nothing happens, as you may have noticed. Nothing's happened since I was born. Can you even imagine anything happening here ? We live at the end of never.

JAN : That's no reason.

ANGELINA : It seems reason enough to me. It takes an hour in the barouche to get to the nearest town. I'm glad it's that far away...

JAN : So you feel a threat hanging over you ?

ANGELINA : One's always threatened by something. It's enough to live in a fine house and to be, well... what we are, for someone to want to destroy us. The very fact that the South exists is a challenge. But you can't understand. You come from elsewhere.

JAN : I come from a country that history suppressed because its very existence was perhaps a challenge.

ANGELINA : Oh, you don't know the South. You couldn't suppress the South. If there was a war, and we were beaten, the victory of the North would be a sort of suicide for the whole country. Because the pick of what grows on American soil, is us.

ANGELINA : Pour moi, c'est une raison. Il faut une heure en calèche pour aller à la ville la plus proche. J'aime qu'il y ait cette distance... Et puis, la maison est en place depuis plus de quatre-vingts ans, et plus il y a de temps que les choses sont en place, plus elles ont de chances de durer. On dit que le niveau du sol a monté à la plantation. Moi, je crois que ce sont les murs qui s'enfoncent dans la terre, comme pour mieux se piéter contre l'ennemi.

IAN : Vous vous croyez donc menacée ?

ANGELINA : On est toujours menacé par quelque chose. Oh ! je ne pense pas à la guerre ni à ces absurdes bruits qui courent sur une révolte d'esclaves. Mais il suffit que la maison soit belle et que nous soyons... ce que nous sommes, pour qu'il y ait quelque chose qui veuille nous détruire. Notre existence même est un défi, dans notre Sud. Vous ne pouvez pas comprendre. Vous venez d'ailleurs.

IAN : Je viens d'un pays que l'histoire a supprimé parce que son existence était peut-être un défi.

ANGELINA : Oh ! vous ne connaissez pas le Sud. On ne pourrait pas supprimer le Sud. S'il y avait une guerre et que nous fussions battus, la victoire du Nord serait une sorte de suicide pour l'Amérique entière, parce que ce qu'il y a de meilleur sur la terre américaine, c'est nous.

IAN : Je trouve très singulier que, sans croire à la guerre, vous sentiez malgré tout le poids d'une menace.

ANGELINA : Ce n'est peut-être que la menace de la mort.

IAN : À votre âge, parler de la mort...

ANGELINA : Vous me prenez pour une petite fille que l'idée de la mort n'effleure même pas.

IAN : Enfin, vous y pensez quelquefois, à la mort ?

ANGELINA : Oui et non. Comme ça. Il y a des jours où, quand ma négresse me peigne, je me dis : « Tu peignes une morte. » C'est une idée folle qui me traverse l'esprit, je ne sais pourquoi. Au fond, cela ne me tourmente pas beaucoup. La mort, c'est pour les autres.

JAN : I find it very strange that, in spite of not believing in war, you should nevertheless feel the weight of something threatening.

ANGELINA : Perhaps it's just the threat of death.

JAN : At your age, to talk about death...

ANGELINA : You think I'm just a little girl who never gives death a thought.

JAN : So you sometimes think about death ?

ANGELINA : Yes and no. Perhaps a little... Some days, when Mammy combs my hair, I say to myself : "You're combing a dead woman's hair." Just a crazy idea that flits through my mind. I don't know why. But, after all, it doesn't really worry me much. Death is for other people.

JAN : But supposing there was a calamity, a real calamity ?

ANGELINA : I don't know what that is.

JAN : A while ago you said something that struck me, about the feeling of some threat hanging over us.

ANGELINA : Oh, you know, I don't always have that feeling. I usually have it as night falls.

JAN : So, for instance, this evening...

ANGELINA : Stop, Lieutenant Veechefsky. You'd better go back to the porch. I don't care for this kind of conversation.

JAN : I've never taken you for a little girl and if I wanted to talk to you alone, it's because I have something important to say to you.

ANGELINA *(flattered)* : To me ?

IAN : Mais s'il y avait une catastrophe, une vraie catastrophe ?

ANGELINA : Je ne sais pas ce que c'est.

IAN : Puissiez-vous ne jamais le savoir. Je voudrais vous parler, Angelina. Tout à l'heure, vous avez dit quelque chose qui m'a frappé, sur le sentiment d'une menace.

ANGELINA : Oh ! vous savez, je ne l'ai pas toujours. Généralement, c'est quand la nuit tombe.

IAN : Ainsi, par exemple, ce soir...

ANGELINA : Ah ! laissez-moi, lieutenant Wiczewski. Vous feriez mieux de retourner à la véranda. Je n'aime pas cette conversation.

IAN : Angelina, je ne vous ai jamais prise pour une petite fille. Si j'ai cherché à vous parler seul, c'est que j'ai quelque chose d'important à vous dire.

ANGELINA, *flattée* : À moi ?

IAN : Oui, certainement. À vous. Mais auparavant, je voudrais que vous me permettiez de vous poser une question. Elle est très délicate, et j'hésite.

ANGELINA : Je me demande de quoi il peut bien s'agir.

IAN : Il faudra d'abord que je vous avoue une chose qui, à coup sûr, ne manquera pas de vous déplaire fortement.

ANGELINA : Puisque me voilà prévenue...

IAN : Ai-je la promesse que vous m'excuserez ?

ANGELINA : Oui.

IAN : Sûr ?

ANGELINA : Lieutenant Wiczewski, vous êtes insupportable.

IAN : Tout à l'heure, alors que vous parliez ici avec Mlle Regina, je suis entré, vous souvenez-vous, pour vous dire que Mrs. Strong vous attendait toutes les deux sur la véranda.

ANGELINA : Oui. Eh bien ?

JAN : Yes, certainly, to you. But first I want you to let me
ask you a question. It's a very delicate one and I hesitate.

ANGELINA : I wonder what it can be.

JAN : But I must begin by confessing something that will
certainly displease you very much.

ANGELINA : Well, now you've warned me...

JAN : Promise you'll forgive me ?

ANGELINA : Yes.

JAN : You're sure ?

ANGELINA : Lieutenant Veechefsky, you're too tiresome
for words.

JAN : A short time ago, when you were talking to Miss
Regina, I came into the room. Do you remember ?

ANGELINA : Yes. Well ?

JAN : In spite of me, I heard part of what you were saying.

ANGELINA : I was certain of it ! Lieutenant Veechefsky, I
hate you.

JAN : You promised to forgive me.

ANGELINA : I forgive you, but I hate you. It's just as though
you listened at doors, like a slave.

JAN : I wasn't listening, I couldn't help hearing. You were
talking about Eric MacClure.

ANGELINA : That's none of your business.

IAN : Malgré moi, j'ai entendu une partie de ce que vous disiez.

ANGELINA : J'en étais sûre ! Lieutenant Wiczewski, je vous déteste.

IAN : Vous avez promis que vous m'excuseriez.

ANGELINA : Je vous excuse, mais je vous déteste. C'est comme si vous écoutiez aux portes, comme un esclave.

IAN : Je n'écoutais pas. J'ai entendu malgré moi. Il était question d'Erik Mac Clure.

ANGELINA : Cela ne vous regardait pas.

IAN : Si je vous parle d'Erik Mac Clure, Angelina, c'est que j'ai saisi malgré moi une phrase que vous avez dite à Regina touchant une lettre qu'il vous aurait écrite.

ANGELINA : Eh bien ! ayant entendu cette phrase qui ne vous regardait pas, vous auriez dû immédiatement quitter la pièce ou nous informer de votre présence.

IAN : Au lieu de quoi, je suis resté jusqu'à la fin de votre récit.

ANGELINA : C'est indigne.

IAN : Ce serait indigne si la simple curiosité m'avait retenu, mais j'avais d'autres raisons.

ANGELINA : Lesquelles, s'il vous plaît ?

IAN : Une seule devra vous suffire. Je ne souffrirai pas que cet homme vous écrive des lettres d'amour. *(Subitement furieux.)* Vous m'entendez ?

ANGELINA : Êtes-vous fou ? *(Elle se lève.)* De quel droit me parlez-vous sur ce ton ?

IAN, *il se lève aussi* : Pardonnez-moi, Angelina. J'ai cédé à un mouvement d'impatience. Est-il vrai qu'Erik Mac Clure vous ait écrit une lettre d'amour ? N'était-ce pas peut-être un de ces rêves comme nous en faisons tous et comme semblait le croire Mlle Regina ? Voyez-vous, on imagine difficilement un jeune homme si grave, et même si sévère, faisant une déclaration à une jeune demoiselle de dix-sept ans.

JAN : If I mentioned him, Angelina, it's because I unintentionally overheard a sentence in which you told Regina about a letter he had written you.

ANGELINA : Well, after having heard that sentence you should have left the room immediately, or informed us of your presence.

JAN : And, instead of which, I stayed on until you'd finished your story.

ANGELINA : It's disgraceful.

JAN : It would be disgraceful if I'd stayed from sheer curiosity, but I had other reasons.

ANGELINA : And what are they, pray ?

JAN : One should be enough for you. I won't have that man writing you love letters. *(In a rage, suddenly.)* Do you hear ?

ANGELINA : Are you mad ? *(She rises.)* What right have you to speak to me in such a tone ?

JAN *(rising also)* : Forgive me, Angelina. I gave way to a moment of impatience. Is it true that Eric MacClure wrote you a love letter ? Wasn't it, perhaps, one of those dreams we all have ? Miss Regina seemed to think so. You see, it's hard to imagine such a serious, and you might even say, such a stern young man making love to a girl of seventeen.

ANGELINA : I have no explanations to give you. I think you're impertinent and ridiculous.

JAN : You'd judge me less harshly if you knew how deeply I'm suffering. *(A pause.)* Angelina, are you in love with Eric MacClure ?

ANGELINA : Je n'ai pas d'explication à vous donner. Je vous trouve impertinent et ridicule.

IAN : Vous me jugeriez moins durement si vous saviez comme je souffre. *(Silence.)* Angelina, vous êtes amoureuse d'Erik Mac Clure.

ANGELINA : Si c'était vrai, en quoi cela pourrait-il vous toucher ?

IAN : Cela me touche en plein cœur... *(Il se détourne, fait quelques pas vers la gauche et revient vers Angelina ; après une hésitation :)*... parce que je vous aime.

> *Angelina recule d'un pas et le regarde longuement.*

ANGELINA : Pourquoi mentez-vous, lieutenant Wiczewski ? Vous savez parfaitement que vous ne m'aimez pas.

> *Elle se dirige rapidement vers la droite et sort. Wiczewski demeure absolument immobile. Au bout de quelques secondes, Édouard Broderick entre par la droite.*

ÉDOUARD BRODERICK : Qu'y a-t-il ? J'ai croisé Angelina. Elle avait l'air bouleversée.

IAN : Je ne sais ce qu'elle a.

ÉDOUARD BRODERICK, *s'asseyant* : Notre conversation sur la véranda l'a troublée peut-être. Je n'aime pas qu'on parle devant elle de la guerre. Ah ! je voudrais que cette nuit prenne fin ! L'incertitude où nous sommes a quelque chose que je ne supporte pas. Ce serait presque un soulagement d'entendre le canon.

IAN : Nous ne l'entendrons peut-être jamais.

ÉDOUARD BRODERICK : Vous avez toujours été plus optimiste que moi.

IAN : Je ne suis pas optimiste. Je crains au contraire qu'il n'y ait sur nous... une ombre.

ÉDOUARD BRODERICK : J'ai ce sentiment depuis des semaines.

ANGELINA : If I were, why should it affect you ?

JAN : Affect me ! It goes straight to my heart... *(He turns away, takes a few steps left and turns to Angelina. After a hesitation.)*... Because I love you.

> *Angelina goes back a step and looks long at him.*

ANGELINA : What's the good of lying ? You know very well you don't love me.

> *She turns quickly to the right and goes out. Veechefsky remains perfectly still. After a few seconds, Edward Broderick enters at right.*

EDWARD BRODERICK : I've just met Angelina. She seems upset. What's the matter ?

JAN : I know nothing about it.

EDWARD BRODERICK *(sitting down)* : Perhaps our conversation on the porch disturbed her. Oh, I wish this night would end ! There's something about the uncertainty we're in that I can't stand. It would be almost a relief to hear the guns.

JAN : Maybe we'll never hear them.

EDWARD BRODERICK : You've always been more optimistic than I.

JAN : I'm not optimistic. On the contrary, I feel that there's a... shadow hanging over us.

EDWARD BRODERICK : I've felt it for weeks.

JAN : And I, for the last hour.

EDWARD BRODERICK : For the last hour ! Have you heard any news ?

IAN : Je l'ai, moi, depuis une heure.

ÉDOUARD BRODERICK : Depuis une heure ? Avez-vous appris du nouveau ?

IAN : Non, rien. Il s'agit de tout autre chose que la guerre. Je ne sais comment expliquer ce que je veux dire... Pourtant, je voudrais en parler à quelqu'un, chercher à m'en délivrer comme on se délivre d'un songe en le racontant, mais je ne puis espérer d'être compris. Depuis un moment, tout est changé en moi.

ÉDOUARD BRODERICK : Pensez-vous que je ne l'aie pas deviné ? Vous paraissiez si troublé, tout à l'heure.

IAN : Tout à l'heure ?

ÉDOUARD BRODERICK : Oui, quand le jeune Mac Clure est entré ici.

IAN : C'est peut-être en partie à cause de cela. Je veux dire qu'il y a eu, en effet, une sorte de coïncidence entre le moment où il est entré ici et celui où j'ai eu cette impression soudaine.

Silence.

ÉDOUARD BRODERICK : Eh bien, Ian ?

IAN : Quand il a paru tout à coup, dans cette porte, j'ai vu à sa gauche, un peu en arrière de lui, quelqu'un.

ÉDOUARD BRODERICK : Un domestique, probablement.

IAN : Non, un homme vêtu comme un soldat, vêtu comme moi, mais le visage couvert d'un drap noir ou de quelque chose qui ressemblait à un vêtement qu'on lui aurait jeté sur la tête.

ÉDOUARD BRODERICK : Ce que vous avez cru voir dans la lumière du crépuscule n'a rien qui m'étonne vraiment. À cette heure du jour, dans nos régions, il arrive que de telles illusions soient possibles.

IAN : Non, j'ai senti au plus profond de moi que cela était vrai. L'homme ne bougeait pas. Au bout de quelques secondes, il n'était plus là.

JAN : No, none. It has nothing to do with the war. I don't know how to explain what I want to say... However, I'd like to tell someone, to try to be rid of it, as you try to rid yourself of a dream by telling it. But I can't hope for anyone to understand. Everything has changed in me for the last hour.

EDWARD BRODERICK : Do you imagine that I haven't felt it ? You seemed so disturbed, a little while ago.

JAN : A little while ago ?

EDWARD BRODERICK : Yes, when young MacClure came into the room.

JAN : Maybe it's partly because of that. I mean that there is a kind of coincidence between the moment he came in and the time I had that sudden feeling.

A pause.

EDWARD BRODERICK : Well, Jan ?

JAN : When he appeared all at once in the doorway, at his left and a little behind him, I saw someone.

EDWARD BRODERICK : A servant, probably.

JAN : No. A man dressed like a soldier, dressed like me, but his face was covered with a piece of black cloth, or something like a garment that had been thrown over his head.

EDWARD BRODERICK : What you thought you saw in the twilight doesn't really surprise me. At that time of day in our part of the world, such illusions are quite possible.

JAN : I felt to the bottom of my soul that it was true. The man did not budge. After a few seconds, he was no longer there.

ÉDOUARD BRODERICK : N'avais-je pas raison de vous dire qu'il s'agissait d'une illusion ?

IAN, *comme s'il n'avait pas entendu* : Il a disparu seulement quand j'ai eu le temps de le voir. Il a transmis son message et il est parti.

ÉDOUARD BRODERICK : Son message ? Ian, ce que vous racontez n'a pas de sens.

IAN : Chez nous, dans la vieille patrie, ces choses ont un sens. L'homme était de ma taille et vêtu comme je le suis.

Silence.

ÉDOUARD BRODERICK : Vous êtes resté seul avec Mac Clure un instant.

IAN : Seul avec Mac Clure...

ÉDOUARD BRODERICK : Enfin, je vous ai trouvés tous les deux seuls dans cette pièce. De quoi vous entreteniez-vous ? *(Ian le regarde.)* Excusez-moi. Peut-être vous a-t-il dit ce qu'il pensait des événements, de sa position vis-à-vis du Nord et du Sud...

IAN : À vrai dire, je ne sais plus de quoi nous parlions. Cela n'a pas d'intérêt.

ÉDOUARD BRODERICK : Vous aviez une expression très singulière.

IAN : C'est très possible. Je vous ai dit pourquoi il y a une minute.

Silence.

ÉDOUARD BRODERICK : Êtes-vous toujours décidé à partir demain à l'aube ?

IAN : J'en ai reçu l'ordre, monsieur.

ÉDOUARD BRODERICK : Soyez sûr que, cette nuit, bien des ordres de ce genre seront déchirés et jetés aux vents. *(Silence.)* Il n'y aurait aucun déshonneur à ne pas obéir. S'il vous reste un doute sur ce point, voulez-vous que je demande à Erik Mac Clure de me dire son sentiment ? Il pourrait au besoin s'entretenir avec vous...

EDWARD BRODERICK : Wasn't I right in saying that it was a delusion ?

JAN *(as though he had not heard)* : He disappeared only after I'd had time to see him. He delivered his message and then he went away.

EDWARD BRODERICK : His message ? Jan, what you say makes no sense.

JAN : At home, in the old country, such things have a sense. The man was my height and dressed as I am.

A pause.

EDWARD BRODERICK : You stayed alone with MacClure for a moment.

JAN : Alone with MacClure...

EDWARD BRODERICK : At any rate, I found you both together and alone when I came in. What did you talk about ? *(Jan looks at him.)* I'm sorry. No doubt he told you what he thought about what's going on, of his position towards the North and the South ?

JAN : To tell the truth, I don't remember what we talked about. It's of no interest.

EDWARD BRODERICK : You have a very strange expression, then.

JAN : That's quite possible. I told you why, a minute ago.

A pause.

EDWARD BRODERICK : Do you still intend to leave tomorrow at dawn ?

JAN : Those are my orders, sir.

IAN : Non. Excusez la franchise avec laquelle je vous parle, mais je ne veux pas voir cet homme.

ÉDOUARD BRODERICK : Mon ami, je ne vous comprends pas. Vous serez de toute manière amené à le voir dans un instant.

IAN : Sans doute me suis-je mal exprimé. Je voulais dire que je ne veux pas le voir seul.

ÉDOUARD BRODERICK : Mais pourquoi ? Asseyez-vous, Ian. Parlez-moi. Qu'y a-t-il donc ?

IAN : Non, vous permettrez que je garde le silence sur des sentiments qui ne concernent que moi. Je pars demain à l'aube, comme je l'ai résolu. Plaise au Ciel que le chemin de cet homme et le mien ne se croisent plus sur cette terre.

ÉDOUARD BRODERICK : Je ne veux pas vous interroger, Ian. Mais j'ai presque deux fois votre âge. J'ai vécu et j'ai souffert. Il n'est pas impossible que je puisse vous comprendre.

IAN : Que voulez-vous dire ?

> Silence. Édouard Broderick regarde Wiczewski.

ÉDOUARD BRODERICK : L'idée vous a-t-elle effleuré que je devine ce qui se passe en vous ?

IAN : Oh ! pardonnez-moi, mais j'en doute. Quand j'ai un secret, je le garde bien.

ÉDOUARD BRODERICK : Vous avez donc un secret ?

IAN, *haussement d'épaules* : Je voudrais bien voir l'homme qui n'en a pas.

ÉDOUARD BRODERICK : Vous avez raison. J'ai vécu avec le mien comme avec une plaie qui me ronge la chair. J'avais la rage de me connaître. J'ai voulu savoir et je sais. Il eût mieux valu pour moi ne pas savoir. Ignorant de moi-même, j'aurais conservé quelques illusions nécessaires. Je me croyais bon. Je ne suis devenu mauvais que peu à peu.

IAN : Mauvais ? Tout le monde vous croit si bon.

ÉDOUARD BRODERICK : Oh ! tout le monde... Tout le monde se trompe, simplement. La rancœur, les désillusions, le sentiment d'avoir été frustré de ma jeunesse ont agi sur moi

EDWARD BRODERICK : You can be sure that tonight, many orders of this sort will be torn up and cast to the winds. *(A pause.)* It wouldn't be dishonorable to disobey. *(A pause.)* If you have any doubts on the subject, would you like me to ask Eric MacClure to give us his opinion ? He might even have a talk with you.

JAN : No. Forgive my speaking so openly, but I don't wish to see the man.

EDWARD BRODERICK : My dear Jan, I don't understand you. In any case, you'll be obliged to see him in a few minutes.

JAN : I expressed myself badly, no doubt. I meant to say that I didn't want to see him alone.

EDWARD BRODERICK : But why, Jan ?

JAN : You must allow me to keep such personal sentiments to myself. I'm leaving tomorrow at dawn, as I resolved. Please Heaven that this man's path never crosses mine again on this earth.

EDWARD BRODERICK : I don't want to ask any questions, Jan. But I'm twice your age. I've lived and I've been unhappy. It's not impossible that I might understand you.

> *Jan turns away and takes a few steps toward the left.*

JAN : Do you wish to know why I don't want to find myself face to face with this man ? You've asked me, I'm going to tell you : he has taken the place I wished to hold in the heart of someone who lives here.

EDWARD BRODERICK : Eric MacClure ? He's only spent a few hours in this house.

JAN : Don't you think that's time enough ?

comme un poison lent et subtil. Plus d'une fois, j'ai été tenté de me confier à quelqu'un, à... vous, oui, Ian.

IAN : Il ne le faut pas.

ÉDOUARD BRODERICK : Pourquoi ?

IAN : Vous pourriez le regretter ensuite, et alors vous m'en voudriez. C'est peut-être une erreur de se taire, quelquefois, mais c'est une erreur plus grande de parler lorsqu'il est trop tard.

ÉDOUARD BRODERICK : Comment savez-vous ce que je veux vous dire ?

IAN : Je le devine et ne veux pas l'entendre.

Silence.

ÉDOUARD BRODERICK : Vous me jugez dans votre cœur.

IAN : Non.

ÉDOUARD BRODERICK : Je pense qu'en effet vous n'oseriez pas. Quand vous m'avez dit tout à l'heure que vous ne vouliez pas vous trouver seul avec Erik Mac Clure, j'ai supposé...

IAN, *d'une voix blanche* : Eh bien ? Dites !

ÉDOUARD BRODERICK, *il hésite* : J'ai supposé que vous aviez peur... peur de vous-même ou de lui.

IAN, *riant* : Peur ! Moi, j'aurais peur ? *(Subitement furieux.)* Voulez-vous me dire de quoi ?

ÉDOUARD BRODERICK, *il se lève et va vers Wiczewski* : Comprenez-moi : j'avais dans l'esprit ce pressentiment que vous avez eu en voyant ce jeune homme entrer dans cette pièce.

IAN : Je veux vous croire... autrement, comment pourrions-nous continuer à nous voir ? *(Il se détourne et fait quelques pas vers la gauche.)* Savez-vous pourquoi je ne veux plus me trouver en face de cet homme ? Vous me l'avez demandé, je vais vous le dire : il a pris la place que je voulais avoir dans le cœur d'une personne qui habite ici.

ÉDOUARD BRODERICK : Erik Mac Clure ? Il n'a passé que quelques heures dans cette maison.

EDWARD BRODERICK : I confess that I have some difficulty in understanding you. Regina was not here when he came a little before Christmas. And then, the idea that you might be in love with Regina has something so...

JAN : This has nothing to do with Regina.

EDWARD BRODERICK : Then I can only suppose that you mean...

JAN : Yes.

EDWARD BRODERICK : My daughter ? Do you mean that Angelina is in love with Eric MacClure ?

JAN : I mean that I'm in love with your daughter Angelina, and that I have the honor of asking you for her hand.

EDWARD BRODERICK : Jan... What's the use of making up such a story ? You're not in love with Regina, or with Angelina. And you won't save yourself by marrying my daughter. Shall I tell you who you're in love with ?

JAN *(turns away so that Edward Broderick can no longer see his face)* : No.

EDWARD BRODERICK : After what you've just told me, how can I take your reply for anything but an admission ? I can't have guessed wrong. No one escapes his fate, Jan... No one escapes that fate.

JAN : You refuse me Angelina's hand ?

EDWARD BRODERICK : For the sake of your happiness as well as hers...

JAN : You'll never see me again, Edward Broderick.

IAN : Croyez-vous que cela ne suffise pas ?

ÉDOUARD BRODERICK : J'avoue que j'ai quelque difficulté à vous comprendre. Regina ne se trouvait pas ici quand il est venu, un peu avant Noël. Et puis, l'idée que vous puissiez être épris de Regina a quelque chose...

IAN : Il ne s'agit pas de Regina.

ÉDOUARD BRODERICK : Je ne puis pas même supposer qu'il s'agisse de...

IAN : Si.

ÉDOUARD BRODERICK : Ma fille, Ian ? Voulez-vous dire qu'Angelina est éprise d'Erik Mac Clure ?

IAN : Je veux dire que je suis amoureux de votre fille Angelina et que je vous demande l'honneur de m'accorder sa main.

ÉDOUARD BRODERICK : Ian... ce n'est pas possible.

IAN, *très doucement* : Pourquoi n'est-ce pas possible ? Elle m'aimera comme je l'aime.

> *Il se détourne de sorte qu'Édouard Broderick ne peut plus voir son visage.*

ÉDOUARD BRODERICK : Ian, si vous étiez amoureux d'Angelina...

IAN, *il le regarde en face* : Eh bien ?

ÉDOUARD BRODERICK : ... Je l'aurais deviné, je l'aurais senti. Si quelqu'un pouvait le sentir c'était moi. À quoi bon dissimuler ? Vous n'êtes amoureux ni de Regina ni de ma fille, et ce n'est pas en épousant ma fille que vous vous sauverez. Voulez-vous que je vous dise de qui vous êtes amoureux ?

IAN : Non.

ÉDOUARD BRODERICK : Après tout ce que vous m'avez dit tout à l'heure, et comment n'y verrais-je pas un aveu ? – il est impossible que je n'aie pas deviné. On n'échappe pas à son destin, Ian, on n'échappe pas à ce destin-là.

IAN : Vous me refusez la main d'Angelina ?

EDWARD BRODERICK : I know it. *(A pause.)* You're going away at dawn tomorrow. I'll hear you go, but I won't say good-bye.

> *He appears undecided, then goes out at left. Veechefsky, without looking at him, remains motionless. After a few seconds, Jimmy runs in from the left.*

JIMMY : Lieutenant Veechefsky, aren't you coming out on the porch ? They're saying such interesting things about the war.

JAN *(without looking at him)* : I'll come in a moment, Jimmy.

JIMMY : All right. Why don't you look at me ?

JAN : You bear me no grudge for what happened this afternoon ?

JIMMY : Why, you're joking ! Of course not ! But you hurt an awful lot, you know !

JAN : You're a brave boy. You didn't cry out. Neither did I, when I was your age. I made it a point of honor not to let a sound pass my lips. I have something to tell you. Shall we sit down there ?

JIMMY : Sit down ? I should think not. Sit down if you like. I can't.

> *They laugh.*

JAN : Very well, we'll remain standing.

> *They are silent for a moment.*

JIMMY : Why don't you speak, Lieutenant Veechefsky ?

ÉDOUARD BRODERICK : Pour son bonheur comme pour le vôtre, je n'ai pas le droit de vous accorder la main de ma fille.

IAN : Vous ne me reverrez plus, Édouard Broderick.

Silence.

ÉDOUARD BRODERICK : Ian, je crois que vous aviez raison, tout à l'heure. Il vaut mieux que vous ne me revoyiez plus. La vie nous pose quelquefois des questions dont je ne sais pas la réponse. Vous vous en allez demain, à l'aube. Je vous entendrai partir, mais je ne vous dirai pas adieu.

> *Il sort par la gauche. Wiczewski ne le regarde pas et demeure immobile. Au bout de quelques secondes, Jimmy entre en courant par la gauche.*

JIMMY : Lieutenant Wiczewski, vous ne venez pas sur la véranda ? On dit des choses si intéressantes sur la guerre.

IAN, *sans le regarder* : Je viendrai dans un moment, Jimmy !

JIMMY : Oui ? Pourquoi ne me regardez-vous pas ?

IAN : Tu m'en veux pour tout à l'heure ?

JIMMY : Vous voulez rire. Bien sûr que non ! Mais vous m'avez fait mal, vous savez !

IAN : Tu es un brave garçon. Tu n'as pas crié. Moi non plus, je ne criais pas, à ton âge. Je mettais un point d'honneur à ne pas desserrer les dents. J'ai quelque chose à te dire. Veux-tu que nous nous asseyions là ?

JIMMY : M'asseoir ? Vous n'y pensez pas. Asseyez-vous si vous voulez. Moi, je ne peux pas.

Ils rient.

IAN : Eh bien ! nous allons rester debout.

> *Ils demeurent silencieux pendant un moment.*

JIMMY : Pourquoi ne dites-vous rien, lieutenant Wiczewski ?

IAN : Je réfléchissais. Demain nous ne sortirons pas ensemble, Jimmy. Il faut que je quitte la plantation de bonne heure.

JAN : I was thinking. We won't go out together tomorrow, Jimmy. I must leave the plantation early.

JIMMY : When are you coming back ?

JAN : I don't know. Listen, Jimmy, it's possible there may be a war and we don't know what can happen to us. I have no fears for you, but with me, it's another matter : I'm a soldier. We're going to say good-bye to each other here, like two men, but first, I have something to ask you.

JIMMY : Something to ask me ?

JAN : Yes... I want to ask you a question. Listen well. If someone said to you – I'm just supposing this – if someone told you that I was in love with your sister, what would you think of it ?

JIMMY : You, in love with Angelina ?

JAN : Yes, if someone said that to you...

JIMMY : Oh, I'd find it funny. Lovers look so silly ! And then, I can't imagine you in love with Angelina. I don't know why.

JAN : Will you think it over for a minute ? Is it on account of Angelina ? Don't you think Angelina's pretty ?

JIMMY : Oh, she's not bad-looking.

JAN : Then perhaps I'm the reason that it seems funny to you ?

JIMMY : I don't know. I just can't imagine such a thing... You know, to me love is tomfoolery. *(A pause – Jimmy goes toward Veechefsky and takes his hand.)* But you aren't going, Lieutenant Veechefsky, not for ever ?

JIMMY : Quand revenez-vous ?

IAN : Je ne sais pas. Écoute, Jimmy, il est possible qu'il y ait la guerre, et nous ne savons pas ce qui peut nous arriver. Je ne crains rien pour toi, mais moi, c'est différent : je suis soldat. Nous allons donc nous dire au revoir ici, comme deux hommes, mais auparavant, j'ai quelque chose à te demander.

JIMMY : Quelque chose à me demander ?

IAN : Oui... c'est une question que je veux te poser. Écoute bien. Si quelqu'un te disait – c'est une supposition que je fais – si quelqu'un te disait que je suis épris de ta sœur, qu'est-ce que tu en penserais ?

JIMMY : Vous, épris d'Angelina ?

IAN : Oui. Si on te disait cela...

JIMMY : Oh ! je trouverais ça drôle. C'est si bête, les amoureux ! Et puis, je ne peux pas me figurer que vous soyez épris d'Angelina. Je ne sais pas pourquoi...

IAN : Veux-tu y penser un instant ? Je vais t'aider. Est-ce à cause d'Angelina ? Tu ne la trouves pas jolie, Angelina ?

JIMMY : Oh ! elle n'est pas mal.

IAN : Alors, ce serait peut-être à cause de moi que cela te paraîtrait drôle ?

JIMMY : Je ne sais pas. Je ne peux pas me figurer... Vous savez, pour moi, l'amour, c'est une idiotie. *(Silence ; Jimmy fait un pas vers Wiczewski et lui prend la main.)* Vous n'allez pas partir, lieutenant Wiczewski, pas pour toujours ?

> *Wiczewski se dégage brusquement et recule d'un pas.*

IAN : Dans huit jours, tu n'y penseras plus. Allons, ne fais plus cette tête-là, et sois un homme. Tiens, il y a quelque chose que tu viens de dire et qui m'a frappé. Tu as raison de croire que l'amour est une idiotie. Malheureusement il ne nous consulte pas. Tu ne peux pas encore bien comprendre et c'est parce que tu ne peux pas comprendre

*Jan breaks away suddenly and goes back
a step.*

JAN : You aren't old enough to understand, and because
you can't understand, I'm going to tell you a secret. My
secret. Will you promise to keep it all your life ?

JIMMY : Yes, I promise.

JAN *(after a pause)* : This night is not like other nights.
Perhaps I've never spoken to anyone as I'm speaking to you
now, and you must try to remember what I say. At certain
moments, freedom of will is a crushing weight, and to
choose is not possible. There are days when I'd like to be
one of those wretched blacks who sing so sadly in the cotton
fields, or a farm hand in a Northern state...

JIMMY : You're hesitating between the North and the
South ?

JAN : No, Jimmy, that has nothing to do with it.

JIMMY : Aunt Evelyn says that if there's a war, they'll take
away the uniform you're wearing and give you another, a
Southern one.

JAN : I'm in love, Jimmy, as no human being ever was
before. Of course, all men say that, and each of them is
right. I can't go on living any longer.

JIMMY : You can't go on living ? But why ?

JAN : Because the person I love can't love me.

JIMMY : How do you know ?

JAN : How do I know ? That's a very intelligent question.
I know it because I know, that's all. A single glance was
enough for me to foresee years of useless suffering.

que je vais te confier... un secret. Mon secret. Me promets-
tu de le garder toute ta vie ?

JIMMY : Oui, je vous le promets.

IAN : Tu ne me poseras aucune question. Du reste, ce serait
inutile : je n'y répondrais pas. Mais plus tard, beaucoup plus
tard, quand tu auras vingt ans, ou peut-être seulement quand
tu seras un vieux bonhomme de trente ans, tu te souviendras
de ce que je vais te dire, et alors tu comprendras. Tu ne
penseras pas : « Il avait tort, il a commis une faute », tu te
diras simplement que le destin s'est abattu sur un homme...

JIMMY : Le destin ?

IAN : Oui, ce qui est inévitable, ce à quoi l'on ne peut rien
changer. Ainsi tu ne peux rien changer au fait que tu es né
dans ce coin de la Caroline du Sud, le...

JIMMY : Le 10 mai 1846.

IAN : ... Le 10 mai 1846. Eh bien ! quand même tu aurais
voulu naître cent ans plus tôt ou dix ans plus tard à New
York ou à Saint-Pétersbourg, il n'y a rien à faire. Le
moment et le lieu ont été choisis, mais non par toi. De
même, tu es un garçon et non une fille. Dieu ne t'a pas
consulté, puisqu'en définitive, c'est lui qui est responsable.
Il a choisi de même tes parents, tes grands-parents, les amis
qui t'entourent et jusqu'aux esclaves qui te servent, tous
ceux qui, de loin ou de près, dans le temps et dans l'espace,
peuvent agir sur ta volonté...

JIMMY : Il s'intéresse donc tellement à moi ?

IAN : Tu ne saurais croire à quel point tu l'intéresses,
Jimmy. Tu l'intéresses comme si tu étais seul au monde.
Pense que personne ne te parle et que tu ne parles à per-
sonne sans sa permission...

JIMMY : Alors, je ne fais jamais ce que je veux ?

IAN : Si, et il a un tel respect de ta liberté que s'il était ici,
devant toi, sous les traits d'un homme, tu pourrais le frapper
comme les soldats romains ont frappé le Christ.

JIMMY : Pourquoi me dites-vous cela ?

JIMMY : Just don't think about it. Just don't see that person.

JAN : It's not so simple, Jimmy. Had that person never been born, it would have been better for both of us. You see, I don't think I'd ever fall back before the enemy, if there's a war, but tonight, I'm afraid of falling back before suffering.

JIMMY : What are you going to do ?

JAN : The strangest thing I've ever done in my whole life... *(He moves away a few steps and goes to the window ; one has the impression that he is talking to himself)*... hurl myself against my fate as you hurl yourself against a stone wall.

JIMMY : What are you saying, Lieutenant Veechefsky ?

JAN : Nothing. I was thinking out loud. It's far better not to know what men are thinking about, Jimmy. It's almost always sad, or shameful. I'm not ashamed, but I'm alone. I feel dreadfully alone.

JIMMY : But how can you be alone ? I'm here... What funny things you're saying tonight.

JAN : That's quite true, I shouldn't have spoken. One should never speak. The moment we open our lips, everything throws us back into ourselves.

JIMMY : So you're in love with Angelina ? Why don't you marry her ?

JAN *(shrugging his shoulders)* : First of all, she'd have to be in love with me...

JIMMY : So that's it !

JAN : In short, all you've understood, all you've remembered of our conversation is that I'm in love with Angelina.

IAN, *au bout d'un silence* : Je ne sais pas. Cette nuit n'est pas une nuit comme les autres. Peut-être n'ai-je jamais parlé à personne comme je te parle maintenant et il faut essayer de retenir ce que je te dis. À certaines heures, la liberté humaine est un poids accablant et choisir n'est pas possible. Ah ! Dieu, pourquoi suis-je moi ? Il y a des jours où j'aurais préféré être un de ces malheureux Noirs qui chantent si tristement dans les champs de coton, ou un garçon de ferme dans un État du Nord...

JIMMY : Vous hésitez entre le Nord et le Sud ?

IAN : Non, petit. Il ne s'agit pas de cela.

JIMMY : Tante Éveline a dit que s'il y avait la guerre, on vous ôterait l'uniforme que vous portez et qu'on vous en donnerait un autre, un uniforme de chez nous.

IAN : Je te dis qu'il ne s'agit pas de cela. Veux-tu m'écouter un instant ?

JIMMY : Bien sûr.

IAN : Je suis amoureux, Jimmy, amoureux comme jamais un être humain ne l'a été avant moi. Tous les hommes disent cela, sans doute, mais chacun d'eux a raison. Je ne peux plus vivre.

JIMMY : Vous ne pouvez plus vivre ! Mais pourquoi ?

IAN : Parce que la personne que j'aime ne peut pas m'aimer.

JIMMY : Comment le savez-vous ?

IAN : Comment je le sais ? Ta question est très intelligente. Je le sais parce que je le sais, simplement. Un coup d'œil m'a suffi pour entrevoir de longues années de souffrances inutiles.

JIMMY : Vous n'avez qu'à ne pas y penser. Vous n'avez qu'à ne pas la voir, la personne.

IAN : Ce n'est pas aussi simple, Jimmy. Pour elle et pour moi, il vaudrait mieux qu'elle ne fût pas née. Je crois que je ne reculerais jamais devant le feu de l'ennemi, s'il y avait la guerre, mais cette nuit, j'ai peur de reculer devant la souffrance.

JIMMY : Why... yes, isn't that what you meant ?

JAN : Angelina... who knows ? She might have been salvation...

A pause.

JIMMY : Why don't you say something, Lieutenant Veechefsky ? You aren't the same as usual. *(He comes a little closer to him.)* Won't you tell me a story ? A story about your country ?

JAN : A story about my country ? Very well, I'll tell you one. In Poland some time around 1720, lived a boy called Jan.

JIMMY : Like you ?

JAN : Yes, like me. He was my great grandfather's brother.

JIMMY : Then it's a true story ?

JAN : Absolutely true. When I've told you my story, you must go to bed. Promise ?

JIMMY : Papa said I could stay up until the first bell for supper.

JAN : You'll go straight up to your room ? You won't hide on the staircase, as you usually do when there's company ?

JIMMY : Yes, I promise.

JAN : Well, Jan was dressed like a young nobleman, he wore a fur cap, a velvet coat embroidered in silver and red leather boots. He had a palace in town and a castle in the country.

JIMMY : I wish I had some red leather boots.

JIMMY : Qu'allez-vous faire ?

IAN : La chose la plus étrange de ma vie entière... *(Il s'éloigne de quelques pas et va vers la fenêtre ; on a l'impression qu'il se parle à lui-même.)* Me jeter contre mon destin comme on se jette contre un mur.

JIMMY : Que dites-vous, lieutenant Wiczewski ?

IAN : Rien. Je pensais tout haut. Il vaut mieux ne pas savoir ce que pensent les hommes, Jimmy. C'est presque toujours triste... ou honteux. Je n'ai pas honte, mais je suis seul. Je me sens affreusement seul.

JIMMY : Puisque je suis là... Vous en dites de drôles de choses, ce soir !

IAN : C'est vrai. Je n'aurais pas dû parler. On ne devrait jamais parler. Tout nous rejette en nous-mêmes dès que nous ouvrons la bouche.

JIMMY : Alors, vous êtes amoureux d'Angelina ? Pourquoi ne vous mariez-vous pas avec elle ?

IAN, *haussant les épaules* : D'abord, il faudrait qu'elle fût amoureuse de moi...

JIMMY : Oh ! c'est ça...

IAN : En somme, ce que tu as compris, ce que tu as retenu de toute notre conversation, c'est que je suis amoureux d'Angelina ?

JIMMY : Mais... oui. Ce n'est pas cela que vous vouliez dire ?

Silence.

IAN, *dans un murmure* : Angelina... Qui sait ? C'était peut-être le salut.

JIMMY : Pourquoi ne parlez-vous pas, lieutenant Wiczewski ? Vous n'êtes pas comme à l'ordinaire. *(Il se rapproche un peu de lui.)* Vous ne voulez pas me raconter une histoire, une histoire de chez vous ?

IAN : Une histoire de chez nous ? Si. Je vais t'en raconter une. Vers 1720 habitait en Pologne un garçon appelé Ian.

JAN : Jan also had a great number of serfs, of white slaves.

JIMMY : White slaves ! It would make me feel funny to order about white slaves. A slave ought to be black.

JAN : He was young and had everything in the world a man could wish for, but however, he might as well have had nothing, because he lacked happiness. He was like me. He was in love.

JIMMY : There you are again, talking about love ! Is everybody in love ?

JAN : He was in love to the verge of madness. When he saw that the person he adored wouldn't even look at him, he fell into a frenzy and killed his love.

JIMMY : Why ?

JAN : Perhaps because he thought he'd cease being in love and suffering, at the same time.

JIMMY : Didn't they do anything to him ?

JAN : No, nothing.

JIMMY : He shouldn't have killed that person who'd done nothing to him.

JAN : He couldn't help it, Jimmy. There are times when men commit the most dreadful actions without being able to help it.

JIMMY : They'd have hanged him here.

JAN : In those days, nobody would have dared to lay hands on a nobleman. But something happened which he hadn't foreseen : he went on being in love with the person he had killed.

JIMMY : Comme vous ?

IAN : Oui, comme moi. C'était le frère de mon arrière-grand-père.

JIMMY : Alors c'est une histoire vraie ?

IAN : Absolument. Quand je t'aurai raconté mon histoire, tu iras te coucher. C'est promis ?

JIMMY : Papa a dit que je pouvais rester jusqu'à la première cloche du dîner.

IAN : Tu monteras à ta chambre ? Tu ne te cacheras pas dans l'escalier comme tu fais presque toujours quand il y a du monde ?

JIMMY : Non. Je vous le promets. Continuez votre histoire.

IAN : Eh bien ! Ian s'habillait comme un jeune seigneur, avec un bonnet de fourrure, un vêtement de velours brodé d'argent et des bottes de cuir rouge. Il avait un palais en ville et un grand château à la campagne.

JIMMY : Je voudrais avoir des bottes de cuir rouge.

IAN : Ian avait aussi un grand nombre de serfs, des esclaves blancs.

JIMMY : Des esclaves blancs ! Cela me ferait un drôle d'effet de commander à des esclaves blancs. Un esclave, ça doit être noir.

IAN : Il était jeune et il avait tout ce qu'un homme peut désirer au monde, et pourtant c'était comme s'il n'avait rien parce qu'il lui manquait le bonheur. Il était comme moi. Il était amoureux.

JIMMY : Allons bon ! Ils sont tous amoureux, les gens...

IAN : Celui-là l'était au point d'en perdre la raison. Quand il vit que la personne qu'il aimait ne le regardait même pas, il se jeta sur elle et la tua[29].

JIMMY : Pourquoi ?

IAN : Il croyait peut-être qu'ainsi il cesserait d'être amoureux et de souffrir.

JIMMY : On ne lui fit rien ?

JIMMY : Ah ?

JAN : Yes, for years and years. And, one day, this is what happened : God took Jan in His great hand and, very gently, He broke him to pieces.

JIMMY : What does that mean ? Very gently, He broke him to pieces ?

JAN : I haven't time to explain this to you, but life will show you how God goes about it to break a man to pieces. Sometimes it takes Him twenty, thirty years, a whole life, but time is His own and He does what He wishes.

> *A pause. A bell is heard to strike twice.*

JAN : You heard the bell ? Look at me, Jimmy. You're going upstairs and you're going to sleep. Is that a promise ?

JIMMY : Yes, Lieutenant Veechefsky.

JAN : But first give me your hand and say good-bye to Lieutenant Veechefsky.

JIMMY : Good-bye, Lieutenant Veechefsky.

JAN *(grasps his hand)* : Good-bye, Jimmy.

> *Jimmy goes out at left and turns around before disappearing. Veechefsky goes out at right.*

—— CURTAIN ——

IAN : Non. Rien.

JIMMY : Il n'aurait pas dû tuer la personne puisqu'elle ne lui avait rien fait.

IAN : C'était plus fort que lui, Jimmy. Il y a des moments où les hommes commettent des actions terribles sans pouvoir s'en empêcher.

JIMMY : Ici, on l'aurait pendu.

IAN : Personne n'osait toucher à un seigneur, en ce temps-là. Mais il se passa quelque chose qu'il n'avait pas prévu, c'est qu'il continua d'être amoureux de la personne qu'il avait tuée.

JIMMY : Ah ?

IAN : Oui, pendant des années et des années. Et un jour il arriva ceci : Dieu prit Ian dans sa grande main, et très doucement, il le brisa.

> *On entend la cloche sonner deux coups assez espacés.*

JIMMY : Il le brisa ?

IAN : Tu as entendu la cloche ? Monte. Auparavant, serre-moi la main et dis au revoir au lieutenant Wiczewski.

JIMMY, *lui tendant la main* : Qu'est-ce qui est arrivé à Ian ? Qu'est-ce que ça veut dire : Dieu l'a brisé ?

IAN : Je n'ai pas le temps de te l'expliquer, mais la vie te fera voir comment Dieu s'y prend pour briser les hommes. Regarde-moi, Jimmy. Tu vas monter et tu vas dormir. C'est promis ?

JIMMY : Oui, lieutenant Wiczewski.

IAN, *lui serrant la main* : Au revoir, Jimmy.

JIMMY : Au revoir, lieutenant Wiczewski.

> *Il sort par la gauche et se retourne avant de disparaître. Le lieutenant Wiczewski sort par la droite.*

—— RIDEAU ——

ACT III

SCENE 1

Same setting as the previous acts, but the drawing-room is lit by a chandelier. Enter slowly from right, Mrs. Priolleau and her daughter, Mrs. Strong followed by Regina and Angelina, the Lieutenant Veechefsky and MacClure, and last Edward Broderick and old Mr. White.

MRS. PRIOLLEAU : If you want my opinion, I think we're showing very little spirit. Yes, very little indeed. Far be it from me to wish to offend anyone, but we all look as though we'd lost our last friends.

EDWARD BRODERICK : You wouldn't have us dancing when war may break out at any moment now, Cousin Laura.

MRS. PRIOLLEAU : That's as it may be. I had supper three days ago on a plantation an hour from here, in other words, at the Beauchamps. Followed a ball that lasted far into the small hours. I hadn't seen anything so brilliant since the fifties. The flower of Southern youth rallied in the great gilt drawing-rooms, where a toast was drunk to General Beauregard and, one after the other, to all the states that have already seceded from the Union... from Texas whose flag bears a single star, to Elizabeth's old Dominion, Virginia...

ACTE III

SCÈNE PREMIÈRE

Même décor qu'auparavant, mais le salon est brillamment éclairé par un lustre. Entrent par la gauche, lentement, Mrs. Riolleau et sa fille, Mrs. Strong suivie de Regina et d'Angelina, puis Mac Clure et le lieutenant Wiczewski et enfin Édouard Broderick et le vieux M. White.

MRS. RIOLLEAU : Si vous voulez mon sentiment, je trouve que nous prenons cela mal. Oui, mal. Loin de moi le désir d'offenser personne, mais nous avons des mines funèbres.

ÉDOUARD BRODERICK : Vous ne voudriez pas que nous dansions alors que la guerre peut éclater d'un moment à l'autre, cousine Laura.

MRS. RIOLLEAU : Que vous dirai-je ? J'ai dîné, il y a trois jours, dans une plantation à une heure d'ici, chez les Beauchamp, pour ne pas les nommer. Un bal a suivi qui s'est prolongé jusqu'à l'aube. Je n'ai jamais rien vu de plus brillant depuis les années 50. La fleur de la jeunesse du Sud semblait s'être donné le mot pour se retrouver là, dans ces grands salons dorés où les gouverneurs d'Angleterre donnaient jadis leurs fêtes insolentes. Pensez-y, Édouard ; entre ces murs qui ont vu ces magnifiques officiers en uniforme rouge et se souviennent des santés retentissantes portées à ce vieux fou de George III, l'on a bu au général Beauregard et à tous les États, l'un après l'autre, qui se sont déjà séparés de l'Union, à la Caroline du Sud, au Texas, dont le drapeau

MRS. STRONG *(in a whisper to Edward Broderick)* : I told you not to give her a second julep.

MACCLURE : I'd hate to contradict you, Ma'am, but Virginia hasn't made up her mind to secede yet, and it's an open secret that President Lincoln would like to put General Lee in command of the Northern armies.

MRS. PRIOLLEAU : Young man, those are the idle dreams of abolitionists. Virginia is all for us and the wreathed smiles of that old chimpanzee in a top hat won't change a thing. I don't suppose you're opposed to slavery ?

MACCLURE : With all my heart, Ma'am.

EDWARD BRODERICK : Eric MacClure has freed all his slaves.

MRS. PRIOLLEAU : Monstrous ! I have three hundred of them and I'd like to see the devil himself try to get them away from me.

MACCLURE : With all due respect to you, Ma'am, allow me to tell you that if the South fights, it won't be to keep her slaves. General Lee has just freed all of his.

MRS. PRIOLLEAU : General Lee !

MRS. STRONG : Laura, why are we all standing around as though we were about to sing a hymn... Sit down. Let's all sit down. I'm going to give you a cup of *café brûlot*, the kind that's served in the Vieux Carré, in New-Orleans.

> *She leads her gently to the right and sits down with her at a table in a corner. A group forms around the women. Angelina takes Regina toward the left.*

n'a qu'une étoile, à la Vieille Dominion d'Elizabeth, la Virginie...

MRS. STRONG, *bas à Édouard Broderick* : Je t'avais bien dit de ne pas lui offrir un second julep.

MAC CLURE : Je ne me pardonnerais pas de vous contredire, madame, mais la Virginie ne s'est pas encore prononcée, et ce n'est un secret pour personne que le président Lincoln voudrait mettre le général Lee à la tête des armées du Nord...

MRS. RIOLLEAU : Jeune homme, ce sont là des rêveries d'abolitionnistes. La Virginie nous est tout acquise, et les risettes de ce vieux singe en tuyau de poêle n'y changeront rien. Vous n'êtes pas contre l'esclavage, je suppose ?

MAC CLURE : De tout mon cœur, madame.

ÉDOUARD BRODERICK : Erik Mac Clure a libéré tous ses esclaves.

MRS. RIOLLEAU : Monstrueux ! Moi, j'en ai trois cents. Que le diable essaie de me les prendre !

MAC CLURE : Avec tout le respect que je vous dois, madame, permettez-moi de vous dire que si le Sud se bat, ce ne sera pas pour garder ses esclaves. Le général Lee vient de rendre la liberté à tous les siens.

MRS. STRONG : Pourquoi restons-nous tous debout comme si nous allions chanter un cantique ? Je suis d'avis que nous nous asseyions et que nous parlions d'autre chose que de la guerre. J'en ai la tête rompue. Et puis d'abord, il n'y a pas de guerre.

MRS. RIOLLEAU : Pas encore.

MRS. STRONG : Assieds-toi, Laura. Je vais te donner une tasse de café brûlot comme on sert dans le Vieux Carré, à La Nouvelle-Orléans.

> *Elle la mène doucement vers la droite et s'assoit avec elle dans un coin près d'une table ; un groupe se forme autour des deux femmes. Angelina entraîne Regina vers la gauche.*

ANGELINA : Regina, the most awful thing has happened : I'm really in love with Eric MacClure.

REGINA : What's awful about that ? He wrote you a love letter, didn't he ?

ANGELINA : Oh, a love letter... Well, to begin with, he never wrote to me at all.

REGINA : What ! Then how about the story you told me ? So you lied ?

ANGELINA : I didn't lie, I really believed the story myself.

REGINA : But what you said wasn't true.

ANGELINA : Oh, you don't understand. How strange that you should be intelligent and yet not understand. Just like a man. I'm unhappy, Regina. I don't know what to do. For a long time I've had an inkling of this and then suddenly, just now, I felt that I loved him. And he doesn't so much as look at me.

REGINA : Then don't look at him either.

ANGELINA : But he's going away tomorrow, and he's so handsome in this light. If he'd only go walking with me in the great avenue, I'd kiss him. Yes, I'd kiss him... Oh ! Imagine, Lieutenant Veechefsky proposed to me before supper. But I didn't believe he was sincere and I told him so, to his face.

REGINA : Lieutenant...

ANGELINA : What's the matter with you ? Oh, I forgot ! Please forgive me.

REGINA : It's neither with you, nor with me that he's in love.

ANGELINA : J'ai quelque chose à te dire, Regina : je crois que je suis amoureuse d'Erik Mac Clure. Je suis très malheureuse.

REGINA : Puisqu'il t'a écrit une lettre d'amour...

ANGELINA : Oh ! les lettres d'amour... D'abord, il ne m'a jamais écrit.

REGINA : Comment ? Et cette histoire que tu m'as racontée ? Tu as menti ?

ANGELINA : Je n'ai pas menti. J'y croyais moi-même, à mon histoire.

REGINA : Mais ce que tu as dit n'était pas vrai.

ANGELINA : Ah ! tu ne comprends pas. C'est curieux : tu es intelligente et tu ne comprends pas. Exactement comme les hommes. Je suis malheureuse, Regina. Je ne sais pas quoi faire. Depuis longtemps je me doutais de quelque chose et tout à l'heure j'ai senti tout à coup que je l'aimais. Et il ne me regarde même pas.

REGINA : Ne le regarde pas, toi non plus.

ANGELINA : Mais il part demain matin. Il est si beau dans cette lumière. S'il voulait seulement sortir avec moi, dans la grande avenue, je l'embrasserais. Oui, je l'embrasserais... Figure-toi que le lieutenant Wiczewski m'a fait une déclaration avant dîner.

REGINA : Le lieutenant...

ANGELINA : Qu'est-ce que tu as ? Oh ! j'oubliais ! Pardonne-moi. Je n'y ai pas cru et je le lui ai dit.

REGINA : Angelina, j'ai observé le lieutenant Wiczewski pendant cet interminable repas. Ce n'est ni de toi ni de moi qu'il est épris.

ANGELINA : Il n'est pourtant pas amoureux de Miss Riolleau. Oh ! le voilà derrière nous. Il arrive toujours sans qu'on s'y attende. Sauve-toi donc !

> *Elle se dirige vers la droite, mais Regina demeure immobile.*

ANGELINA : Oh, you aren't going to tell me that he's in love with Miss Priolleau. *(Under her breath.)* Oh, there he is, behind us ! Run away, quick !

> *She goes to the right, but Regina remains motionless.*

JAN *(draws near to Regina and stands a few steps behind her)* : Miss Regina ! *(Regina makes no reply.)* We're alone once more, but for the last time, and now it's I that have something to say to you. *(A pause. Regina remains still.)* I've come to beg your pardon. *(A pause. Both stand motionless.)* Do you hear ? I don't want to go away without begging your pardon. Time is passing, Regina. For the last few hours, I've not been the same man. I'm suffering, just as you are. There is that link between us. *(A pause.)* Will you ever forgive me ? Just say yes, in a whisper, and I'll be at peace. I'll go away at peace with myself. *(Regina makes no reply.)* I need only stretch out my hand to touch yours. Will you allow me to, Regina ?

> *Regina, without saying a word, goes out suddenly, left. Veechefsky stands motionless for an instant and then goes toward the right.*

MISS PRIOLLEAU : I hope our soldiers will have pretty uniforms. Those that are worn now are so severe... And then, what will our flag be like, I wonder ? I suppose we'll have our own flag.

ERIC MACCLURE : Various designs have been submitted. The most popular one has a red ground with a cross of Saint Andrew in blue, spangled with white stars. One star for each state.

MISS PRIOLLEAU : Oh, I can see it already, waving over the battlefields !

ERIC MACCLURE : You're in an awful hurry, Miss Priolleau. Have you any idea of what a battlefield's like ?

IAN, *il s'approche de Regina et se tient à deux pas derrière elle* : Mademoiselle Regina ! *(Regina ne répond pas.)* Personne ne nous entend, Regina. Nous sommes seuls, de nouveau, mais pour la dernière fois, et maintenant c'est moi qui ai quelque chose à vous dire. *(Silence. Regina ne bouge pas.)* Je suis venu vous demander pardon. *(Silence. Ils demeurent tous les deux immobiles.)* M'entendez-vous ? Je ne veux pas m'en aller sans vous demander pardon. Le temps passe, Regina. Depuis quelques heures, j'ai compris. Je souffre comme vous et de la même manière peut-être. Il y a ce lien entre nous. *(Silence.)* Me pardonnerez-vous jamais ? Dites seulement oui, tout bas et je serai en paix, je m'en irai en paix. *(Regina ne répond pas.)* Je n'aurais qu'à étendre un peu la main pour toucher la vôtre. Me le permettez-vous, Regina ?

> *Regina ne dit pas un mot et sort brusquement par la gauche. Wiczewski demeure à sa place.*

MISS RIOLLEAU : J'espère que nos soldats auront de jolis uniformes. Ceux qu'on porte aujourd'hui sont tellement sévères... Et puis, comment sera notre drapeau ? Je suppose que nous aurons un drapeau à nous.

ERIK MAC CLURE : Différents modèles ont été proposés. Celui qui rallie le plus de suffrages porte sur fond rouge la croix de Saint-André en bleu, semée d'étoiles blanches. Une étoile par État.

MISS RIOLLEAU : Oh ! il me semble déjà le voir flotter sur les champs de bataille !

ERIK MAC CLURE : Vous êtes bien pressée, mademoiselle. Savez-vous ce que c'est qu'un champ de bataille ?

MISS RIOLLEAU : Mais bien sûr ! À la maison, la bibliothèque de papa est pleine de peintures qui représentent les principaux épisodes de la guerre contre l'Angleterre. Tous les détails y sont. On voit très bien les artilleurs à leurs postes et les canons qui crachent le feu.

ERIK MAC CLURE : Des morts et des blessés aussi, peut-être ?

MISS PRIOLLEAU : Why, of course I have ! Papa's library at home is full of pictures showing the chief episodes of the war against England. Not a detail missing. You can see the gunners at their posts very clearly indeed, and the cannons belching fire.

ERIC MACCLURE : And maybe some dead and wounded soldiers too ?

MISS PRIOLLEAU : Here and there, of course. There have to be some.

ERIC MACCLURE : There will have to be a lot, if war breaks out. And what will you do then, Miss Priolleau ?

MISS PRIOLLEAU : I'll shred lint, sir, to make dressings for our wounded.

ERIC MACCLURE : Shouldn't you say for our gallant wounded ? That's what they're called, in every war.

ANGELINA : I think we should talk about something else.

MRS. PRIOLLEAU : What's been said to upset you ? I've never seen such long faces. You'd think really that the Lord had forsaken us and that He is not on our side.

ERIC MACCLURE : I don't know why, but I was expecting that sentence.

MRS. PRIOLLEAU : What do you mean ?

ERIC MACCLURE : Nothing very definite, but for the last weeks, the Church keeps telling us that God is on our side.

MRS. PRIOLLEAU : Can you give that a doubt ?

ERIC MACCLURE : It's not such an easy question. We'd have to know, first of all, if God is always on the winning side – as you think we're going to win.

MISS RIOLLEAU : Par-ci par-là, bien entendu. Il en faut.

ERIK MAC CLURE : Il en faudra beaucoup si la guerre éclate. Et que ferez-vous, mademoiselle ?

MISS RIOLLEAU : De la charpie, monsieur, de la charpie pour nos blessés.

ERIK MAC CLURE : Ne devriez-vous pas dire : pour nos glorieux blessés ? C'est ainsi qu'on les appelle à chaque guerre.

ANGELINA : Je trouve que nous devrions parler d'autre chose.

MRS. RIOLLEAU : Mon enfant, nous ne pouvons pas parler d'autre chose, et c'est même la preuve que nous sommes déjà en guerre. Mais je suis effroyablement optimiste. Ces gens du Nord n'ont pas de sang dans les veines : ils ne pensent qu'à leurs dollars. Je les vois en pleine déroute dès les premières rencontres.

MRS. STRONG : Tu as de bons yeux, Laura.

MRS. RIOLLEAU : Toi, tu es une défaitiste. J'ai toujours eu le sentiment que tu ne croyais pas à la cause. Tu ne viens pas comme nous d'une famille de militaires.

ÉDOUARD BRODERICK : Je vous en supplie. Ne rendons pas plus pénible une heure suffisamment difficile.

MRS. RIOLLEAU : Qu'ai-je dit qui puisse vous émouvoir ? Je n'ai jamais vu d'aussi longues figures. On croirait, à vous voir, que le Seigneur nous a rejetés et qu'il n'est pas avec nous.

ERIK MAC CLURE : Je ne sais pourquoi, j'attendais cette phrase.

MRS. RIOLLEAU : Que voulez-vous dire ?

ERIK MAC CLURE : Rien de précis, mais depuis plusieurs semaines, le clergé nous dit que Dieu est, en effet, avec nous.

MRS. RIOLLEAU : Pouvez-vous en douter ?

ERIK MAC CLURE : La question n'est pas facile. Il faudrait d'abord savoir si Dieu est toujours du côté du vainqueur – puisque vous nous voyez vainqueurs.

MRS. PRIOLLEAU : If God is with us, I really don't see how the North can win. That would be almost blasphemy, wouldn't it, Mr. White ?

MR. WHITE : Since you ask my opinion, Ma'am, I'm going to quote a verse from the Bible. It's in the Book of Kings.

MRS. PRIOLLEAU : I adore the Book of Kings. Let's have your verse.

MR. WHITE : It's this : "Let not him that girdeth on his harness boast himself as he that putteth it off."

MRS. PRIOLLEAU : I really don't see the connection, Mr. White. *(She rises.)* Evelyn, you must forgive us for leaving so early, but the road is a perfect bog and we have an hour's drive ahead of us. *(Miss Priolleau rises.)* When we meet again, the face of the country will have changed.

> *She kisses Mrs. Strong.*

MRS. STRONG : I liked the country as it was.

MRS. PRIOLLEAU : You speak of it in the past. So you see that things couldn't go on as they were. Goodbye, Edward.

EDWARD BRODERICK : If you must go, I'll see you to your carriage.

> *Mrs. Priolleau and her daughter take leave of everyone. All go out at right, except Vee-chefsky, Eric MacClure and Mr. White.*

MR. WHITE : I beg that'll you'll excuse me, gentlemen. It's earlier for you than for a man of my age. If I've understood right, you're going away tomorrow. May God keep you always.

> *He shakes hands with the two men and goes out at left.*

MRS. RIOLLEAU : Si Dieu est avec nous, je ne vois vraiment pas comment le Nord peut nous battre. Il y aurait quelque chose de blasphématoire dans une telle pensée, n'est-ce pas M. White ?

M. WHITE : Madame, puisque vous me demandez mon avis, je vais vous citer un verset de l'Écriture, un verset que personne ne remarque jamais. Il se trouve dans le Livre des Rois.

MRS. RIOLLEAU : J'adore le Livre des Rois. Que dit-il, votre verset ?

M. WHITE : Ceci : « Que celui qui endosse son armure ne se réjouisse pas comme celui qui l'ôte [30]. »

MRS. RIOLLEAU : Je ne saisis pas bien le rapport, M. White. *(Elle se lève.)* Éveline, tu nous pardonneras de nous en aller si tôt, mais la route est une vraie fondrière et nous en avons pour une heure. *(Miss Riolleau se lève.)* Quand nous nous reverrons, la face du pays aura changé.

Elle l'embrasse.

MRS. STRONG : Je l'aimais comme il était, le pays.

MRS. RIOLLEAU : Tu en parles déjà au passé. Tu vois bien que ça ne pouvait pas durer. Au revoir, Édouard.

ÉDOUARD BRODERICK : Je vais vous accompagner jusqu'à votre voiture, puisqu'il faut que vous partiez.

> *Mrs. Riolleau et sa fille disent au revoir à toutes les personnes présentes. Tous sortent par la droite, sauf Wiczewski, Erik Mac Clure et M. White.*

M. WHITE : Messieurs, je vous prie de m'excuser. Il est moins tard pour vous que pour un homme de mon âge. Si j'ai bien compris, vous partez demain. Puisse Dieu vous garder toujours.

> *Il serre la main aux deux hommes et se retire par la gauche.*

ERIC MACCLURE : Shall we join our hosts, Lieutenant ?

JAN : I wish to speak to you, Eric MacClure.

ERIC MACCLURE : Here ? Just as you like.

JAN : What I have to say will no doubt surprise you, and I know only too well that I'll never be able to express my feelings. At another time perhaps, but not tonight. Everything seals my lips. The very air I breathe here seems to stifle me. This setting, these great mirrors, the trees in the avenue, all I see advises me to be silent. And I'm afraid too that, one sentence leading to another, I'll be brought to confide in you, entrapped by my own words...

ERIC MACCLURE : But you've just said that you couldn't speak.

JAN : I didn't wish to, but now, having begun to speak, I'm compelled to go ahead.

ERIC MACCLURE : What compels you to go ahead ?

JAN : You. You alone. The very way you're looking at me.

ERIC MACCLURE : I don't know what opinion you can have of me, Lieutenant Veechefsky. I'm a plain man, used to talking plainly. If I didn't feel that you were disturbed and perhaps unhappy, I'd already have left the room, for scarcely anything you say is intelligible to me. I have the impression that all the words you use serve to hide what you're afraid of saying. Perhaps I could help you...

JAN : Help me ?

ERIC MACCLURE : Yes, help you to say what you have so much at heart and that your tongue refuses to let me hear. Oh, far be it from me to force a secret from you. I have a

ERIK MAC CLURE : Lieutenant, voulez-vous que nous rejoignions nos hôtes ? La nuit est si belle qu'ils resteront sans doute sur la véranda à moins qu'ils ne se promènent dans la grande avenue.

IAN : J'ai à vous parler, Erik Mac Clure.

ERIK MAC CLURE : Ici ? À votre aise.

IAN : Ce que vous allez entendre vous étonnera, sans doute, et pourtant je sens trop bien que je ne pourrai jamais vous dire ce qui est en moi. En d'autres temps, en d'autres lieux, peut-être, mais ce soir, entre ces murs, non. Tout me ferme la bouche. L'air même que je respire ici est pour moi comme un bâillon. Ce décor, ces grands miroirs, ces arbres que je vois dans l'avenue me conseillent le silence. On ne doit pas parler, quand même on devrait en mourir, et je crains cependant que de phrase en phrase, insensiblement, je ne sois amené à me livrer à vous, à tomber dans le piège des mots...

ERIK MAC CLURE : Mais vous disiez tout à l'heure que vous ne pouviez pas parler.

IAN : Je ne le voulais pas. Déjà, ayant dit ce que j'ai dit, je suis contraint d'aller de l'avant.

ERIK MAC CLURE : Qui vous oblige à poursuivre ?

IAN : Vous. Vous seul. Ce regard que vous posez sur moi.

ERIK MAC CLURE : Je ne sais quelle idée vous vous formez de moi, lieutenant Wiczewski. Je suis un homme simple, habitué à parler simplement. Si je ne sentais que vous êtes troublé, malheureux peut-être, j'aurais quitté cette pièce, car presque rien de ce que vous me dites depuis un moment ne m'est intelligible. J'ai l'impression que tous ces mots dont vous vous servez dissimulent ce que vous n'osez dire. Peut-être puis-je vous aider...

IAN : M'aider ?

ERIK MAC CLURE : Vous aider à me dire ce qui vous tient à cœur et que votre langue refuse de me faire entendre. Oh ! loin de moi le désir de forcer une confidence ! J'ai horreur

horror of confidences and the familiarity they bring with them, but I'd be blind if I didn't realize that the man I have before me is a man... well, an unhappy man.

JAN : ... Unhappy. Yes.

ERIC MACCLURE : Do you hesitate because you come from elsewhere ? You think me most unfeeling. But you and I are made of the same flesh. I have the same impulses, the same perplexities and sometimes my heart is like the kingdom divided spoken of in the Gospel.

JAN : Forgive what I'm about to say, but your austerity chills me. You are one of the righteous that we're told of sometimes, and who are never wrong. I myself have been wrong all my life. Does it seem strange to you that I should talk like this ?

ERIC MACCLURE : It seems very strange. I told you a short time ago that confidences embarrass me and the errors you may have committed are not my business. But... or I'm much mistaken, your conscience is troubled because, having lived in the North, you perhaps feel won over secretly to the Southern cause.

JAN : No, that has nothing to do with it.

ERIC MACCLURE : Then what have we been talking about for the last five minutes ? Well, answer !

JAN : I can say nothing to you. We are a thousand miles apart. This controversy between the North and the South is none of my business. This war is not my war. Something else is breaking my heart, something that you can't understand, and what I read in your face is the invincible ignorance of the pure in heart where the suffering of the world is concerned. You have never loved, Eric MacClure. Your

des confidences et de la familiarité qu'elles provoquent, mais je serais aveugle si je ne comprenais pas que l'homme que j'ai devant moi est un homme... eh bien ! un homme qui souffre...

IAN : ... Qui souffre. Oui.

ERIK MAC CLURE : Ne croyez pas que ces crises de conscience me soient étrangères. Je suis jeune, comme vous, mais je connais un peu le cœur humain, et ces dernières semaines m'ont mûri.

IAN : Ces dernières semaines ? Mais nous nous connaissons depuis quelques heures.

ERIK MAC CLURE : Je ne vois pas le rapport que cela peut avoir. Pourquoi me regardez-vous ainsi ? Ai-je dit quelque chose qui vous ait choqué ? Voyons, ne croyez-vous pas préférable que nous parlions franchement de ce qui vous préoccupe ? Nous sommes seuls. Je vous donne ma parole que cet entretien restera à jamais secret. J'avoue que j'avais peu de sympathie pour vous quand je vous ai vu tout d'abord, mais j'en ai maintenant à cause de tout ce que je devine.

IAN : Que vous deviniez ce qui se passe en moi et que malgré tout vous restiez là, je ne puis vous dire à quel point j'en demeure confondu. Mais ce n'est pas possible. Je vous croyais, je vous crois encore d'une telle rigueur... même quand vous ne parlez pas, votre visage, toute votre personne me crie de me taire. Vous ne pouvez pas faire un geste qui ne me rappelle que nous ne sommes pas de la même race d'hommes.

ERIK MAC CLURE : Est-ce parce que vous venez d'ailleurs que vous hésitez ? Vous me croyez bien inhumain. Je ne suis pourtant pas fait d'une autre chair que la vôtre. J'ai les mêmes élans, les mêmes incertitudes, et mon cœur est parfois semblable à ce royaume divisé contre lui-même dont parle l'Évangile[31].

IAN : Pardonnez-moi ce que je vais vous dire, mais votre austérité me glace. Vous êtes un de ces justes dont on nous

pride has never yielded, you don't know, as I know now, that a soul can be in bondage to another soul, or the power of life and death wielded by a human face.

ERIC MACCLURE : How do you know ? If you're in love, how do you know I'm not ?

JAN : You ?

ERIC MACCLURE : Why not ? Answer !

JAN : Alas, what can I say ?

ERIC MACCLURE *(goes up to him and grips his wrist)* : Lieutenant Veechefsky, we're to part in a little while. I'm going to enlist in the Southern army. As for you, you'll go where you please, but I'm sure we'll never see each other again. *(He drops Jan's wrist.)* For this reason and because of what you've just told me, I'm going to talk to you openly. I know perfectly well that I shall be killed.

JAN : I too shall be killed. I want to be killed.

ERIC MACCLURE : You'll be killed if it's God's will, but you may have, as I have, the conviction that the road goes no farther, that it suddenly stops short... Tonight, I feel that I'll take another few steps along the road, just a few steps, but I have no regrets. Would you like to know why ? You've judged me to be cold, hard, insensible, a truly righteous man, according to your view. Well, I don't know if I'm one of the righteous, but I'm certain of one thing : never have I suffered so bitterly as in this house.

JAN : In this house ?

ERIC MACCLURE : There's someone in this house that I'm in love with, and who doesn't know it.

A pause.

parle quelquefois et qui ne se trompent jamais. Moi, je me suis trompé toute ma vie. Est-ce que cela vous paraît étrange que je vous parle ainsi ?

ERIK MAC CLURE : Cela me paraît très étrange. Je vous ai dit tout à l'heure que les confidences me gênent et les erreurs que vous avez commises ne me regardent pas. Ou je me trompe fort, ou votre conscience est troublée parce que, ayant vécu dans le Sud, vous vous sentez secrètement gagné à la cause du Nord.

IAN : Il ne s'agit pas de cela.

ERIK MAC CLURE : Et de quoi parlons-nous depuis cinq minutes ? Eh bien, répondez, lieutenant Wiczewski ! Qu'avez-vous ?

IAN : Je ne puis rien vous dire. Nous sommes à mille lieues l'un de l'autre. Ce débat entre le Nord et le Sud n'est pas mon débat, cette guerre n'est pas ma guerre. Autre chose me déchire que vous ne pouvez pas comprendre et ce que je lis dans vos traits, c'est l'invincible ignorance des purs devant la souffrance du monde. Vous n'avez jamais aimé, Erik Mac Clure. Votre orgueil n'a jamais plié, vous ne savez pas, comme je le sais maintenant, ce que c'est que l'asservissement d'une âme à une autre, ni le pouvoir de vie et de mort dont dispose un visage humain.

Il le regarde dans les yeux.

ERIK MAC CLURE : Qu'en savez-vous ? Si vous êtes amoureux, qui vous dit que je ne le suis pas ?

IAN : Vous ?

ERIK MAC CLURE : Pourquoi pas ? Répondez !

IAN : Hélas, que puis-je dire ?

Erik Mac Clure va vers lui et lui prend le poignet avec force.

ERIK MAC CLURE : Lieutenant Wiczewski, nous allons nous quitter tout à l'heure. Je vais m'engager dans les troupes du Sud. Quant à vous, vous irez où il vous plaira, mais je suis

JAN : Why haven't you declared yourself ?

ERIC MACCLURE : It's too late. It's too late for love. War's on the threshold, and I'm going.

JAN : Why can't I die now, with those words in my ears ? At least I'd leave this world with a doubt in my heart, instead of unbearable truth.

ERIC MACCLURE : Are you afraid that we're in love with the same person ?

JAN : Don't say that, it's not possible.

ERIC MACCLURE : I don't see why.

JAN : A word would be enough to open your eyes, but that very word, which I won't speak, would seem more mysterious and more abominable to you than all the rest.

ERIC MACCLURE : I can easily imagine you to be in love, as I'm in love myself. Love isn't a sin.

JAN : Love isn't a sin...

ERIC MACCLURE : These words seem to surprise you. It looks as though you were even more of a Puritan than I am.

JAN : I want to ask you a question. Will you allow me to ?

ERIC MACCLURE : Why, of course. I'll see if I can answer it.

JAN : You said a little while ago, that the person you love is unaware of it. Haven't you been tempted to express your sentiments ?

ERIC MACCLURE : Certainly, but I felt I shouldn't. I thought I'd told you this.

sûr que nous ne nous reverrons pas. *(Il lâche le poignet de Ian.)* Pour cette raison et à cause de ce que vous m'avez dit tout à l'heure, je vais vous parler à cœur ouvert. Je sais parfaitement que je serai tué.

IAN : Moi aussi, je serai tué. Je le veux.

ERIK MAC CLURE : Vous serez tué si Dieu le permet, mais peut-être avez-vous comme moi la certitude que la route ne va pas plus loin, qu'elle est subitement coupée... Ce soir, j'ai cette impression que je ferai encore quelques pas sur la route, quelques pas seulement, mais je n'en éprouve aucun, aucun regret. Voulez-vous savoir pourquoi ? Vous m'avez jugé froid, dur, insensible, un vrai juste, selon vos vues. Or, je ne sais si je suis juste, mais je suis bien certain de n'avoir jamais aussi cruellement souffert que dans cette maison.

IAN : Dans cette maison ?

ERIK MAC CLURE : Il y a dans cette maison quelqu'un dont je suis épris, et qui n'en sait rien.

Silence.

IAN : Pourquoi ne le lui avez-vous pas dit ?

ERIK MAC CLURE : Il est trop tard. Il est trop tard pour l'amour. La guerre est là, et je m'en vais.

IAN : Avec cette parole dans l'oreille, que ne puis-je mourir maintenant ! Que Dieu ne me frappe-t-il pas ! J'emporterais au moins le doute dans mon cœur au lieu d'une vérité insupportable.

ERIK MAC CLURE : Craignez-vous que nous ne soyons épris de la même personne ?

IAN : Non, ne dites pas cela. Ce n'est pas possible.

ERIK MAC CLURE : Je ne vois pas pourquoi.

IAN : Il me suffirait d'un mot pour vous ouvrir les yeux, mais ce mot que je meurs de ne pouvoir dire vous semblerait plus mystérieux et plus abominable que tout le reste.

ERIK MAC CLURE : Plus abominable ! Vous vous faites de moi une idée singulière. Je crois que vous me prenez pour

JAN : Isn't it rather because you didn't dare, because your courage failed you, that you trembled, for the first time perhaps, trembled before a human being.

ERIC MACCLURE : No, you're mistaken. I didn't wish to inflict an unnecessary trial, to perhaps inspire love which might cause unhappiness.

JAN : Can you imagine a man lacking courage to the point of not being able to speak of his love ?

ERIC MACCLURE : Yes, one can be brave and lack that kind of courage.

JAN : Even if it kills you ?

ERIC MACCLURE : Even if it kills you. *(He goes up to Jan and takes his hand.)* Lieutenant Veechefsky, something attracts me to you that I can scarcely explain, for to tell the truth, I hardly know you. I remember that five years ago, when I was still at school, I was seized with a sudden affection for a classmate to whom I hadn't said twenty words perhaps in a whole term. We became inseparable and as we were both of us deeply religious, we exchanged prayer books. All this seems a little ridiculous now, but we weren't over fifteen and as sincere as we could be. Since then he married a girl I was in love with, but I never bore my rival a grudge. I don't know why, you remind me of him... I believe that under more favorable circumstances, we might have been friends, you and I, and remained friends for many years. Don't you think so ? Why don't you say something ? *(He lets go Jan's hand.)* Perhaps you find me indiscreet.

JAN : Oh no.

ERIC MACCLURE : I assure you that I'm not in the habit of offering my friendship at random.

un de ces puritains qui jadis envoyaient au bûcher les hommes et les femmes soupçonnés d'avoir encouru la réprobation du Seigneur. Grâce à Dieu, le monde a changé. Je conçois très bien que vous soyez amoureux, puisque je le suis moi-même. L'amour n'est pas un péché.

IAN : L'amour n'est pas un péché ?

ERIK MAC CLURE : Cette phrase a l'air de vous surprendre. De nous deux, n'est-ce pas vous le puritain ?

IAN : Je voudrais vous poser une question. Me le permettez-vous ?

ERIK MAC CLURE : Mais naturellement. Je verrai si je puis y répondre.

IAN : Vous m'avez dit tout à l'heure que la personne dont vous êtes épris ne savait rien de cet amour. N'avez-vous pas été tenté de le lui avouer ?

ERIK MAC CLURE : Sans doute. Mais il est trop tard. Je crois vous l'avoir dit.

IAN : N'est-ce pas plutôt que vous n'osiez pas, que le courage vous a manqué, que vous avez tremblé, pour la première fois peut-être, tremblé devant un être humain ?

ERIK MAC CLURE : Non. Vous vous trompez. Je n'ai pas voulu lui infliger une épreuve inutile, lui inspirer peut-être un amour qui l'eût fait souffrir.

IAN : Quelle libération, pourtant, si vous aviez pu lui dire que vous l'aimiez !

ERIK MAC CLURE : Une libération. Oui. J'y ai beaucoup songé, mais il ne fallait pas.

IAN : Concevez-vous qu'un homme manque de courage au point de ne pouvoir avouer son amour ? Qu'il se tienne devant la personne dont il est épris et ne puisse lui dire : « Je vous aime... » ?

ERIK MAC CLURE : Oui. On peut être très courageux et n'avoir pas ce courage-là.

IAN : Même si l'on doit en mourir ?

JAN : Please believe that I... I appreciate it.

ERIC MACCLURE : What's the matter ? You're dreadfully pale.

JAN : Nothing's the matter.

ERIC MACCLURE : Oh, I can see that you're moved. So am I. These last moments I'm spending with you are among the strangest I have ever lived through. It seems to me that you're helping me to bear my unhappiness. Perhaps I'm like you, I'm afraid of my love. A few steps away, in the great avenue... Listen, I'm going to tell you a dream I had four months ago. I had come here with my father for the first time. We had spent the evening in this room. It was a little before Christmas. She sat there, a little apart from the others, near the window. She wasn't interested in what was being said. We were talking politics. Even then, war seemed inevitable to men capable of thought, but she didn't listen. She was alone, her cheek pressed to the wall so I could only see her profile. She was very beautiful but something in me said no. No, because war was there, no, because death was waiting. I stayed at the other end of the drawing-room. I looked at her but didn't stir. That night, when I managed to get to sleep at last, I had a dream. I dreamt that I was here, in this room, and that everything began all over again. She was over there and I here, but this time I crossed the drawing-room and went up to her.

JAN : What are you saying ?

ERIC MACCLURE : Yes, I left my seat and went up to her. She got up, very straight and her eyes on mine. I came close to her. I touched her hand, her wrist very lightly and said something to her, but I couldn't hear the sound of my own words. I told her that I loved her, I told her that she would never belong to anyone but me. She didn't answer. Perhaps she didn't hear. I went back to my seat. After a while she left the room.

ERIK MAC CLURE : Même si l'on doit en mourir. Lieutenant Wiczewski, quelque chose m'attire vers vous que je ne saurais bien m'expliquer moi-même, car, à vrai dire, je ne vous connais pas. Je me souviens qu'il y a cinq ans, alors que j'étais encore au collège, je me pris d'une affection subite pour un camarade à qui je n'avais peut-être pas dit vingt mots dans l'espace de tout un trimestre. Nous devînmes inséparables et comme nous étions fort religieux l'un et l'autre, nous échangeâmes nos livres de prières. Tout cela paraît un peu ridicule aujourd'hui, mais nous n'avions pas plus de quinze ans et nous étions aussi sincères qu'on peut l'être. Depuis le garçon s'est marié. Il a même épousé une jeune fille dont j'étais amoureux, mais je n'en ai jamais voulu à mon rival. Je ne sais pourquoi je pense à lui en vous voyant... Je crois que, dans des circonstances plus favorables, nous aurions pu être amis, vous et moi, et rester amis de longues années... Ne le croyez-vous pas ? Pourquoi ne dites-vous rien ? Je vous semble indiscret, peut-être.

IAN : Mais non.

ERIK MAC CLURE : Je vous assure que je n'ai pas l'habitude d'offrir mon amitié au premier venu.

IAN : J'apprécie... Croyez-le bien.

ERIK MAC CLURE : Qu'avez-vous donc ? Vous êtes blême. Regardez-vous au miroir.

IAN : Me regarder au miroir ?

ERIK MAC CLURE : Oh ! je vois bien que vous êtes ému. Moi aussi. Ces derniers moments que je passe avec vous sont parmi les plus étranges que j'aie vécus. Il me semble que vous m'aidez à souffrir. Je suis comme vous, peut-être : j'ai peur de ce que j'aime. À quelques pas d'ici, dans la grande avenue... Tenez, je vais vous dire un rêve que j'ai fait, il y a quatre mois. J'étais venu ici avec mon père, pour la première fois. Nous avons passé la soirée dans cette pièce. C'était un peu avant Noël. Elle s'était assise là, un peu à l'écart, près de la fenêtre. Ce que l'on disait ne l'intéressait pas. Nous parlions de politique. Déjà la guerre paraissait

JAN : And after that ?

ERIC MACCLURE : After that I tried to write to her, but I tore up letter after letter. One day I jumped on my horse and rode to the outskirts of the plantation, but something prevented me from going any farther, as though there was a ban on this house.

JAN : Why did you come back ?

ERIC MACCLURE : I was too unhappy. I wanted to see her again. I gave in.

JAN : And having seen her once more, once more you're running away from her. You might be with her now and you're here, with me.

ERIC MACCLURE : Indeed, I believe it's my duty to run away from her, as you say, for war is at the door. And when you insisted so strongly, a moment ago, on keeping me here, I took it as a sign...

JAN : What a reasonable love is yours and how curiously restrained. So easily managed... led here, forbidden to stray there...

ERIC MACCLURE : What right have you to question my sincerity ?

JAN : I have the right because I'm twenty-five, with an experience of love that you lack. You are deluding yourself with the foolish sedateness of a boy. If you were in love with that little girl, you'd be sitting by her, good as gold, breathing sighs until the dear angel herself asked why you are so sad...

ERIC MACCLURE : You're mad !

inévitable aux hommes capables de réfléchir, mais elle n'écoutait pas. Elle était seule, la joue appuyée au dossier de ce fauteuil, de sorte que je la voyais de profil. Elle était très belle, mais en moi quelque chose disait non. Non, parce que la guerre était là, non parce que la mort attendait. Je suis resté à l'autre bout du salon. Je la regardais, mais je ne bougeais pas. Cette nuit-là, quand je suis parvenu à m'endormir, j'ai rêvé. J'ai rêvé que j'étais ici, dans cette pièce, et que tout recommençait. Elle était là-bas et moi ici, mais cette fois, je traversai le salon pour aller jusqu'à elle.

IAN : Qu'est-ce que vous dites ?

ERIK MAC CLURE : Oui, je quittais ma place et j'allais vers elle. Elle s'est levée, toute droite, et ses yeux dans les miens. M'approchant d'elle, je lui ai frôlé la main, le poignet, et je lui ai dit quelque chose, mais je n'entendais pas moi-même le son de mes paroles. Je lui ai dit que je l'aimais, je lui ai dit qu'elle ne serait jamais qu'à moi. Elle n'a pas répondu. Peut-être n'a-t-elle pas entendu. J'ai regagné ma place. Au bout d'un moment, elle a quitté la pièce.

IAN : Et après ?

ERIK MAC CLURE : Après, je ne sais plus. Je me suis réveillé. J'ai voulu lui écrire ; lettre après lettre furent déchirées. Un jour, j'ai sauté à cheval, j'ai poussé jusqu'aux abords de la plantation, mais quelque chose m'a retenu d'aller plus avant, comme s'il y avait eu un interdit autour de cette maison.

IAN : Pourquoi êtes-vous revenu ?

ERIK MAC CLURE : Je souffrais trop. Je voulais la revoir. J'ai cédé.

IAN : Et l'ayant revue, vous la fuyez de nouveau. Vous pourriez être à ses côtés, dans l'avenue, et vous êtes ici, avec moi.

ERIK MAC CLURE : Je crois qu'en effet mon devoir est de la fuir, comme vous dites, puisque la guerre est à nos portes. Dans l'insistance que vous avez mise à me retenir ici, tout à l'heure, il m'a semblé voir un signe...

JAN : What are you doing here, alone in this room with me, talking of love ? *(He seizes his arm and pushes him in front of the mirror.)* Look at yourself ! It's you that are enclosed in a ban, in a circle of horror. It surrounds your face, your shoulders, your hands. Look at that brow, innocent of all desire, those lips that no lips have ever touched because you're afraid and spread that fear around you.

ERIC MACCLURE : Let me go ! If you want to fight, we can go outside, but you're mad to pick a quarrel with me. I wish you no harm.

JAN : I'm not picking a quarrel with you, you fool ! I want to kill you.

Edward Broderick enters at right.

EDWARD BRODERICK : What is it ? What are you doing ?

JAN : What we're doing ? I'm insulting this man in your presence and I'm calling him a coward. Isn't that enough ?

He draws back a step and strikes MacClure's cheek. Broderick stands between them.

EDWARD BRODERICK : If you want to fight, wait until tomorrow.

ERIC MACCLURE : I can't wait.

JAN : I can't either. I can no more wait than a lover running to a rendez-vous. It must be tonight, under the trees.

EDWARD BRODERICK : What has he done to you, Jan ?

JAN : That's my business.

EDWARD BRODERICK *(to MacClure)* : Did you insult him ?

IAN : C'est donc autour de cette femme qu'il y a l'interdit dont vous parliez, l'invisible barrière que votre conscience a patiemment élevée, mais c'est un amour bien raisonnable que le vôtre et singulièrement bridé, qui souffre qu'on le mène ici et qu'on le garde d'aller par là...

ERIK MAC CLURE : De quel droit mettez-vous en doute ma sincérité ?

IAN : Du droit que me donnent mes vingt-cinq ans et une expérience du cœur que vous n'avez pas. Vous vous dupez vous-même avec la gravité de votre âge. Si vous étiez amoureux de cette petite fille, vous seriez là-bas, à soupirer bien sagement auprès d'elle jusqu'à ce que le cher ange vous interroge sur la cause de votre tristesse...

ERIK MAC CLURE : Vous êtes fou !

IAN : Que faites-vous ici, seul avec moi dans cette pièce, à parler d'amour ? *(Il le saisit par le bras et le pousse devant le miroir.)* Regarde-toi ! Il est autour de toi, l'interdit, le cercle d'horreur, autour de ton visage, de tes épaules, de tes mains. Regarde ce front pur de tout désir, cette bouche sur laquelle nulle bouche ne s'est posée parce que tu as peur et que tu fais peur...

ERIK MAC CLURE : Lâchez-moi ! Si vous voulez vous battre, nous irons dehors, mais vous êtes fou de me chercher querelle. Je ne vous veux aucun mal.

IAN : Je ne te cherche pas querelle, imbécile ! Je veux ta mort.

Entre Édouard Broderick par la droite.

ÉDOUARD BRODERICK : Qu'y a-t-il ? Que faites-vous ?

IAN : Il y a que j'insulte cet homme devant vous et que je l'appelle lâche et capon. Cela ne suffit-il pas ?

Il recule d'un pas et gifle Erik Mac Clure.
Édouard Broderick se met entre eux.

ÉDOUARD BRODERICK : Si vous voulez vous battre, attendez à demain.

ERIC MACCLURE : Certainly not.

The women appear at right.

MRS. STRONG : What's happening ? What's the matter ? You can be heard way into the avenue.

Edward Broderick goes to them.

EDWARD BRODERICK : Leave us.

MRS. STRONG : I want to know.

EDWARD BRODERICK : You can't fight without seconds.

JAN : Go fetch whom you please, but we'll fight tonight. I leave the choice of weapons to Eric MacClure.

EDWARD BRODERICK : Jan, I beseech you to pause and reflect. You're committing a crime.

ERIC MACCLURE : I'm quite able to defend myself, sir. Lieutenant Veechefsky is right : we can't wait. *(To Edward Broderick.)* You won't refuse me the honor of serving as my second.

JAN *(to MacClure)* : We need another one. *(To Edward Broderick.)* Let Mr. White be fetched. Will you have lanterns sent down to the glade ? That would be the best place for us. The avenue is too near the Negroes' cabins.

EDWARD BRODERICK : Jan...

Veechefsky looks him straight in the eye.

JAN *(to Edward Broderick)* : Do as I tell you.

He goes out at left with Eric MacClure.

ERIK MAC CLURE : Je ne puis attendre.

IAN : Moi non plus. Je ne puis pas plus attendre que l'amoureux qui court à son rendez-vous. Ce sera cette nuit, sous les arbres.

ÉDOUARD BRODERICK : Que vous a-t-il fait, Ian ?

IAN : Cela ne regarde que moi.

ÉDOUARD BRODERICK, *à Mac Clure* : L'avez-vous insulté ?

ERIK MAC CLURE : En aucune manière.

> *Les femmes paraissent à droite.*

MRS. STRONG : Qu'y a-t-il ? On vous entend jusque dans l'avenue.

> *Édouard Broderick va vers elles.*

ÉDOUARD BRODERICK : Laissez-nous. *(Les femmes se retirent. Aux deux hommes :)* Vous ne pouvez pas vous battre sans témoins.

IAN : Allez chercher qui vous voudrez, mais nous nous battrons cette nuit. Je laisse à Erik Mac Clure le choix des armes.

ÉDOUARD BRODERICK : Ian, je vous conjure de réfléchir. Vous commettez un crime.

ERIK MAC CLURE : Je saurai me défendre, monsieur. Le lieutenant Wiczewski a raison ! *(À Édouard Broderick :)* Vous ne me refuserez pas l'honneur de me servir de témoin.

IAN : Il en faut un autre. *(À Édouard Broderick :)* Qu'on aille chercher M. White. Je vous demanderai aussi de faire porter des lanternes dans la clairière qui est près du silo. Cet endroit convient mieux à notre dessein. L'avenue est trop près des cases.

ÉDOUARD BRODERICK : Ian...

> *Wiczewski le regarde dans les yeux.*

IAN, *à Édouard Broderick* : Faites ce que je vous dis.

> *Il sort par la gauche avec Erik Mac Clure.*

Scene 2

*Same setting. All the lights are off except
the lamp seen in Act II. A clock strikes
three. Eliza enters at the left. She moves
the cushions about and seems to be looking
for something.*

ELIZA : Missis and her handkerchief, Missis and her fan,
she's always losing everything, the crazy old fool. It's three
o'clock and she isn't in bed yet. Ah ! *(She has found the fan
between the legs of the sofa, takes and opens it, advancing to the
mirror.)* Say what you like... here's breeding for you... *(The
colored child seen in Act I comes running in at right.)* What are
you doing here, child, at this time of night, too ? Run
straight back to your cabin or I'll have your mother whip
you.

COLORED CHILD : Miss Liza !

ELIZA : Well, what is it ?

COLORED CHILD : Oh, I've been running... my grandpa...
my grandpa...

ELIZA : Will you speak or do you want me to tear one of
your ears off ?

COLORED CHILD : Grandpa woke me up just now and told
me to go speak to you. He told me that Master must be
warned.

ELIZA : And what would I warn Master about, at this
hour ?

COLORED CHILD : He said : "Eliza must tell Master : The
Lord is going to pass in our midst and He's going to strike
you, the master of the plantation. And if you don't say your
prayers, you're lost."

ELIZA : Well, you little nigger, you can go straight back to
the cabin and tell your grandpa that he's been having visions
and if he thinks I'm going to disturb Master to tell him such

SCÈNE 2

*Même décor. Toutes lumières éteintes, sauf
la lampe qu'on a vue à l'acte II. Entre
Eliza par la gauche. Elle déplace des cous-
sins et semble chercher quelque chose.*

ELIZA : Le mouchoir de Maîtresse, l'éventail de Maîtresse.
Elle perd tout cette vieille folle. Il est trois heures du matin
et elle n'est pas encore couchée. Ah ! *(Elle a trouvé l'éventail
entre les pieds du canapé, le prend, le déploie et s'avance vers la
glace.)* Tout de même... Hein ? Ce que c'est que la race...
(Entre en courant par la droite le négrillon du premier acte.)
Qu'est-ce que tu fais là, enfant ? À cette heure ! Veux-tu
rentrer à la case ou je te fais fouetter par ta mère !

LE NÉGRILLON : Mademoiselle Eliza !

ELIZA : Eh bien, parle !

LE NÉGRILLON : J'ai couru... Mon grand-papa... mon grand-
papa...

ELIZA, *le secouant* : Parles-tu ou faudra-t-il que je t'arrache
une oreille ?

LE NÉGRILLON : Grand-papa m'a réveillé tout à l'heure pour
me dire d'aller vous trouver. Il m'a dit qu'il fallait prévenir
Maître.

ELIZA : Et de quoi préviendrais-je Maître, à cette heure ?

LE NÉGRILLON : Il a dit : « Eliza dira à Maître : Le Seigneur
va passer parmi nous et il va te frapper, toi, le maître de la
plantation, et si tu ne pries pas, tu es perdu. »

ELIZA : Eh bien ! mon petit nègre, tu vas retourner à la
case et tu diras à ton grand-papa qu'il a des visions et que,
s'il me voit en train de déranger Maître pour lui dire de
telles folies, eh bien ! c'est une vision de plus qu'il aura
eue.

nonsense, well, he'll just be having another vision, that's all.

COLORED CHILD : He said if you didn't obey, the Lord would call you to account. That's just what he said : "The Lord will call you to account."

ELIZA : Well, you tell your old nigger of a grandpa that I don't take orders from him. Miss Eliza sends her compliments to Uncle John and begs to inform him that she doesn't take orders from him. You understand ? And now, git !

> *The colored child goes out at right. Almost*
> *at once Jeremy enters at right.*

JEREMY : Miss 'Liza, what do you know ? In the kitchen they say the two young white gentlemen are going to fight in the glade. Master told Luke and Barnabas to carry four lanterns down there.

> *Mrs. Strong and Angelina enter at left.*

MRS. STRONG : Go away, Jeremy. Eliza, my fan and handkerchief.

ELIZA : I haven't found the handkerchief yet, Missis.

MRS. STRONG *(taking the fan)* : Go get two in my bureau. *(Eliza goes out.)* Angelina, don't you know any better than to cry before colored people ? You ought to be ashamed of yourself.

ANGELINA : I can't help it.

MRS. STRONG : A lady can always help it. What's happening is perfectly normal. Quite in Southern tradition. A duel by lantern-light. Good ! I like that ! With a little encouragement, I'd go watch it myself. Go and fetch Regina. I want her to stay here with us. She slyly disappeared after supper. *(Angelina goes out at left.)* A duel. Those two handsome young men in their shirtsleeves... Fire runs in our little lieutenant's veins. *(Eliza enters from right and hands Mrs. Strong two handkerchiefs, then goes out.)* One for Angelina, the other for the little Yankee. They're bound to bellow, the pair of

LE NÉGRILLON : Il a dit que, si vous n'obéissez pas, le Seigneur vous en demandera compte. C'est comme ça qu'il a dit : « Le Seigneur lui en demandera compte. »

ELIZA : Eh bien ! tu diras à ton vieux nègre de grand-père que je ne suis pas à ses ordres. Mlle Eliza envoie ses compliments à Uncle John et elle lui fait savoir qu'elle n'est pas à ses ordres. Tu as compris ? À présent, file !

> *Le négrillon sort par la droite. Presque aussitôt entre par la gauche Jeremy.*

JEREMY : Mademoiselle Eliza, vous ne savez pas ? On dit à la cuisine que les deux jeunes messieurs blancs vont se battre du côté du silo. Maître a dit à Luc et à Barnabé de porter quatre lanternes.

> *Entrent par la gauche Mrs. Strong et Angelina.*

MRS. STRONG : Va-t'en, Jeremy. Eliza, mon éventail et mon mouchoir.

ELIZA : Maîtresse, voici votre éventail. Je n'ai pas encore trouvé le mouchoir.

MRS. STRONG, *prenant l'éventail* : Va m'en chercher deux dans ma commode. *(Eliza sort.)* Angelina, quand sauras-tu qu'on ne pleure pas devant les nègres ? C'est une honte.

ANGELINA : Je ne peux pas m'en empêcher.

MRS. STRONG : Une dame peut toujours s'en empêcher. Ce qui se passe est parfaitement normal. Tout à fait dans les traditions du Sud. Un duel aux lanternes. Bravo. J'aime ça. Pour un peu, j'irais voir. Va me chercher Regina. Je veux qu'elle soit ici avec nous. Elle a sournoisement disparu après dîner. *(Angelina sort par la gauche.)* Un duel. Ces deux beaux jeunes gens en manches de chemise... Notre petit lieutenant a du feu dans les veines. *(Eliza entre par la droite et tend deux mouchoirs à Mrs. Strong, puis sort.)* Un pour Angelina, un pour la petite Nordiste. Elles vont beugler toutes les deux. Je me demande pourquoi. Ces garçons vont s'égratigner avec leurs sabres, comme deux chats en colère, et il y

them. I wonder why. Those boys will just give each other a few scratches with their swords, like a couple of angry cats, and there'll be a grand reconciliation over the punch-bowl – or over a julep. No, it's too late for juleps. They take such a time to make. It will be punch. Eliza ! *(A pause, then she calls again.)* Eliza !

Eliza enters at right.

ELIZA : Missis ?

MRS. STRONG : Nothing. Better not count your chickens before they're hatched. Go and fetch Angelina for me.

ELIZA : Here she is, Missis.

Angelina enters at left.

MRS. STRONG : Very well. Go, Eliza. *(Eliza goes out.)* What's the matter ?

ANGELINA : Regina isn't in her room.

MRS. STRONG : Then surely she's mooning about in the avenue.

ANGELINA : Would you like me to go and see, Aunt Evelyn ?

MRS. STRONG : I want you to stay right here, by me. And to begin with, sit down. Nothing fidgets me like seeing you wandering about. There, you'd better go to bed.

ANGELINA : I couldn't sleep, Aunt Evelyn. Let me stay here, just a little while. I'm afraid, all by myself.

MRS. STRONG : What of, you little fool ? Of ghosts ? All you have to do is say your prayers. Sit down. First, give me my biscuit-box. *(Angelina hands her the biscuit-box. Mrs. Strong opens it and gives Angelina a biscuit.)* Eat it. Nothing like a biscuit to set you to rights. I wonder when those boys will get back. *(She eats a biscuit.)* What a to-do ! All that for a war that may never take place.

ANGELINA : Did they quarrel about the war ?

MRS. STRONG : What else would two men quarrel about on the twelfth of April, 1861 ? They probably disagreed over

aura une grande réconciliation au punch... ou au julep. Non,
pour le julep il est un peu tard. Cela demande trop de temps.
Du punch. Eliza ! *(Un temps, puis elle appelle de nouveau.)*
Eliza !

Eliza entre par la droite.

ELIZA : Maîtresse ?

MRS. STRONG : Rien. Il ne faut pas faire le lit de la mariée
avant les épousailles. Va me chercher Angelina.

ELIZA : Maîtresse, la voici.

Angelina entre par la gauche.

MRS. STRONG : C'est bien. Sors, Eliza. *(Eliza sort.)* Qu'y
a-t-il ?

ANGELINA : Regina n'est pas dans sa chambre.

MRS. STRONG : Elle est sûrement à rêvasser dans l'avenue.

ANGELINA : Voulez-vous que j'aille voir, tante Éveline ?

MRS. STRONG : Je veux que tu restes ici, près de moi. Et
commence par t'asseoir. Cela m'agace de te voir aller et
venir. Tiens, monte te coucher.

ANGELINA : Oh ! tante Éveline, je ne pourrai pas dormir.
Laissez-moi rester ici encore un petit moment. J'ai peur
toute seule.

MRS. STRONG : Peur de quoi, buse ? Des revenants ? Tu
n'as qu'à dire tes prières. Allons, assieds-toi là. Donne-moi
d'abord ma boîte à biscuits. *(Angelina lui tend la boîte à biscuits. Mrs. Strong l'ouvre, tend un biscuit à Angelina.)* Mange. Il
n'y a rien de tel qu'un biscuit pour vous remettre d'aplomb.
Je me demande à quelle heure ces garçons vont revenir.
(Elle mange un biscuit.) Quelle histoire ! Tout cela à propos
d'une guerre qui sans doute n'aura jamais lieu.

ANGELINA : C'est à cause de la guerre qu'ils se sont dis-
putés ?

MRS. STRONG : Et pour quelle autre raison veux-tu que deux
hommes se disputent le 12 avril 1861 ? Ils ne sont probablement pas d'accord sur la politique du Sud. N'importe, il y

the Southern policy. Never mind ! It's been at least eighteen years since a duel has been fought at Bonaventure. It ties up with tradition.

ANGELINA : How is it you like duels if you dislike wars, Aunt Evelyn ?

MRS. STRONG : What a question ! Wars upset everybody. Particularly modern wars, with all the... up-to-date improvements we dispose of nowadays : cannons that can fire a shot every five minutes, for instance... And then, you never know where a cannon-shot may drop. During the War of Independence, one fell right here : true, it was by mistake. All the same, it smashed through a door... Whereas, a duel merely concerns two charming young fools who have a good time slashing at each other in the woods.

ANGELINA : But supposing they hurt each other ?

MRS. STRONG : Oh, these days, they don't do each other much harm. In the old days, it was another matter. When I was a little girl, they brought my grandfather back on a shutter, with a hole in his breast you could have thrust your fist in. But that was on account of a woman. A love affair.

ANGELINA : A love affair ?

MRS. STRONG : Now, now, child, eat your biscuit. Love affairs don't concern little girls.

ANGELINA : When do you think they'll be back ?

MRS. STRONG : In a quarter of an hour, at latest. Everything would have been over by now if they hadn't had such trouble in getting Mr. White out of bed. The old fellow would have nothing to do with it, at first. Edward had to beg him, shake him, help him to get into that interminable underwear of his. For shame, Angelina, you're making me talk most indelicately.

ANGELINA : How I wish everybody were back, Aunt Evelyn. It frightens me to think of them, out there with their swords.

MRS. STRONG : Frightened, child ? You have nothing to fear for Lieutenant Veechefsky, nor for the other, although little

a bien dix-huit ans qu'on ne s'est pas battu à Bonaventure. Cela renoue la tradition.

ANGELINA : Comment se fait-il que vous aimiez les duels puisque vous n'aimez pas les guerres, tante Éveline ?

MRS. STRONG : La belle question ! Une guerre, ça dérange tout le monde. Une guerre moderne, avec ces moyens perfectionnés dont on dispose aujourd'hui, ces canons qui arrivent à tirer un coup toutes les trois minutes... Et puis, on ne sait jamais où ça peut tomber, un boulet. Pendant la guerre de l'Indépendance, il y en a un qui est tombé ici. C'était une erreur. Tout de même, il a défoncé une porte... Tandis qu'un duel, ça ne regarde que deux charmants jeunes imbéciles qui s'amusent à ferrailler dans les bois.

ANGELINA : Mais s'ils se font du mal ?

MRS. STRONG : Oh ! Maintenant, ils ne se font plus beaucoup de mal. Autrefois, oui. Du temps que j'étais petite fille... On a rapporté mon grand-père sur un volet, avec un trou dans la poitrine où tu aurais mis le poing. Mais c'était à cause d'une femme. Une histoire d'amour.

ANGELINA : Une histoire d'amour ?

MRS. STRONG : Allons, allons, petite. Mange un biscuit. Les histoires d'amour ne regardent pas les enfants.

ANGELINA : Quand croyez-vous qu'ils vont revenir ?

MRS. STRONG : Dans un petit quart d'heure. Tout serait déjà fini si l'on n'avait pas eu tant de mal à tirer M. White de son lit. Le vieux bonhomme ne voulait rien entendre. Il a fallu qu'Édouard le supplie, le secoue, l'aide à passer un interminable caleçon... Fi donc, Angelina, tu me fais dire des inconvenances...

ANGELINA : Je voudrais que tout le monde soit déjà de retour, tante Éveline. Cela me fait peur de songer qu'ils sont là-bas avec leurs sabres...

MRS. STRONG : Peur, petite fille ? Tu n'as rien à craindre pour le lieutenant Wiczewski ni pour l'autre, mais le petit Mac Clure ne m'a pas l'air d'un maître d'escrime. Il est un

MacClure doesn't look like a fencing master. And then, the boy's too gentle, too well-behaved. He lacks... fierceness.

ANGELINA : Aunt Evelyn, I don't want anything to happen to Mr. MacClure.

MRS. STRONG : The very idea ! I'd rather something happened to him than to Lieutenant Veechefsky. We scarcely know little MacClure. And who is he, forsooth, to get into hot water in other people's houses ? What possessed him to meddle with Lieutenant Veechefsky ? If he manages to get hurt, it'll be his own fault ! Why, Angelina, are you crazy ? You're crying ? Where are my handkerchiefs ? They were right here...

ANGELINA *(sobbing)* : I have one...

MRS. STRONG : Then blow your nose and go up to bed. You irritate me. Go ! You heard me ? *(Angelina goes out at left. Mrs. Strong remains alone.)* I hate to see people cry. All that emotion and sniffling because two boys are fighting. *(A pause.)* Eliza !

> *A few seconds go by, then Eliza enters at left.*

ELIZA : Missis ?

MRS. STRONG : Go see in the avenue if Miss Regina isn't walking there.

ELIZA : Miss Regina is probably in her room, Missis.

MRS. STRONG : No, she isn't. Miss Angelina went there just now. Do as I tell you.

ELIZA : Yes, Missis.

> *Eliza goes out at left. A pause.*

MRS. STRONG : I've never been fond of solitude, but tonight it weighs heavily on me. When I was little, I used to be told : "Say your prayers. Pray to thy Father which is in secret, and thy Father which is in secret shall reward thee openly." First of all, you must have something to say to Him, to the Lord, and be sure that He hears you, but when

peu doux, le jeune homme, un peu sage. Il manque de... de férocité.

ANGELINA : Tante Éveline, je ne veux pas qu'il arrive quelque chose à M. Mac Clure.

MRS. STRONG : En voilà une idée ! J'aime mieux qu'il lui arrive quelque chose qu'au lieutenant Wiczewski. Nous le connaissons à peine, le petit Mac Clure. Qu'est-ce que c'est que ce monsieur qui vient se faire chercher une affaire chez les gens ? Pourquoi est-il venu se frotter au lieutenant Wiczewski ? S'il attrape un mauvais coup, eh bien, ce sera sa faute ! Dis donc, Angelina, tu n'es pas folle ? Tu pleures ? Où sont mes mouchoirs ? Ils étaient là...

ANGELINA, *sanglotant* : J'en ai un.

MRS. STRONG : Alors mouche-toi et monte te coucher. Tu m'agaces. Va ! Tu m'as entendue ? *(Angelina sort par la gauche. Mrs. Strong reste seule.)* Cela m'agace de voir pleurer les gens. Toute cette émotion et ces reniflements parce que deux garçons se battent. *(Silence.)* Eliza ! *(Quelques secondes se passent, puis Eliza entre par la gauche.)* Va voir dans l'avenue si Mlle Regina ne s'y promène pas.

ELIZA : Maîtresse, Mlle Regina est sans doute dans sa chambre.

MRS. STRONG : Non. Mlle Angelina y est allée voir tout à l'heure. Fais ce que je te dis. *(Eliza sort par la gauche. Silence.)* Je n'ai jamais aimé la solitude, mais ce soir elle me pèse. Quand j'étais petite, on me disait : « Fais tes prières. Parle à ton Père qui est dans le secret, et ton Père t'entendra. » Il faudrait avoir quelque chose à lui dire, et être sûr qu'il entend, mais j'ai l'impression de parler toute seule quand je fais mes prières. C'est peut-être très mal, ce que je dis là. Souvent je me demande ce que ce doit être que de croire comme ce vieux fou d'Uncle John. Il voit l'Éternel comme un grand vieillard bienveillant qui écoute. Il lui parle comme à une personne : « Écoute, Seigneur, je te demande ceci. Écoute, Seigneur, fais cela... » Ce qui est curieux, c'est qu'il obtient parfois ce qu'il demande. Moi, j'ai beau faire

I say my prayers, I feel as though I were talking to myself. Maybe it's very wrong to say this. I often wonder what it can be like to believe as crazy old Uncle John does. He thinks of God as a big benevolent old man who listens. He talks to him as he would to a human being : "Listen, Lord, I want you to do this for me. Listen, Lord, do that"... What's so strange is that he sometimes gets what he asked for. Try as I may to go about it properly, nothing ever happens. *(Eliza enters noiselessly from the left and stands motionless, a few steps behind Mrs. Strong.)* I ask, but I'm almost sure that no one listens to me, as no one answers. For instance, if I ask for those boys to come back quickly and, of course, safe and sound, that's the most reasonable prayer possible, but I don't know why, I'm afraid to make it. It's probably because if they stayed too long, I'd have proof that I hadn't been heard and that there was no one. When I was little, I believed that there was someone. If only there were someone ! *(A pause.)* Why doesn't Eliza come back ? Eliza !

ELIZA : Missis ?

She stands before Mrs. Strong.

MRS. STRONG : How long have you been in the room ? I didn't hear you come in.

ELIZA : I've just come in.

MRS. STRONG : You lie. You were listening. Have you seen Miss Regina ?

ELIZA : Miss Regina is in the avenue, under the trees. She said she couldn't sleep and that she wanted to stay outdoors.

MRS. STRONG : Let her do as she pleases, she's going away tomorrow. *(Enter Barnabas, a young colored servant. He looks terrified.)* What is it, Barnabas ?

BARNABAS : Missis... Eliza, Master wants you to tell Lewis and Thomas to run to the glade.

Eliza goes out at left.

MRS. STRONG : Barnabas ! *(She rises from her armchair.)* Go ! Leave the room ! *(She stamps her foot and Barnabas runs out*

tout ce qu'il faut, il ne se passe jamais rien. *(Eliza entre sans bruit par la gauche et se tient immobile à quelques pas derrière Mrs. Strong.)* Je demande, mais je suis presque sûre que personne ne m'écoute, puisque personne ne répond. Par exemple, si je demande que ces garçons reviennent vite, et naturellement sains et saufs, c'est la prière la plus raisonnable, mais je ne sais pas pourquoi j'ai peur de la faire. C'est sans doute que, s'ils tardaient trop longtemps, j'aurais la preuve que je n'ai pas été entendue et qu'il n'y avait personne. Quand j'étais petite, je croyais qu'il y avait quelqu'un. Oh ! si seulement il y avait quelqu'un ! *(Silence.)* Pourquoi Eliza ne revient-elle pas ? Eliza !... *(Eliza vient se placer devant Mrs. Strong.)* Depuis combien de temps es-tu là ? Je ne t'ai pas entendue entrer.

ELIZA : Je viens de rentrer, maîtresse.

MRS. STRONG : Tu mens. Tu écoutais. As-tu vu Mlle Regina ?

ELIZA : Mlle Regina est devant la maison, sous les arbres. Elle a dit qu'elle ne pouvait pas dormir et qu'elle voulait rester dehors.

MRS. STRONG : Qu'elle en fasse donc à sa tête, puisqu'elle part demain. *(Entre Barnabé, jeune serviteur nègre ; il a l'air épouvanté.)* Qu'est-ce qu'il y a, Barnabé ?

BARNABÉ : Maîtresse... Eliza, Maître veut que tu dises à Louis et à Thomas de courir au silo.

Eliza sort par la gauche.

MRS. STRONG : Barnabé ! *(Elle se lève de son fauteuil.)* Va-t'en !

BARNABÉ : Maîtresse, il est arrivé quelque chose...

MRS. STRONG : Sors d'ici ! *(Elle frappe du pied. Barnabé sort en courant par la gauche.)* Seigneur, c'est maintenant que je te parle. Tu vas m'écouter. Je ne veux pas qu'il soit arrivé quelque chose. Si tu es tout-puissant, tu peux faire que rien ne soit arrivé. *(Elle marche vers la fenêtre et revient.)* Je ne veux pas souffrir. *(Elle va de nouveau vers la fenêtre, puis se*

at left.) Lord, now I'm speaking to You. You are going to listen to me. I don't want anything to have happened. If You are all-powerful, You can have it so that nothing has happened. *(She walks to the window and comes back.)* I don't want to suffer. *(She returns to the window, then goes to the table and picks up the lamp. A pause.)* Eliza !

> *Eliza enters at left.*

ELIZA : Missis ?

MRS. STRONG : Take this lamp and go up to my room with me. You can undress me, and I'm going to bed, and I'm going to sleep.

> *Eliza takes the lamp. The two women go out at right. The stage remains empty for a moment. At the end of the avenue, the first rays of dawn. After a few seconds, Mr. White enters at left, goes to the window at the back of the stage and opens it wide.*

MR. WHITE : May God forgive them !

> *Regina enters at left and stands a few steps from Mr. White. She is extremely calm and speaks without ever raising her voice.*

REGINA : Mr. White...

MR. WHITE : What do you want, Miss Regina ? You should go up to your room. You must not stay here.

REGINA : No. I know what has happened, Mr. White. I heard Barnabas talking to Eliza in front of the house. I'm not frightened.

MR. WHITE : It was the hand of God. I told them not to provoke the wrath of God, but they wouldn't listen to me... The lieutenant scarcely defended himself. Perhaps a little at first, but toward the end, his face changed. You felt he was offered like a victim to the fury he had unleashed. MacClure was terrible... He struck and struck, again and again. He

dirige vers la table où elle prend la lampe.) Eliza ! *(Silence.)* Eliza ! *(Eliza entre par la gauche.)* Prends cette lampe et monte devant moi à ma chambre. Tu vas me déshabiller et je vais dormir.

> *Eliza prend la lampe. Les deux femmes sortent par la droite. La scène reste vide un moment. Au fond de l'avenue, les premières lueurs de l'aube. Un temps, puis M. White entre par la gauche et se dirige vers la fenêtre du fond qu'il ouvre à deux battants.*

M. WHITE : Que Dieu leur pardonne !

> *Regina entre par la gauche et se tient à quelques pas de M. White. Elle est extraordinairement calme et parle sans jamais élever la voix.*

REGINA : Monsieur White...

M. WHITE : Que voulez-vous, mademoiselle Regina ? Montez à votre chambre. Il ne faut pas rester ici.

REGINA : Je sais ce qui est arrivé, monsieur White. J'ai entendu Barnabé qui parlait à Eliza devant la maison. Je n'ai pas peur.

M. WHITE : Ils vont le porter ici dans un instant. C'est la main de Dieu. Je leur avais dit de ne pas provoquer la colère du Seigneur, mais ils ne m'écoutaient pas... Le lieutenant ne s'est pas défendu. Au début, si, un peu, mais à la fin, son visage a changé d'aspect. On le sentait offert comme une victime à cette fureur qu'il avait déchaînée. L'autre était terrible, frappait, frappait... Vous auriez dit l'ange exterminateur. Le coup final a atteint la tête, tout le visage. L'homme est tombé d'une masse.

REGINA : Où est-il ?

M. WHITE : Je vous l'ai dit. M. Broderick le fait porter ici. Je vais m'en aller, mademoiselle, j'ai fait ce que j'ai pu. Je vous engage à vous retirer.

was like the destroying angel. The last blow was struck at the head, the whole face. Lieutenant Veechefsky collapsed, as though he'd been felled.

REGINA : Where is he ?

MR. WHITE : Mr. Broderick's orders were to have him brought here. I'm going, Miss Regina, I've done all I could. I advise you to retire.

REGINA : No, I shall stay here.

> *Mr. White goes out at right. Regina goes and stands at right, exactly where Lieutenant Veechefsky stood at the beginning of the play. She remains there motionless. After a few seconds, enter Edward Broderick and two Negroes bearing Lieutenant Veechefsky's body. His head is covered by his tunic. After them enters MacClure. It is still so dark that no one notices Regina's presence. The Negroes stop in the middle of the room. Edward Broderick motions to the slaves to lay the body on the floor.*

EDWARD BRODERICK : Barnabas, go to Wilmington for a clergyman and a doctor and bring them back with you.

BARNABAS : Shall I wait until daybreak, Master ?

EDWARD BRODERICK : No, go right now. It will be broad daylight by the time you reach Wilmington. Leave the room. *(The slaves go. A long pause.)* I can't believe he's dead.

ERIC MACCLURE : You know he is. You saw him.

EDWARD BRODERICK : No, what I saw wasn't true. What I saw, and what is true, is the boy who stood here, in this room, an hour ago, and who talked and was alive.

ERIC MACCLURE : He wanted to die. He wanted it with all his might. I realized it too late. He didn't even try to ward off the last blow I dealt him.

EDWARD BRODERICK : You killed him.

ERIC MACCLURE : Didn't he himself put the sword in the hand that struck him down ? He made me the instrument of

REGINA : Non, je reste.

> *M. White sort par la droite. Regina se place à droite, exactement à l'endroit où se tenait le lieutenant Wiczewski au début de la pièce. Elle ne bouge pas. Au bout de quelques secondes entrent Édouard Broderick et deux nègres portant le corps du lieutenant Wiczewski. On lui a enveloppé la tête de sa tunique. Entre après eux Mac Clure. Il fait encore assez sombre pour que personne ne remarque la présence de Regina. Les nègres s'arrêtent au milieu de la pièce.*

THOMAS : Où, Maître ?

> *Édouard Broderick désigne le plancher. Les esclaves y déposent le corps avec précaution.*

ÉDOUARD BRODERICK : Thomas, tu iras à Wilmington prévenir le pasteur et le médecin que tu ramèneras ici en voiture.

THOMAS : Voulez-vous que j'attende qu'il fasse grand jour, Maître ?

ÉDOUARD BRODERICK : Non, va tout de suite. Il fera grand jour quand tu atteindras Wilmington. Allez-vous-en. *(Les esclaves se retirent. Long silence.)* Je ne peux pas croire qu'il soit mort.

ERIK MAC CLURE : Vous savez bien. Vous l'avez vu.

ÉDOUARD BRODERICK : Non, ce que j'ai vu n'était pas vrai. Ce que j'ai vu, ce qui était vrai, c'est le garçon qui se tenait debout, ici même, il y a une heure, et qui parlait, et qui vivait.

ERIK MAC CLURE : Il a cherché la mort. Il la voulait de toutes ses forces. Je l'ai compris trop tard. Il n'a pas même essayé de parer le dernier coup que je lui ai porté.

ÉDOUARD BRODERICK : Vous l'avez tué.

ERIK MAC CLURE : N'a-t-il pas mis lui-même le sabre dans la main qui l'a frappé ? Il a fait de moi l'instrument d'une

a will stronger than ours. We are powerless before predesti-
nation.

EDWARD BRODERICK : Nevertheless, you killed him.

ERIC MACCLURE : He knew the South. He should have
known that you don't strike a Southerner, if you don't want
to die. God allowed all this to happen.

EDWARD BRODERICK : Don't bring God into a murder, don't
make Him your accomplice. If He is the way you imagine
Him, what a horrible God He is, who demands the disfigu-
red body of a boy of twenty-five. In the bitterness of my
heart, I wonder what becomes of the Gospel in your theo-
logy which reeks of blood. If Jesus were here, we'd make
Him weep with shame, yes, with shame before the persistent
frustration of His word.

ERIC MACCLURE : I understand your grief only too well to
argue with you.

EDWARD BRODERICK : You understand nothing.

ERIC MACCLURE : War seems certain, sir. I won't wait till
daylight to go. In a few hours I'll have rejoined General
Beauregard's troops and enlisted.

EDWARD BRODERICK : You're free to do as you please. I
won't detain you. (*MacClure bows and goes out at left. Edward
Broderick draws close to the body stretched on the floor and lays
his hand on the dead man's breast. The light grows stronger. After
a time, Broderick notices Regina. Gently.*) What are you doing
here, Regina ? You must go up to your room.

REGINA (*coming up to him*) : No, I want to stay with him
for a moment, alone. Will you allow me to remain alone
with him, for a moment ?

EDWARD BRODERICK : He's dead, Regina.

REGINA : Life isn't cut off at one blow. The soul doesn't
leave the body suddenly. I believe that he is still here, and
that he hears me.

EDWARD BRODERICK : Did you love him so deeply ?

volonté plus forte que la nôtre. Nous ne pouvons rien à ce qui est prédestiné.

ÉDOUARD BRODERICK : Mais c'est vous qui l'avez tué.

ERIK MAC CLURE : Il connaissait le Sud. Il devait savoir qu'on ne gifle pas un homme de chez nous si l'on ne veut pas mourir. Dieu a permis tout cela.

ÉDOUARD BRODERICK : Ne mêlez pas Dieu à un meurtre, ne faites pas de lui votre complice ou, s'il est tel que vous le croyez, il est horrible, votre Dieu à qui il faut le cadavre défiguré d'un garçon de vingt-cinq ans. Vous parlez comme un écolier. Je me demande ce que devient l'Évangile dans votre théologie de sang. Si Jésus était ici, nous le ferions pleurer de honte, oui, de honte devant le perpétuel échec de sa parole. C'est lui que vous avez frappé de votre arme maudite et c'est le sang du Christ qui a coulé sur le visage de cet homme. C'est toujours son sang qui coule quand un homme est frappé.

ERIK MAC CLURE : Je comprends trop votre douleur pour discuter avec vous.

ÉDOUARD BRODERICK : Vous ne comprenez rien.

ERIK MAC CLURE : Monsieur, la guerre est certaine. Je n'attendrai pas qu'il fasse grand jour pour partir. Dans quelques heures, j'aurai rejoint les troupes du général Beauregard et signé mon engagement.

ÉDOUARD BRODERICK : Vous êtes libre d'agir comme il vous plaira. Je ne vous retiens plus. *(Erik Mac Clure s'incline et sort par la gauche. Édouard Broderick s'approche du corps, met un genou en terre et pose la main sur la poitrine du mort. À mi-voix il appelle :)* Ian ! *(Long silence. La lumière devient plus forte. Au bout d'un moment Édouard Broderick aperçoit Regina. Il se relève. Doucement.)* Que fais-tu là, Regina ? Il faut monter à ta chambre.

REGINA, *s'approchant de lui* : Non. Je veux rester un moment seule avec lui. Me le permettez-vous ?

ÉDOUARD BRODERICK : Il est mort, Regina.

REGINA : Yes, I knew. I knew everything. And I've suffered too much not to be allowed the right to stay with him by myself. *(Edward Broderick moves away from the body and goes toward the right. Before he goes out, he turns and looks at Regina.)* You'll come back, later on ?

> *Broderick shakes his head silently. He goes out. Regina remains perfectly still by the body and begins to speak, under her breath.*

REGINA : If, as I believe, you're still here, listen to me, Jan. *(A pause.)* I won't disturb you with my tears. See how gently I'm speaking, as a mother speaks to a sleeping child. A little while ago, when you came close to me and begged my pardon, I didn't say a word, but my heart was bursting. Do you understand, Jan ? *(A pause.)* God will wipe away all tears. He said so Himself. He will wipe away your tears and mine. *(She gives a terrible cry.)* Jan, come back !

> *She crumples up by the body. At that moment, the roar of a cannon is heard in the distance ; the wind springs up and the window slams.*

—— Curtain ——

REGINA : La vie n'est pas tranchée d'un seul coup. L'âme ne se détache pas subitement du corps. Je crois qu'il est encore ici et qu'il m'entendra.

ÉDOUARD BRODERICK : Tu l'aimais donc tant...

REGINA : Oui. Je savais. Je savais tout. J'en ai trop souffert pour que vous ne m'accordiez pas le droit de rester seule avec lui. *(Édouard Broderick s'écarte du mort et se dirige vers la droite. Au moment de sortir, il se retourne et regarde la jeune fille.)* Vous reviendrez tout à l'heure ?

ÉDOUARD BRODERICK : Non, je ne reviendrai pas, Regina.

> *Il sort. Regina demeure absolument immobile près du corps et se met à parler à mi-voix.*

REGINA : Si, comme je le crois, tu es encore ici, écoute-moi, Ian. *(Silence.)* Je ne te troublerai pas par mes larmes. Tu vois, je te parle doucement, comme la mère parle à l'enfant qui dort. Tout à l'heure, quand tu es venu près de moi et que tu m'as demandé pardon, je n'ai rien dit, mais mon cœur éclatait, Ian, comprends-tu ? *(Silence.)* Dieu essuiera toutes les larmes. Il l'a dit lui-même. Il essuiera tes larmes et les miennes [32]. *(Elle pousse un cri terrible.)* Ian, reviens !

> *Elle s'écroule auprès du mort ; à ce moment, on entend au loin le grondement du canon ; le vent souffle et la fenêtre bat.*

—— Rideau [33] ——

NOTES

1. « [L]e titre est une sorte de trait lumineux qui donne son sens à la pièce ou plutôt en accuse le sens, mais il y a plusieurs sujets dans cette pièce, et là est la difficulté. Il y a le drame de Regina, celui de Ian, celui de Broderick et celui de la petite Angelina » (*Journal*, 11 septembre 1952).

2. Note de l'auteur.

3. « Le personnage d'Uncle John m'a été inspiré par un vieux nègre de ce nom et vêtu tel que je le décris. Je l'ai vu en 1938, en Caroline du Nord. Il était l'ancêtre du village, respecté de tous, les Blancs compris » (*Journal*, 19 novembre 1951). Plusieurs années plus tôt, Julien Green disait déjà de lui dans son *Journal* (14 mai 1937) : « J'ai l'impression que dans un moment de grande détresse, ce serait vers une personne comme celle-là que je pourrais me tourner. »

4. Nom d'un personnage de *La Case de l'Oncle Tom* (1852), de la romancière américaine Harriet Elizabeth Beecher-Stowe ; voir *infra*, p. 259, note 13.

5. Les paroles de cet hymne furent composées par Henry F. Lyte en 1847, et la musique par William H. Monk en 1861. Lyte écrivit ces paroles alors qu'il était en train de mourir de la tuberculose. Il rendit l'âme trois semaines après avoir fini de les rédiger. Cet hymne extrêmement célèbre est chanté dans de nombreux temples et églises, et, à ce qu'on dit, le roi Georges V comme le Mahatma Gandhi l'appréciaient. S'il fut interprété lors des mariages de Georges VI et d'Élisabeth II, il est toutefois chanté plus fréquemment lors de funérailles. En voilà les premiers vers : « Abide with me ; fast falls the eventide./The darkness deepens ; Lord with me abide./When other helpers fail and comforts flee,/Help of the helpless, O abide with me. » (« Demeure auprès de moi ; promptement tombe le soir/Et l'obscurité s'épaissit ; Seigneur, demeure auprès de moi./Quand autrui ne peut me venir en aide et que s'envolent les réconforts,/Ô demeure auprès de moi. »)

6. C'est le dimanche 11 avril 1861 que le général Beauregard, chef des armées confédérées, envoya un message au commandant Robert Anderson, responsable de la garnison du fort Sumter – fort construit sur une île en face du port de Charleston (Caroline du Sud) –, lui demandant d'évacuer le lieu sur-le-champ. Anderson refusa et ce fut le début de la guerre de Sécession. Ce conflit divisa les États-Unis de 1861 à 1865, en opposant la

confédération des États sudistes, sous la présidence de Jefferson Davis, aux nordistes formant l'Union.

7. Julien Green a passé quelques jours à Charleston en 1934 (*Journal*, 4-5 février 1934). Il note, le 24 décembre 1951 : « Ma pièce [...] se situe maintenant près de Charleston, ce qui me permet un bon effet dramatique (proximité de Fort Sumter). »

8. Julien Green fait quelques commentaires sur le décor dans son *Journal* (20 mai 1952) : « Dîné chez René Clair. J'ai dit quelques mots de l'époque où se situe l'action de ma pièce, mais j'ai eu de grandes difficultés à faire comprendre le décor. Il a en effet ceci de compliqué qu'on doit avoir une idée de l'extérieur en même temps que de l'intérieur. J'aurais dû dire : "Entrez à la Madeleine un jour que les portes en restent ouvertes, puis retournez-vous. Vous voyez la rue Royale ; c'est l'avenue de la plantation. Mais vous voyez aussi les colonnes du portique." »

9. De nombreuses insurrections eurent lieu en Europe en 1848 (notamment en France, en Autriche, en Allemagne, en Italie et en Roumanie). De son côté, la Pologne se souleva, en vain, contre la Prusse et l'Autriche pour réclamer son indépendance. C'est dans ce contexte tourmenté qu'Adam Mickiewicz fonda à Paris un journal d'inspiration socialiste, *La Tribune des peuples*, et que l'aristocratie de Poznań finança le *Neue Rheinische Zeitung*, dans lequel Karl Marx et Friedrich Engels expliquèrent, en 1849, que la libération de la Pologne était une priorité pour le mouvement ouvrier.

10. Voir le roman de Julien Green intitulé *Moïra* (1950), dans *Œuvres complètes*, Gallimard, « Bibliothèque de la Pléiade », 1961, vol. 3, p. 158-159 : « la neige, c'était l'enfance ».

11. Au moment où Julien Green rédige cette scène, il note dans son *Journal* (23 juillet 1951) : « Le lieutenant polonais, Regina. Sur un autre plan, je retrouve un peu *Le Malfaiteur*. » Dans ce roman, une jeune fille, Hedwige, s'éprend d'un homme, Gaston, dont elle ignore, du moins dans un premier temps, qu'il est homosexuel.

12. Les Gorgones étaient, dans la mythologie grecque, des monstres fabuleux capables de changer en pierre quiconque les regardait. Elles étaient trois sœurs, Sthéno, Euryalé et Méduse, la plus connue, qui fut décapitée par Persée.

13. Allusion au roman de Harriet Elizabeth Beecher-Stowe, *La Case de l'oncle Tom* (*Uncle Tom's Cabin*), paru en 1852, qui a révélé à l'opinion publique l'horreur de l'esclavage. Il fut rapidement traduit en de nombreuses langues et son influence fut considérable.

14. Le thème de l'étranger séduisant ou inquiétant est récurrent dans l'œuvre de Green. Sa charge symbolique a toujours été très grande. Selon la tradition biblique, Adam et Ève, une fois chassés du paradis, deviennent des « étrangers » en errance. Ce thème fut repris par les Pères de l'Église, en particulier saint Augustin, pour qui, si la patrie est le Ciel, l'homme en sa vie terrestre est un étranger, au mieux un pèlerin. Potentiel envoyé de Dieu qu'il convient d'honorer en lui offrant l'hospitalité, l'étranger peut

aussi être une incarnation diabolique. Green joue sur tous ces registres. Le motif de l'étranger a eu une extraordinaire fortune littéraire : parmi de multiples exemples, on peut citer le roman d'Albert Camus (*L'Étranger*, 1942), ou encore *Le Spleen de Paris*, 1, de Baudelaire, pour qui l'étranger est celui qui aime autre chose et autrement : « Eh ! Qu'aimes-tu donc, extraordinaire étranger ? – J'aime les nuages... les nuages qui passent... là-bas... les merveilleux nuages ». Voir aussi l'analyse théorique de Julia Kristeva, *Étrangers à nous-mêmes* (Fayard, 1988).

15. Il est question de cette plantation dans le *Journal* de Green (12 janvier 1934).

16. Les presbytériens sont des calvinistes connus pour leur rigueur morale.

17. Green souligne, dans son *Journal*, l'étrangeté de ce dialogue (10 juin 1952) : « j'écrivais en me disant : C'est assez curieux, mais où veulent-ils en venir et surtout qu'est-ce que le garçon a en tête ? »

18. Abraham Lincoln. Né en 1809, cet homme d'État se rendit célèbre dans les années 1850 pour ses prises de position antiesclavagistes. Son élection comme président des États-Unis en 1860 déclencha la Sécession du Sud ; il tenta désespérément d'éviter la guerre civile, en appelant ses adversaires au pouvoir et en mettant la plus grande prudence dans les mesures d'abolition de l'esclavage, qu'il ne prononça qu'en 1863, dans l'espoir de préserver l'Union ; il fut assassiné par un sudiste fanatique, John Wilkes Booth, en 1865.

19. Green évoque cet endroit, authentique, dans son *Journal* (18 janvier 1934) : « C'était autrefois une des plus belles plantations du Sud, mais la maison a flambé, il y plus de cent ans. » Cela signifie qu'elle avait déjà disparu au moment de la guerre de Sécession. Une maison-fantôme, en quelque sorte...

20. Ces questions hantaient Green ; voir, par exemple, *Partir avant le jour* (1963), premier volume de son autobiographie, où il cite sa mère : « Nous ne nous sommes pas battus pour l'esclavage... Notre prospérité, la jalousie des autres... Et puis, nous étions fiers. »

21. Jean 3, 8 : « Le vent souffle où il veut ; et sa voix, tu l'entends, mais tu ne sais pas d'où il vient ni où il va : ainsi en est-il de quiconque est né de l'Esprit. »

22. Allusion à 1 Rois, 13 : « dès qu'Élie l'entendit [Yahvé], il se voila la face de son manteau, sortit et se tint à l'entrée de la grotte ».

23. Mathieu 10, 17 : « Méfiez-vous des hommes ; car ils vous livreront à des sanhédrins, et dans leurs synagogues ils vous fouetteront. » Les paroles de Jésus, qui s'adresse à ses proches, ont une portée exclusivement religieuse. Regina entend le mot « hommes » dans le sens restreint de « personnes de sexe masculin ».

24. La thématique du « signe » est fréquente chez Green ; voir, par exemple *Moïra*, deuxième partie, chapitre II : « C'est un signe, murmura-t-il, sans oser toutefois aller jusqu'au bout de sa pensée et voir dans la joie

mystérieuse un gage de salut. Un signe, peut-être, une réponse à d'an-xieuses interrogations sur l'état de son âme. »

25. Voir Apocalypse 10, 10 : « Et je pris le petit livre de la main de l'ange et je le dévorai ; et dans ma bouche, comme miel il était doux, mais lorsque je l'eus mangé, mon ventre fut rempli d'amertume. »

26. Voir *supra*, p. 258, note 6. Dans son *Journal* (5 février 1934), Green mentionne le général Pierre Toutant Beauregard (1818-1893). Une cousine de l'écrivain avait épousé son petit-fils.

27. *Hamlet*, acte IV, scène 4.

28. Dans son *Journal* (10 mai 1933), Julien Green raconte que son arrière-grand-mère avait été empoisonnée par une domestique.

29. Les crimes sont légion dans l'œuvre de Julien Green ; voir *Adrienne Mesurat* (où Adrienne tue son père), *Léviathan* (le crime de Guéret), *Varouna* (le crime de Hoël), *Si j'étais vous* (le crime de Paul), *Moïra* (le crime de Joseph), *Chaque homme dans sa nuit* (le crime de Max), etc.

30. 1 Rois 20, 11.

31. Matthieu 12, 25 : « Tout royaume divisé contre lui-même est dévasté, et toute ville ou maison divisée contre elle-même ne se maintiendra pas. »

32. Voir Apocalypse 7, 17 (« Car l'Agneau qui est au milieu du trône les fera paître et les guidera vers les sources d'eau de la vie. Et Dieu essuiera toute larme de leurs yeux ») et 21, 4 : « Et il essuiera toute larme de leurs yeux ; et la mort ne sera plus. »

33. Le 12 avril 1861 furent tirés les premiers coups de canon contre le fort Sumter. À quatre heures vingt du matin, Edmund Ruffin, un Virginien âgé de soixante-sept ans, fit tonner le canon en direction du fort. Lorsque des troupes nordistes essayèrent de ravitailler ce bastion, les confédérés, sous le commandement du général Beauregard, ouvrirent le feu avec cinquante canons. Trois jours après, Lincoln demanda à l'armée d'écraser la rébellion. La guerre, terrible, prit fin quatre ans plus tard, le 9 avril 1865, et le dernier coup de feu fut tiré par... Edmund Ruffin.

CHRONOLOGIE

1900. 6 septembre : Naissance à Paris de Julian Hartridge Green, fils d'Edward M. Green et de Mary Adelaide Hartridge, citoyens américains.

1908. Entre au lycée Janson-de-Sailly.

1914. 27 décembre : Mort subite de Mary Adelaide Hartridge Green.

1916. Julian Green, né protestant, se convertit au catholicisme.

1917. Mai : Il s'engage dans l'American Field Service et il est envoyé comme ambulancier sur le front d'Argonne. Jugé trop jeune, il est renvoyé chez lui en décembre. Se rengage dans l'American Red Cross, qui l'envoie sur le front italien.

1918. Aspirant à l'école d'artillerie de Fontainebleau.

1919. Étudiant à l'université de Virginie.

1920. Mai : Il publie « The Apprentice Psychiatrist » dans *The University of Virginia Magazine*.

1922. Septembre : De retour à Paris.

1924. *Pamphlet contre les catholiques de France*, à qui il reproche leur tiédeur, sous le pseudonyme de Théophile Delaporte. Sur les conseils de Gaston Gallimard, qui lui recommande de franciser son nom, Julian Green signe pour la première fois Julien Green. Publie, dans *Philosophies*, une étude sur Joyce, très admiré de lui.

1925. Rencontre Jacques Maritain, une « des rencontres capitales de [sa] vie ».

1926. *Mont-Cinère*, roman. Georges Bernanos manifeste son soutien : « Courage, Green, votre œuvre est bonne. »

1927. *Le Voyageur sur la terre*, recueil de nouvelles. *Adrienne Mesurat*, roman : « Adrienne Mesurat, dira-t-il plus tard, c'était

moi, entouré d'interdits qui me rendaient fou. » *Suite anglaise*, essais biographiques. Mort d'Edward M. Green. Reçoit le Bookman Prize à Londres. Y rencontre brièvement Virginia Woolf, qui vient de recevoir le prix Femina Vie Heureuse pour *La Promenade au phare*.

1928. *Nathaniel Hawthorne, un puritain homme de lettres*, biographie : « Avec Shakespeare, ma plus forte admiration. Je n'ai jamais varié. Je le relis à quatre-vingt-seize ans. »

1929. *Léviathan*, roman.

1930. Séjour aux États-Unis. Dans les années qui suivent, nombreux voyages en Europe.

1931. *L'Autre Sommeil*, roman.

1932. *Épaves*, roman. René Crevel juge cette œuvre « révolutionnaire » et Albert Camus s'en inspirera pour *La Chute*.

1933. Séjour aux États-Unis de novembre 1933 à février 1934.

1934. *Le Visionnaire*, roman. André Gide lui dit toute son admiration (« j'aime immodérément votre livre »).

1936. *Minuit*, roman.

1937. Séjour aux États-Unis.

1938. *Journal* I, *Les Années faciles*.

1939. *Journal* II, *Derniers Beaux Jours*. Séjour aux États-Unis. C'est de cette année-là que date son retour à l'Église, après une période de désaffection.

1940. Janvier : retour en France. 6 juillet : regagne les États-Unis. *Varouna*, roman.

1942. Mobilisé dans l'armée américaine. Est envoyé à New York, à l'Office of War Information. *Memories of Happy Days* : ce livre lui vaut l'attribution du prix Harper. Il sera traduit par Green lui-même, sous le titre *Souvenirs des jours heureux* (publié en 2007, chez Flammarion). Lors de ce séjour aux États-Unis, Julien Green donne des cours et des conférences.

1943. Traductions de Charles Péguy, en collaboration avec sa sœur, Anne Green.

1945. Septembre : retour à Paris.

1946. *Journal* III, *Devant la porte sombre*.

1947. *Si j'étais vous*, roman.

1949. *Journal* IV, *L'Œil de l'ouragan*.

1950. *Moïra*, roman. Traduction du *Mystère de la charité de Jeanne d'Arc* de Charles Péguy. Élection aux Académies de Mannheim et de Munich.

1951. *Journal* V, *Le Revenant*. Élection à l'Académie royale de Belgique. Obtient le prix Prince Pierre de Monaco pour l'ensemble de son œuvre.

1953. *Sud*, pièce de théâtre. Créée le 6 mars au théâtre de l'Athénée-Louis-Jouvet.

1954. *L'Ennemi*, pièce de théâtre, créée au théâtre des Bouffes-Parisiens. *Je est un autre*, pièce radiophonique.

1955. *Journal* VI, *Le Miroir intérieur*.

1956. *Le Malfaiteur*, roman. *L'Ombre*, pièce de théâtre, créée au Théâtre-Antoine.

1958. *Journal* VII, *Le Bel Aujourd'hui*.

1960. *Chaque homme dans sa nuit*, roman.

1963. *Partir avant le jour* (*Autobiographie* I).

1964. *Mille Chemins ouverts* (*Autobiographie* II).

1965. *La Dame de pique*, d'après Pouchkine. Scénario et dialogues de Julien Green et Éric Jourdan (Jean-Éric Green), son fils adoptif. Ce film, en noir et blanc, avec Dita Parlo dans le rôle principal, sera tourné la même année par Léonard Keigel. *La Mort d'Ivan Ilitch*, d'après Tolstoï. Scénario de Julien Green et Éric Jourdan ; le film ne sera pas réalisé.

1966. *Terre lointaine* (*Autobiographie* III). Préface à la *Correspondance* du père Surin. Reçoit le Grand Prix national des lettres.

1967. *Journal* VIII, *Vers l'invisible*.

1968. Reçoit le prix Ibico Reggino (Italie) pour *Mille Chemins ouverts*.

1971. *L'Autre*, roman. 3 juin : élu à l'Académie française, au fauteuil de François Mauriac.

1972. Janvier : parution du premier volume des *Œuvres complètes* en Pléiade. Octobre : *Œuvres complètes*, Pléiade, vol. 2. 16 novembre : « Qui sommes-nous ? », discours de réception à l'Académie française. *Journal* IX, *Ce qui reste de jour*. Élu à l'Académie des États-Unis.

1973. *Œuvres complètes*, Pléiade, vol. 3. Reçoit le prix des universités alémaniques. Mort de Jacques Maritain.

1974. *Jeunesse* (*Autobiographie* IV). Prix Marcel Proust.

1975. *Œuvres complètes*, Pléiade, vol. 4.

1976. *Journal* X, *La Bouteille à la mer*. *La Nuit des fantômes*, conte pour enfants.

1977. *Œuvres complètes*, Pléiade, vol. 5. *Le Mauvais lieu*, roman.

1978. *Ce qu'il faut d'amour à l'homme*, essai d'autobiographie spirituelle. *Dans la gueule du temps. Journal illustré* (1926-1976).

1979. *Une grande amitié*, correspondance avec Jacques Maritain. *Dalí le Conquistador*, préface à l'exposition Dalí du Centre Georges-Pompidou à Paris. Mort d'Anne Green le 31 décembre.

1980. *L'Automate*, pièce de théâtre.

1982. *Journal* XI, *La Terre est si belle...*

1983. *Frère François*, biographie de François d'Assise. *Journal* XII, *La Lumière du monde*.

1984. *Histoires de vertige*, recueil de nouvelles écrites pour la plupart dans les années 1920. *Jeunes Années*, t. I et II : comprend le texte intégral de l'*Autobiographie* (I, II, III, IV) et des textes inédits dont *Fin de jeunesse*.

1985. *Demain n'existe pas*, pièce de théâtre. *Villes*, journal de voyage, illustré de photographies de J. Green. *Le Langage et son double*, essai bilingue.

1987. *Dixie* I, *Les Pays lointains*, roman. Reçoit le prix France-Amérique.

1988. *Journal* XIII, *L'Arc-en-ciel*. Reçoit le Grand Prix littéraire de Pologne.

1989. *Dixie* II, *Les Étoiles du Sud*, roman.

1990. *Journal* XIV, *L'Expatrié*. *Œuvres complètes*, Pléiade, vol. 6. *Journal du voyageur*, illustré de photographies de Julien Green. Exposition « Julien Green photographe » au musée Granet d'Aix-en-Provence (cent trente clichés de 1914 à 1984).

1991. Grand Prix Cavour de la littérature (Italie). *L'Homme et son ombre*, essai bilingue. *Ralph et la quatrième dimension*, conte.

1992. *La Fin d'un monde*, journal de juin 1940.

1993. Grand Prix du théâtre Diego Fabbri (Italie). *Journal* XV, *L'avenir n'est à personne*.

1994. *Œuvres complètes*, Pléiade, vol. 7.

1995. *Dixie*.

1996. « L'Ange du suicide », préface à la correspondance de René Crevel (*Lettres de désir et de souffrance*). *Journal* XVI, *Pourquoi suis-je moi ?* 14 novembre : fait savoir qu'il considérait ne plus « [faire] partie de l'Académie française ».

1997. *Dionysos ou La Chasse aventureuse*.

1998. *Jeunesse immortelle*. *Œuvres complètes*, Pléiade, vol. 8, et *Album Green*, Pléiade.

13 août : mort de Julien Green. Il fut enterré le 21 août à Klagenfurt (Autriche) dans l'église Saint-Egid.

2001. *Journal* XVII, *En avant par-dessus les tombes*.

2006. *Journal* XVIII, *Le Grand Large du soir*.

2007. *Souvenirs des jours heureux*.

BIBLIOGRAPHIE SÉLECTIVE

Œuvres de Julien Green

Pamphlet contre les catholiques de France (sous le pseudonyme de Théophile Delaporte), Dijon, Imprimerie de Darantière, 1924.
Mont-Cinère, Paris, Plon-Nourrit, 1926.
Adrienne Mesurat, Paris, Plon, 1927.
Les Clefs de la mort, Paris, La Pléiade, 1927.
Suite anglaise, Paris, Les Cahiers de Paris, 1927.
Le Voyageur sur la terre, Paris, Nouvelle Revue française, 1927.
Léviathan, Paris, Plon, 1929.
L'Autre Sommeil, Paris, Gallimard, 1931.
Épaves, Paris, Plon, 1932.
Le Visionnaire, Paris, Plon, 1934.
Minuit, Paris, Plon, 1936.
Les Années faciles (1928-1934) [*Journal* I], Paris, Plon, 1938.
Derniers Beaux Jours (1935-1939) [*Journal* II], Paris, Plon, 1939.
Varouna, Paris, Plon, 1940.
Memories of Happy Days, Londres, Harper, 1942
Devant la porte sombre (1940-1943) [*Journal* III], Paris, Plon, 1946.
Si j'étais vous, Paris, Plon, 1947.
L'Œil de l'ouragan (1943-1945) [*Journal* IV], Paris, Plon, 1949.
Moïra, Paris, Plon, 1950.
Le Revenant (1946-1950) [*Journal* V], Paris, Plon, 1951.
Sud, Paris, Plon, 1953.
L'Ennemi, Paris, Plon, 1954.
Le Miroir intérieur (1950-1954) [*Journal* VI], Paris, Plon, 1955.
Le Malfaiteur, Paris, Plon, 1956.
L'Ombre, Paris, Plon, 1956.

Le Bel Aujourd'hui (1955-1958) [*Journal* VII], Paris, Plon, 1958.

Chaque homme dans sa nuit, Paris, Plon, 1960.

Partir avant le jour (*Autobiographie* I, 1900-1916), Paris, Grasset, 1963.

Mille Chemins ouverts (*Autobiographie* II, 1916-1919), Paris, Grasset, 1964.

Terre lointaine (*Autobiographie* III, 1919-1922), Paris, Grasset, 1966.

Vers l'invisible (1958-1967) [*Journal* VIII], Paris, Plon, 1967.

L'Autre, Paris, Plon, 1971.

Ce qui reste du jour (1966-1972) [*Journal* IX], Paris, Plon, 1972.

Jeunesse (*Autobiographie* IV), Paris, Plon, 1974.

La Nuit des fantômes, Paris, Plon, 1976.

La Bouteille à la mer (1972-1976) [*Journal* X], Paris, Plon, 1976.

Le Mauvais Lieu, Paris, Plon, 1977.

Ce qu'il faut d'amour à l'homme, Paris, Plon, 1978.

La Terre est si belle... (1976-1978) [*Journal* XI], Paris, Seuil, 1982.

Frère François, Paris, Seuil, 1983.

La Lumière du monde (1978-1981) [*Journal* XII], Paris, Seuil, 1983.

Demain n'existe pas, Paris, Seuil, 1985.

Le Langage et son double, Paris, Éditions de la Différence, 1985 ; Paris, Seuil, 1987.

Villes, Paris, Éditions de la Différence, 1985.

Jeunes Années, autobiographie en 4 volumes, Paris, Seuil, 1985.

Les Pays lointains (*Dixie* I), Paris, Seuil, 1987.

L'Arc-en-ciel (1981-1984) [*Journal* XIII], Paris, Seuil, 1988.

Les Étoiles du Sud (*Dixie* II), Paris, Seuil, 1989.

Liberté chérie, Paris, Seuil, 1989.

L'Expatrié (1984-1990) [*Journal* XIV], Paris, Seuil, 1990.

L'Homme et son ombre, Paris, Seuil, 1991.

Ralph et la quatrième dimension, Paris, Flammarion, 1991.

L'Avenir n'est à personne (1990-1992) [*Journal* XV], Paris, Fayard, 1993.

On est si sérieux quand on a 19 ans (*Journal* 1919-1924), Paris, Fayard, 1993.

Dixie (*Dixie* III), Paris, Seuil, 1994.

Pourquoi suis-je moi ? (1993-1996) [*Journal* XVI], Paris, Fayard, 1996.

Dionysos ou La Chasse aventureuse, Paris, Fayard, 1997.

Jeunesse immortelle, Paris, Gallimard, 1998.
En avant par-dessus les tombes (1996-1997) [*Journal* XVII], Paris, Fayard, 2001.
Le Grand Large du soir (1997-1998) [*Journal* XVIII], Paris, Flammarion, 2006.
Souvenirs des jours heureux, Paris, Flammarion, 2007.

Voir aussi :
Œuvres complètes, Paris, Gallimard, « Bibliothèque de la Pléiade », 1961-1998, 8 vol.
Théâtre, Paris, Flammarion, 2008.

Éditions de Sud

Sud, in *La Table ronde*, janvier-mars 1953. [Ce texte permet de voir quelles modifications de détail ont été apportées lors des représentations.]
Sud, Paris, Plon, 1953. [Édition originale.]
Sud, in *Œuvres complètes*, *Théâtre*, Paris, Plon, 1960.
Sud, Paris, Plon, 1972.
Sud, in *Œuvres complètes*, Gallimard, « Bibliothèque de la Pléiade », vol. 3, 1973.
Sud, in *Théâtre*, Paris, Seuil, 1988.
South, New York, Marion Boyars, 1991. [Version anglaise.]

La pièce de Julien Green a été adaptée pour l'opéra par le compositeur américain Kenton Coe. Créé à Marseille en octobre 1965, *South* fut repris à l'Opéra de Paris en février 1972, lors d'une soirée de gala en présence du président Georges Pompidou.

Articles de presse publiés à la création de Sud

***, « Le Tout-Paris a fait hier un triomphe à *Sud* de Julien Green », *France-Soir*, 8-9 mars 1953.
ALTER, André, « Julien Green porte au théâtre la rhapsodie de son enfance », *Le Figaro littéraire*, 28 février 1953.
BASTIDE, François-Régis, « Le théâtre : *Sud*, de Julien Green », *La Table ronde*, avril 1953.
BÉGUIN, Albert, « Journal à plusieurs voix. Courage de Green », *Esprit*, juillet 1953.

DORT, Bernard, « Lettre à Roger Stéphane », *Les Temps modernes*, juin 1953.

DUMUR, Guy, « Le théâtre. Mise en scène et traduction », *La Table ronde*, mai 1953.

DUSSANE, Béatrix, « Mercuriale. Théâtre. *Sud* », *Mercure de France*, 1er mai 1953.

ENGELHARD, Hubert, « La scène. Au théâtre de l'Athénée, *Sud* de Julien Green », *Réforme*, 21 mars 1953.

GAUTIER, Jean-Jacques, « À l'Athénée-Louis-Jouvet, *Sud*, une tragédie secrète », *Le Figaro*, 9 mars 1953.

HELL, Henri, « Julien Green, *Sud* et la critique », *La Parisienne*, avril 1953.

KEMP, Robert, « À l'Athénée, *Sud* de Julien Green », *Le Monde*, 10 mars 1953.

LEBESQUE, Morvan, « Brumes et tropiques : *Sud*, de Julien Green, à l'Athénée », *Carrefour*, 11 mars 1953.

LEMARCHAND, Jacques, « *Sud* de Julien Green, au théâtre de l'Athénée-Louis-Jouvet », *Le Figaro littéraire*, 14 mars 1953.

LERMINIER, Georges, « Une soirée au théâtre : à l'Athénée, *Sud* de Julien Green », *Le Parisien libéré*, 10 mars 1953.

MARCEL, Gabriel, « Le théâtre. *Sud* », *Les Nouvelles littéraires*, 12 mars 1953.

MAULNIER, Thierry, « *Sud* », *La Revue de Paris*, avril 1953.

MAURIAC, François, « Bloc-notes », *La Table ronde*, avril 1953.

SARRAUTE, Claude, « À l'Athénée, Jean Mercure présente *Sud* de Julien Green », *Le Monde*, 4 mars 1953.

SIMON, André, « Journal à plusieurs voix : Passions pour mourir », *Esprit*, juillet 1953.

STÉPHANE, Roger, « Spectacles. *Sud*, de Julien Green », *Les Temps modernes*, mai 1953.

Sur l'œuvre de Julien Green

AUROY, Carole, *Julien Green, le miroir en éclats. Étude sur l'autobiographie*, Paris, Le Cerf, 2000.

BRISVILLE, Jean-Claude, *À la rencontre de Julien Green*, Paris, La Sixanie, 1947.

BRODIN, Pierre, *Julien Green*, Paris, Éditions universitaires, 1957.

BRUDO, Annie, *Rêve et fantastique chez Julien Green*, Paris, PUF, 1995.

BURNE, Glenn S., *Julian Green*, New York, Twayne, 1972.

CANÉROT, Marie-Françoise et RACLOT, Michèle, éd., *Julien Green. Visages de l'altérité*, Paris, L'Harmattan, 2006.

CARREL, Janine, *L'Expérience du seuil dans l'œuvre de Julien Green*, Zurich, Juris Verlag, 1967.

CATELAIN, Valérie, *Julien Green et la voie initiatique*, Bruxelles, Le Cri, 2005.

DERIVIÈRE, Philippe, *Julien Green, les chemins de l'errance*, Bruxelles, Talus d'approche, 1994.

EIGELDINGER, Marc, *Julien Green et la tentation de l'irréel*, Paris, Les Portes de France, 1947.

FAYET, Nicolas, *Julien Green*, Paris, Bartillat, 2003.

FITCH, Brian T., *Configuration critique de Julien Green*, Paris, Minard, 1966.

FLOUCAT, Yves, *Julien Green et Jacques Maritain. L'amour du vrai et la fidélité du cœur*, Paris, Pierre Téqui, 1997.

GORKME, Michel, *Julien Green*, Paris, Debresse, 1956.

GREEN, Jean-Éric, *Album Julien Green*, Paris, Gallimard, « Bibliothèque de la Pléiade », 1998.

HERPE, Noël, « Julien Green et le théâtre », *Nouvelle Revue française* n° 507, avril 1995.

HOY, Peter, *Essai de bibliographie des études consacrées à Julien Green*, Paris, Minard, 1970.

JOYE, Jean-Claude, *Julien Green et le monde de la fatalité*, Berne, Arnaud Druck, 1964.

KLEIN, Mélanie, « L'identification » [sur un roman de Julien Green : *Si j'étais vous*], in *Envie et gratitude*, Paris, Gallimard, 1978.

LUCERA, Giovanni, « Introduction : un Américain à Paris », in Julien Green, *Le Langage et son double*, Paris, Seuil, 1987.

MATZ, Wolfgang, *Julien Green, le siècle et son ombre*, Paris, Gallimard, 1998.

MOR, Antonio, *Julien Green témoin de l'invisible*, Paris, Plon, 1973.

MUFF, Oswaldo, *Dialectique du néant et du désir dans l'œuvre de Green*, Zurich, Zeller, 1967.

O'DWYER, Michael, *Julien Green : A Critical Study*, Dublin, Four Courts Press, 1997.

–, dir., *Julien Green, diariste, essayiste*, Oxford, Berne, Bruxelles, Francfort, New York, Vienne, Peter Lang, 2007.

PARIAS, Louis-Henri, *Julien Green, corps et âme*, Paris, Fayard, 1994

PETIT, Jacques, *L'homme qui venait d'ailleurs*, Paris, Desclée de Brouwer, 1969.

–, *Julien Green*, Paris, Desclée de Brouwer, 1972.

PIRIOU, Jean-Pierre, *Sexualité, religion et art chez Julien Green*, Paris, Nizet, 1976.

PRÉVOST, Jean-Laurent, *Julien Green ou l'Âme engagée*, Lyon, Vitte, 1960.

ROBICHEZ, Jacques, « Le théâtre de Julien Green », *Littératures contemporaines* n° 4, Paris, Klincksieck, 1997.

SAINT JEAN, Robert DE, *Julien Green*, Paris, Seuil, 1967 ; nouvelle édition revue et augmentée par Luc ESTANG, avec la collaboration de Giovanni LUCERA, Paris, Seuil, 1990.

SÉMOLUÉ, Jean, *Julien Green ou l'Obsession du mal*, Paris, Le Centurion, 1964.

TAMULY, Annette, *Julien Green à la recherche du réel : approche phénoménologique*, Sherbrooke (Canada), Naaman, 1976.

TOUZOT, Jean, éd., *Julien Green*, Paris, Klincksieck, 1997.

WALSH HOKENSON, Jan et MUNSON, Marcella, « Trans-Atlantic Tonalities : Julian Green », in *The Bilingual Text, History and Theory of Literary Self-Translation*, Manchester (Grande-Bretagne) et Kinderhook (New York), St. Jerome Publishing, 2007.

Collectifs :

Lectures de Julien Green, actes du colloque international, université du Maine, 19-20 mars 1993.

Julien Green et l'insolite, actes du colloque international, université de Paris IV-Sorbonne, 22-23 septembre 1995.

Le Travail de la mémoire dans l'œuvre de Julien Green, actes du colloque international de Savannah (Géorgie, États-Unis), 7-9 avril 1997.

Autour de Julien Green, au cœur de Léviathan, actes des journées internationales Julien Green de l'université de Paris IV-Sorbonne, 7 février et 14 novembre 1998.

Julien Green au confluent de deux cultures, actes du colloque international de l'université d'Athens (Géorgie, États-Unis), 2-3 novembre 2000.

Non-dit et ambiguïté dans l'œuvre de Julien Green, actes du colloque international de l'université de Poitiers, 13-15 septembre 2001.

Julien Green et l'Amérique, actes du colloque de l'université de San José (Californie, États-Unis), 1er-2 novembre 2006.

Site Internet

Site de la Société internationale des études greeniennes : www.sieg-juliengreen.com

TABLE

Composition et mise en page

NORD COMPO
m u l t i m é d i a

N° d'édition : L.01EHPN000211.N001
Dépôt légal : juin 2008
Imprimé en Espagne par Novoprint (Barcelone)